Avi Primor

Mit dem Islam gegen den Terror

Avi Primor

Mit dem Islam gegen den Terror

Droste

Bibliografische Informationen der Deutschen Bibliothek
Die Deutsche Bibliothek verzeichnet diese Publikation in der
Deutschen Nationalbibliografie; detaillierte bibliografische Daten
sind im Internet über http://dnb.d-nb.de abrufbar.

© 2008 Droste Verlag GmbH, Düsseldorf
Schutzumschlag: Guido Klütsch, Köln
Satz: Droste Verlag
Druck und Bindung: CPI – Clausen & Bosse, Leck
ISBN 978-3-7700-1226-8

www.drosteverlag.de

Ich widme das Buch meiner einjährigen Enkelin Tamar Primor.
Für sie wird die in diesem Buch beschriebene
kümmerliche Welt vielleicht nur noch Histoire ancienne sein.

„Gottes ist der Orient!
Gottes ist der Okzident!
Nord- und südliches Gelände
Ruht im Frieden seiner Hände."
Johann Wolfgang von Goethe (Talismane)

„Was ist zu tun, o Moslems?
Denn ich erkenne mich selber nicht.
Ich bin nicht Christ, nicht Jude, nicht Parse,
nicht Muselmann. Ich bin nicht vom Osten,
nicht vom Westen, nicht vom Land, nicht von der See. (...)
Mein Ort ist das Ortlose, meine Spur ist das Spurlose;
es ist weder Leib noch Seele, denn ich gehöre
der Seele des Geliebten."
Dschalâl-ed-dîn Rumî,
islamischer Mystiker aus dem 13. Jahrhundert (aus dem Matnawî)

Inhalt

Einleitung

Es gab in der Menschheitsgeschichte immer wieder einschneidende Ereignisse, durch die die Historie eine radikale Wendung nahm. Sie veränderten die Welt, mal zum Positiven, mal zum Negativen. Und immer lagen auch in den großen Katastrophen und den kriegerischen Auseinandersetzungen Chancen für einen Neuanfang. Dazu gehörten beispielsweise die Schlacht von Marathon (490 v. d. Z.), bei der das antike Griechenland Persien besiegte. Ähnlich wichtig waren der Tod von Dschingis Khan 1227, der Fall Konstantinopels 1453, die Französische Revolution 1789 und Napoleon, die Machtergreifung des japanischen Kaisers Meiji im 19. Jahrhundert, die beiden Weltkriege im 20. Jahrhundert mit den deutschen Niederlagen von 1918 und 1945 oder der Fall der Berliner Mauer 1989.

Viele Leser werden nun das eine oder andere Datum vermissen, das ihre persönliche Weltsicht, ihre kulturellen Wurzeln und ihr Geschichtsbild repräsentiert. Dazu zählt vielleicht für die einen das Ende der arabischen Herrschaft auf der Iberischen Halbinsel und für andere die Vertreibung der Juden aus Spanien 1492 oder die Entdeckung Amerikas im selben Jahr.

Ein Tag, der ohne Zweifel die ganze Welt erschütterte und nachhaltig veränderte, war der 11. September 2001. Im Englischen heißt jene Zeitenwende schlicht: 9/11. Diese Zahlenfolge ruft verschiedenste Emotionen und Gedanken hervor. Denn die Zerstörung der Twin Towers, der Türme des World Trade Center, und der Tod von Tausenden Menschen wegen der Anschläge des 11. September wurde von Milliarden Augenzeugen rund um den Globus live verfolgt. Dieser Tag und die Szenen, die sich in das Gedächtnis der Menschen einbrannten, hatten eine grundlegende Wendung der Weltgeschichte zur Folge. Der Name Osama bin Laden wurde zugleich für die meisten in der westlichen Welt neben denen von Despoten und Massenmördern wie Pol Pot, Adolf Hitler und Joseph Stalin zum Synonym des Bösen. Als meistgesuchter und meistgejagter Mann der Welt wurde auf die Ergreifung des früheren Saudis eine Prämie von 25 Millionen US-Dollar ausgesetzt.

Der 11. September 2001 führte die Welt in den „Krieg gegen den Terror" und, wie Margaret Thatcher, die frühere britische Premierministerin, ausdrücklich formulierte: „Radikaler Islamismus ist heute, vergleichbar dem Kommunismus in der Vergangenheit, eine auf Waffen gestützte Doktrin. Dieser Islamismus ist eine aggressive Ideologie, die von fanatischen, gut gerüsteten Anhängern verbreitet wird. Genau wie der Kommunismus erfordert der Islamismus eine umfassende, langfristig orientierte Strategie, damit er besiegt werden kann."

Der Zusammenbruch der Sowjetunion wie der darauf folgende weitgehende Niedergang des marxistisch-leninistischen Mantras – von der letzten Hochburg Nordkorea oder einigen kleinen Bastionen in Lateinamerika einmal abgesehen – hinterließen ein ideologisches Vakuum. Das Ende des Kalten Krieges und der Wunsch nach Freiheit im einstigen Ostblock markierten eindeutig den Sieg des Liberalismus. Das freie demokratische System hatte somit seinen Triumphzug angetreten. Seine Verfechter sahen mit Genugtuung, dass die früheren sozialistischen und kommunistischen Staaten nicht nur wirtschaftliche und soziale Veränderungen wollten, sondern in der Regel jetzt sogar besonders eindringliche Fürsprecher eines liberalen, demokratischen Gesellschaftssystems wurden. Vielleicht wollte man nach dem Niedergang des Kommunismus seine neue Weltanschauung damit nachdrücklich unter Beweis stellen.

Zudem wetteiferten die neuen demokratischen Staaten darum, möglichst schnell Mitglieder in den wichtigen Institutionen der westlichen Welt zu werden: angefangen von der Europäischen Union über die NATO bis hin zur Welthandelsorganisation. Diese Tendenz war auch in Afrika, Lateinamerika, Asien und in der arabischen Welt zu beobachten und markierte deutlich die Umbruchsituation nach dem Zusammenbruch des kommunistischen Blocks in Osteuropa. Es schien ein frischer liberal-demokratischer Wind durch die Welt zu wehen. Dieser Optimismus war rund zehn Jahre lang deutlich spürbar.

Dann kam der 11. September 2001. An diesem Tag wurden nicht nur die Zwillingstürme in New York zerstört, sondern einmal mehr auch die Hoffnung auf eine erneuerte und vor allem friedliche Weltgemeinschaft. Seit der Stunde, in der die Flugzeuge in die Türme des WTC rasten und sich in tödliche Feuerbälle verwandelten, steht auch die Welt in Flammen. Diese schrecklichen Ereignisse sind zum Symbol für die unkalkulierbare Gefahr des Terrorismus geworden.

Die Terroristen vom 11. September 2001 hatten nicht nur die USA im Visier, sondern sie richteten sich in ihrer Brutalität gegen all das, was die westliche Welt in ihren Augen ausmacht: den liberalen Lebensstil und den Wohlstand. Den „Prächtigen 19", wie sich die Gruppe um Mohammed Atta bezeichnete, war gerade der American Way of Life ein Dorn im Auge. An jenem sonnigen Tag im September 2001 begann die Auseinandersetzung der Vertreter der liberalen Systeme mit denen des radikalen Islam. Diese Möglichkeit hatte Samuel Huntington in seinem Werk „Kampf der Kulturen" bereits in den frühen 1990ern erkannt. Denn schon damals hatte es Anschläge gegeben, allerdings nicht von einem solchen Ausmaß.

Auf die Ereignisse des 11. September 2001 folgten dann unweigerlich zahlreiche weitere terroristische Attentate. Zielscheibe waren nur bestimmte Länder, aber die Terrorakte hatten definitiv globale Auswirkungen. Ein radikales Umdenken in Sachen Sicherheit und nationaler Verteidigung setzte ein, was gravierende Umwälzungen in der Politik der betroffenen Staaten bedeutete und jeden Bürger dieser Welt seither im Alltag tangiert. Die rigiden Sicherheitskontrollen an den Flughäfen sowie die Beschränkungen im Gepäckverkehr, aber auch die Überwachung öffentlicher Plätze und Einrichtungen sind nicht mehr aus der Welt zu denken – aus der neuen Welt, wie sie seit dem 11. September existiert.

Zugleich führte 9/11 zu einem höchst ungewöhnlichen Schulterschluss zwischen bestimmten Staaten wie beispielsweise den USA und Pakistan. Sie bemühen sich, gemeinsam eine relativ kleine Gruppe religiöser Fanatiker zu bezwingen, die ihre Ideologie und ihre Werte Milliarden von Menschen, die anders denken, aufdrängen wollen.

Auffallend war, dass selbst eindeutig antiamerikanische Regierungschefs wie Fidel Castro auf Kuba und Mohammed al-Gaddhafi in Libyen die Terrorakte gegen die USA verurteilten. Allerdings schwiegen auch Länder wie der Iran. Dieses Schweigen bestimmter Staatschefs bedeutete weder Zustimmung noch Ablehnung, aber es schien diesen Herrschenden wohl angebracht, ihre Gedanken nicht offen zu äußern. Nebenbei bemerkt war die zynische Reaktion des irakischen Despoten Saddam Hussein ein weiterer Grund für die Feindschaft der USA gegen sein Land, verbunden mit seinem letztendlichen Untergang.

Die Welt stand nach dem 11. September vor dem Scherbenhaufen des liberal-demokratischen Aufbruchs und musste erkennen, dass der Islamismus den traditionellen Platz der linken Ideologie eingenommen hatte. Die internationale Staatengemeinschaft sah sich damit einer neuen, aber vergleichbar starken Herausforderung gegenüber.

Im 19. und 20. Jahrhundert wurden der Sozialismus, Kommunismus und Marxismus von ihren Anhängern als Alternative zur dominierenden liberalen Raison d'être verstanden. Darin lag der Grund, warum sich diese Ideen einen so entscheidenden

Platz in der Welt erkämpfen konnten. Im 21. Jahrhundert strebt der Islamismus diese Rolle an. Vor allem militante Bewegungen wie Hizb ut-Tahrir al-Islami (Islamische Freiheitspartei), welche hauptsächlich in Zentralasien aktiv ist, Jemaah Islamiah (Islamische Gemeinschaft), die für die Anschläge 2002 und 2005 auf Bali verantwortlich war, oder die Hamas haben dieses Ziel fest im Auge. Arbeiten von Wissenschaftlern wie Samuel Huntington und Francis Fukuyama, aber auch länderspezifische Studien – beispielsweise aus Großbritannien – machen diesen Paradigmenwechsel in der Ideologiegeschichte vom staatlichen Kommunismus zum staatliche Grenzen missachtenden Islamismus deutlich. Konsequenterweise interpretieren die amerikanische Regierung sowie die konservativen Thinktanks in den USA den Terror des Al-Qaida-Netzwerks als globale Kriegserklärung, die sich zuerst gegen die Supermacht, aber auch gegen die internationale Gemeinschaft richte. Selbst die muslimischen, nichtislamistischen Staaten würden von Al-Qaida bedroht werden, sofern sich diese nicht der radikalen Lehre anschlössen.

Demgemäß sagte US-Präsident George W. Bush im September 2001, wenige Tage nach den Anschlägen auf sein Land: „(…) unser Krieg ist ein Krieg gegen das Böse und gegen Extremisten, aber nicht gegen jene Lehre des Islam, der Frieden und das Gute predigt. Al-Qaida ist keine Organisation mit guten Zielen, sie ist keine Organisation des Friedens, sondern eine Gruppe, die sich auf Hass und das Böse gründet."

Das Kernstück ihrer Ideologie und anderer ideologisch vergleichbarer Gruppen besteht in dem Wunsch, eine islamische Gesellschaft zu erreichen, die sich ausschließlich dem islamischen Recht, der Scharia, unterwirft. Das Ziel, auf das sich alle diese islamistischen Gruppen immer wieder berufen und womit sie ihre Taten rechtfertigen wollen, ist, kurz gesagt, die Wiederbelebung des Kalifats aus dem 7. Jahrhundert. Diese Epoche wird von ihnen als das Goldene Zeitalter des Islam angesehen und folgte der Idee einer lückenlosen Nachfolgerschaft Mohammeds als Herrscher über die muslimische Gemeinschaft. Sie existierte von 632 bis 661 unter der Führung der vier sogenannten „rechtgeleiteten" Kalifen.

Im Jahre 661 führte der gewaltsame Tod des letzten Kalifen Ali nicht nur zu einem Bruderkrieg in der muslimischen Welt, sondern auch zur Spaltung des Islam sowie zu dessen Verlust an Einfluss auf die arabische Welt. Die muslimische Gesellschaft teilte sich in verschiedene Gruppen. Die beiden größten Strömungen unter ihnen bilden die Sunniten und die Schiiten.

Seit 749 stellte das Herrschergeschlecht der Abbasiden, die auf den Onkel Mohammeds zurückgehen, die Kalifen. Im Anschluss an die Beseitigung des Abbasidenkalifats im 13. Jahrhundert durch die Osmanen setzte sich bei den Gelehrten allmählich der Gedanke durch, dass jeder Sultan, der die religiösen Gesetze aufrechterhält, als Kalif, was jedoch politisch nicht bedeutend war, bezeichnet werden dürfe. Dementsprechend führten schließlich seit dem 15. Jahrhundert die Herrscher der Osmanen wie auch andere Machthaber diesen Titel.

Militante Islamisten sind der Ansicht, dass nur ein Leben auf Basis der radikal-islamischen Interpretation der Geschichte und der strengen Einhaltung der Scharia die reine muslimische Lehre widerspiegle. Genau aus diesem Grund rief die endgültige Abschaffung des Kalifats in der Türkei 1924 und die damit einhergehende Trennung zwischen Staat und Religion durch den Reformer Kemal Atatürk in der weniger moderaten islamischen Welt große Entrüstung hervor. Um die Verbreitung der reinen muslimischen Lehre dennoch lückenlos umzusetzen, werden nach Meinung vieler Beobachter in Europa beispielsweise die verheerenden sozioökonomischen Verhältnisse benutzt, wie sie in Gaza oder in Teilen des Libanon herrschen: Durch Versprechungen und Zuwendungen an die Menschen, die in einer sehr schwierigen Situation leben müssen, versucht man, die Schar der Anhänger zu vergrößern. Eine solche Tak-

tik verfolgt auch die Hamas, wenn es um die Freiheit und
Selbstständigkeit der Palästinenser geht. Sie vereint Elemente
einer islamistischen Bewegung mit konkreten politischen Zielen. Welche ideologischen Zwecke hiermit jedoch genau verfolgt werden, kann man nur in den Grundsatzpapieren solcher
Organisationen nachlesen. Bewegungen wie Hamas und Hisbollah sind Volksbewegungen. Sie bieten ihren Anhängern
und jenen, die sie für ihre Ziele rekrutieren möchten, eine Vielzahl sozialer Dienstleistungen: Krankenversicherungen, Bau-
beihilfen und Stipendien für Schüler oder Studenten; das sind
ihre Lockmittel. Dort, wo Armut und Not Alltag sind, kann ein
einziges Stipendium einer ganzen Familie helfen. Diese Strategie, die Religion mit sozialen Leistungen und der Förderung
von Bildung verbindet, ermöglicht dem militanten Islam, eigene Rekrutierungspools aufzubauen, aus denen eine Heer-
schar von Anhängern und zahllose willige Krieger hervorgehen.
Auf diese Weise hat sich z. B. in Indonesien eine Bewegung unter der Bezeichnung „Darul Islam" (Wohnsitz des Islam) in bereits ansehnlicher Größe gebildet. Sie unterhält Schulen, in denen die Schüler ihr Leben streng nach islamischem Recht
ausrichten müssen. Diese Schüler haben in ihrem Leben noch
nie die indonesische Hymne gesungen, sondern kennen ausschließlich arabische religiöse Lieder, sogenannte Nasyids. Die
Wände der Schulen sind mit arabischer Kalligrafie verziert, die
als schönes Ornament auch diejenigen anspricht, die diese
Schrift nicht lesen können. Man könnte sie fast schon als Me-
netekel bezeichnen, weil es hier ihrer Bedeutung nach um die
Verherrlichung von muslimischen Märtyrern geht. Die Schulen lehren den zentralen Gedanken, dass der Islam bedroht sei
und Indonesien daher in einen islamistischen Staat umgewan-
delt werden müsse. Wer diese Auffassung nicht teilt und sich
dagegen stellt, sei ungläubig oder dem Islam untreu.

Doch nicht nur Armut bedingt diesen Radikalismus, zumal
bei Weitem nicht alle Terroristen oder Anhänger islamistischer

Gruppen aus Armut und Verzweiflung handeln. Es hat sich z.B. gezeigt, dass viele palästinensische Selbstmordattentäter, und vor allem die Terroristen des 11. September, aus einem stabilen sozialen Umfeld kamen, eine gute Bildung aufwiesen und ihr Auskommen hatten.

Ich bin der Meinung, dass trotz der berechtigten Angst vor den schrecklichen Bedrohungen durch den Terrorismus, einer Angst, die seit dem 11. September 2001 wohl die ganze Welt erfasst hat, die Hoffnung auf einen Weg hin zum Besseren nicht völlig aufgegeben werden sollte. Denn wie die Geschichte der PLO zeigt, ist der Wandel von einer terroristischen Vereinigung in eine positive politische Kraft durchaus möglich.

In den 1970ern war die PLO für zahllose Terroranschläge verantwortlich. Sie ließ Flugzeuge in die Luft jagen, war für den Anschlag auf die israelische Mannschaft während der Olympischen Spiele in München 1972 verantwortlich, nahm Geiseln und mordete. Schließlich gelang es der PLO jedoch, sich vom Terror abzuwenden und für eine Politik auf offizieller Ebene zu entscheiden. Erst damit wurde sie zum Gesprächspartner für die israelischen Politiker. Das Treffen zwischen dem israelischen Ministerpräsidenten Yitzhak Rabin und dem PLO-Vorsitzenden Yassir Arafat vor dem Weißen Haus im Jahre 1993 stellte somit einen bedeutsamen Sprung beider Parteien über eine enorme Hürde dar. Sie unterzeichneten gemeinsam die Erklärung, dass die Palästinenser in den Gebieten, die 1967 während des Sechstagekriegs durch Israel erobert worden waren (Gazastreifen und Westjordanland), künftig als ersten Schritt über eine Autonomie verfügen sollten. Diese Übereinkunft und der Händedruck waren der manifeste Beweis, dass Israel die PLO als politische Kraft anerkannte und bereit war, sich mit einer Selbstständigkeit der Palästinenser abzufinden. Im Gegenzug schwor die PLO offiziell dem Terror ab und verwarf ihre Ansprüche auf das israelische Kernland.

Mit Al-Qaida hingegen ist bislang keinerlei Gespräch möglich, und der Weg zu einer gewaltfreien, politischen Annäherung ist noch weit. Zudem unterscheidet sich die Al-Qaida grundlegend von der PLO, die ihren Terror gegen eine relativ klar definierte Gruppierung von Menschen ausübte. Bin Ladens Kämpfer dagegen führten eine tief greifende Neudefinition des Terrors herbei. Dieser Bedrohung sehen sich alle Länder der Welt ausgesetzt. Außerdem muss eine neue Sicherheitspolitik nicht nur die direkten Al-Qaida-Anhänger berücksichtigen, sondern auch die mehr oder minder eng verbundenen Weggefährten der Organisation – kurzum Verbündete, Förderer und Bewunderer. Das bedeutet für jeden einzelnen Staat, dass dem Kampf gegen den internationalen Terrorismus ein zentrales Gewicht zukommen muss. Dieses gemeinsame Ziel der bedrohten Staaten ist mittlerweile zum Mittelpunkt des politischen Handelns geworden. Jedes Land hat neue Organisationen und Arbeitsgruppen ins Leben gerufen, die sich ausschließlich mit dem internationalen Terrorismus und seinen jeweiligen Aktivitäten im eigenen Staat befassen.

Durch den islamistischen Terror und die damit verbundenen Herausforderungen an die Sicherheit sind nun bestimmte Grundsätze infrage gestellt. Denn die altehrwürdigen Traditionen des Habeas-corpus-ad-Subjiciendum (Man kann die Person zwecks Vernehmung festhalten) und des Habeas-corpus-ad-Testificandum (Man kann die Person festhalten, um eine Zeugenaussage zu erlangen) werden manchmal missbraucht, um Verdächtige zu inhaftieren. Augenfälligstes Beispiel sind die Vorkommnisse im US-Gefangenenlager Guantánamo auf Kuba. Auch international geltendes Recht wurde bereits modifiziert, und der Prozess ist noch nicht am Ende. Staaten, die sich den Grund- und Menschenrechten verpflichtet haben, müssen sich plötzlich mit Angelegenheiten wie der unbegrenzten Haftdauer eines noch nicht Verurteilten, der Überwachung und der partiellen Aufhebung der Privatsphäre ihrer Bürger sowie nicht zu-

letzt einer grundlegenden Veränderung der Regeln des Daten-
schutzes befassen. Die Versuche des ehemaligen britischen Pre-
mierministers Tony Blair, eine 90-tägige Untersuchungshaft für
Personen einzuführen, die des Terrorismus verdächtigt werden –
Blair hatte dies bereits 2005 erfolglos vorgeschlagen und im Juni
2007 trotzdem wieder auf die Agenda gesetzt –, machten dieses
Dilemma deutlich. Der Zwiespalt zwischen den demokratischen Prinzipien einerseits und der notwendigen Abwehr islamistischen Terrors und damit dem Schutz der eigenen Bürger
andererseits ist nur schwer aufzulösen. Es hält sich das zentrale
Argument, dass strengere Gesetze die liberalen und demokratischen Werte und Grundfesten unterminieren würden. Schließlich verlor Blair die Abstimmung, obgleich seine Partei eine
beträchtliche Mehrheit im Unterhaus hatte. Von dessen Mitgliedern votierten jedoch mehr als die Hälfte gegen den Gesetzesentwurf. Für den damaligen Premierminister bedeutete dies
zugleich Niederlage und Gesichtsverlust, weil das Büro des
Fraktionsgeschäftsführers enorme Anstrengungen unternommen hatte, selbst die Abgeordneten der Labour Party davon zu
überzeugen, für den Entwurf zu stimmen.

In Deutschland – um ein weiteres Beispiel aus der EU zu
nennen – stieß Wolfgang Schäuble im Sommer 2007 mit seinen Vorschlägen für eine effizientere Terrorbekämpfung auf
ebensolchen Widerstand. Der Bundesinnenminister hatte dafür geworben, relevanten Behörden weiter reichende Befugnisse für die Jagd nach Terroristen einzuräumen. So sollte im
Falle eines begründeten Verdachts eine Durchsuchungserlaub-
nis leichter erhältlich und umfassender möglich sein sowie im
Krisenfall die Grenze zur Gewaltanwendung gegenüber mutmaßlichen Terroristen herabgesetzt werden. In diesem Zuge
forderten er und Verteidigungsminister Franz Josef Jung
außerdem eine gesetzliche Grundlage, um von Terroristen ent-
führte Passagierflugzeuge im deutschen Luftraum notfalls ab-
schießen zu dürfen. Damit begibt man sich allerdings auf ein

juristisch und ethisch sehr heikles Terrain. Obwohl die Pläne zunächst noch sehr vage waren, ging auch sofort ein Aufschrei durch die politischen Lager. Diese starke Reaktion von Presse und Parteien zeigt, welch sensible Thematik berührt wird, sobald es um die Einschränkung von Grundrechten zugunsten der Terrorabwehr geht.

Die Kontroversen um die Bekämpfung des islamistischen Terrorismus werden nicht nur in ganz Europa immer lauter. Auch in den USA sind solche Töne deutlich zu vernehmen. Angesichts der schlimmen Vorkommnisse in amerikanischen Gefängnissen und aufgrund internationaler Proteste u. a. von NGOs wie Human Rights Watch wurde überlegt, einen Gesetzesvorschlag zu erarbeiten, um Folter in den USA und durch Angehörige von Armee und Geheimdiensten gesetzlich zu verbieten.

Die Probleme sind zu vielschichtig, als dass man Patentlösungen anbieten könnte – das weiß ich als Israeli nur zu gut. Der 11. September hat die Welt herausgefordert. Wir müssen diese Herausforderung annehmen und Möglichkeiten finden, den Frieden auf der Welt langfristig mit unseren erprobten Mitteln und Werten der Demokratie zu sichern. Die Auseinandersetzung mit dem islamistischen Fundamentalismus hat jedoch eine lange Geschichte und viele Gesichter. Man muss sie kennen und verstehen, um dem Frieden den Weg bereiten zu können.

Teil I

Gegenwart und Vergangenheit in Nahost

Am 14. Mai 1948, dem Tag vor der Gründung des Staates Israel, tanzten die wenigsten Juden die Hora, einen bekannten israelischer Rundtanz, auf den Straßen. Ich selbst saß als 13-Jähriger in einem rasch eingerichteten Schutzraum im Keller unseres Hauses in Ramat Gan bei Tel Aviv, wo ich den Angriff der ägyptischen Armee erlebte. Wir waren unsicher, wie das Ganze ausgehen würde, denn damals standen 650 000 Israelis den Armeen aus Ägypten, Transjordanien, Syrien, dem Libanon und dem Irak gegenüber. Im als arabischer Staat vorgesehenen Teil von Palästina lebten bereits etwas mehr als 1 Million Araber.

Ende 1948 dienten von den Israelis rund 88 033 als Soldaten in der israelischen Armee, 27 697 davon waren Nichtkombattanten in Unterstützungseinheiten, die z. B. in der Versorgung der Armee und in der Kommunikation aktiv waren. Die kämpfenden Einheiten bestanden nur aus etwa 60 000 Juden – ein Drittel von ihnen Holocaustüberlebende.

Islam: eine Religion mit vielen Facetten

Der Islam ist eine monotheistische Religion. Allah, so der Glaube, offenbarte sich durch den Erzengel Gabriel im Jahr 610 dem Mohammed (voller Name: Abul Kasim Mohammed ibn Abd Allah) zum ersten Mal, während dieser am Berg Hira nahe Mekka meditierte. Mohammed prägte sich Wort für Wort ein, was Gabriel ihm verkündete. Diese Vision nahm er als persönliche Berufung zum Gesandten Allahs an und verstand sich selbst als Prophet, der die Offenbarung des wahren Glaubens abschließen werde. Als einer der ersten Propheten des Islam gilt neben Moses und anderen alttestamentlichen Glaubensbotschaftern auch Jesus von Nazareth. Insofern beruft sich der Islam zwar auf die Propheten des Juden- und Christentums, definiert sich jedoch zugleich als die einzig wahre Lehre. Nachdem Mohammed begonnen hatte, der Welt das Wort Allahs zu verkünden, schrieb er die ihm offenbarten Worte im Koran nieder. Mit seiner stetig wachsenden Anhängerschaft, zunächst vor allem aus der Unterschicht, zog er nach Medina, um von dort aus die arabischen Stämme politisch wie religiös zu vereinen. 630 besetzte er Mekka und nahm das altarabische Heiligtum, die Kaaba, in Besitz. 632 starb Mohammed im Bewusstsein, eine neue Religion geschaffen und die Einheit der arabischen Stämme erreicht zu haben.

Der Begriff „Islam" bedeutet „unbedingte Hingabe an den Willen Allahs". Anhänger dieser Religion bezeichnen sich selbst als Muslime, was wörtlich „der sich Allah unterwirft" heißt. Zum Kanon des Islam gehört die Sira, der Bericht über Mohammeds Leben. Die fünf Pfeiler des Islam und damit die Hauptpflichten eines gläubigen Muslims sind:

- das Glaubensbekenntnis zu Allah als dem einen Gott,
- das fünfmal täglich zu verrichtende Ritualgebet,
- das Almosengeben,
- das Fasten während des Monats Ramadan und
- die Wallfahrt nach Mekka.

Sunniten und Schiiten

Kurz nach Mohammeds Tod teilte sich die muslimische Welt in zwei Glaubensrichtungen: die Sunniten, die innerhalb des Islam die Mehrheit (zirka 90 Prozent) ausmachen, und die Schiiten, die größtenteils im heutigen Iran und in Aserbaidschan, aber auch im Irak, in Afghanistan, Saudi-Arabien, in den Golfstaaten und im Libanon leben. Beide Gruppen teilen die Auffassung, dass die Grundfesten des Islam im Koran niedergeschrieben wurden. Außerdem eint sie eine tief greifende Ablehnung der modernen, westlich geprägten Welt, die aufgrund der eigenen, teils rigiden Wertvorstellungen, mit einer Mischung aus Faszination und Abstoßung betrachtet wird. Darüber hinaus jedoch sind die Ähnlichkeiten zwischen Sunniten und Schiiten gegenwärtig äußerst gering. Anhänger der jeweils anderen Glaubensgemeinschaft werden sogar als Apostaten – als Abtrünnige – bezeichnet. Eine Ursache hierfür liegt bereits im islamischen Glaubensbekenntnis: „Es gibt keinen Gott außer Allah und Mohammed ist der Gesandte Allahs." Gesprochen lautet die Formel: „Ich bezeuge, dass es keinen Gott außer Allah gibt, und ich bezeuge, dass Mohammed der Gesandte Allahs ist." Die Schiiten fügen dem islamischen Glaubensbekenntnis, der Schahada, noch hinzu: „und Ali ist der Freund Allahs."

Die Spaltung der islamischen Religion geht zurück auf die Uneinigkeit der Nachfolgerschaft Mohammeds nach seinem Tod 632 und der Antwort auf die Frage, wie das Kalifat in Zukunft zu organisieren sei. Der Großteil der Muslime wählte damals Abu Bakr, einen Freund und Gefährten Mohammeds, zu dessen Nachfolger und machte ihn damit zum ersten der vier „rechtgeleiteten Kalifen". Manche waren jedoch der Meinung, dass allein Ali ibn Abi Talib, Mohammeds Cousin und zugleich sein Schwiegersohn, würdiger Nachfolger des Gesandten Allahs sei. Aus diesen Vertretern gingen die Schiiten hervor. Sie wandten sich damit gegen Abu Bakr und weigerten sich, ihn wie seine beiden Nachfolger, Omar ibn al-Khattab (zweiter „rechtgeleiteter Kalif" 634–644) und Othman ibn Affan (dritter „rechtgeleiteter Kalif" 644–656) anzuerkennen. Erst nachdem Othman einem bis heute nicht aufgeklärten Attentat zum Opfer gefallen war, gelang es den Schiiten und weiteren Aufständischen, 656 Ali als vierten Kalifen durchzusetzen. Damit zog er jedoch den Zorn Aishas, Mohammeds Ehefrau und zugleich Tochter von Abu Bakr, auf sich. Es brachen Kämpfe aus, und Ali gelang es, die Streitkräfte Aishas zu schlagen. Bloß das Heer des Gouverneurs von Damaskus, Moawija Omaijads, der seinerzeit Abu Bakr und nun auch dessen Tochter unterstützt hatte, konnte Ali nicht besiegen. Er suchte eine Einigung mit ihm, was wiederum für Aufruhr bei den Schiiten sorgte. Ali wurde daraufhin von einer radikalen Sekte seiner eigenen Anhänger der Ketzerei bezichtigt und 661 getötet. Vermutlich handelte es sich hierbei um die Charidschiten („Die Hinausgehenden"). Sie distanzierten sich in der Folgezeit von den Sunniten wie Schiiten und beschuldigten Ali und Moawija der Gotteslästerung, weil nur sie selbst den wahren Koran ehrten und lehrten. Somit sei auch nur einer der ihren würdig genug, die Nachfolge Mohammeds anzutreten.

Dennoch erklärte sich Moawija zum fünften Kalifen, während Alis ältester Sohn, Hassan, auf das Kalifat verzichtete. Hassan starb binnen eines Jahres und Hussein, Alis jüngster Sohn, stimmte der Vereinbarung zu, solange Moawija am Leben war, keine Ansprüche auf das Amt zu erheben. Als Moawija 680 starb, trat jedoch sein Sohn Jesid die Nachfolge an. Hussein fühlte sich provoziert und begann einen Feldzug gegen den „falschen Kalifen". Damit standen sich wieder zentrale Figuren der Schiiten und Sunniten im Kampf gegenüber. Doch Hussein zog gegen eine unglaubliche Übermacht ins Feld, und sein Plan war von vornherein zum Scheitern verurteilt. So wurde er noch im selben Jahr in der Schlacht von Kerbela (Irak) von den sunnitischen Streitkräften im Irak besiegt. Dies erlaubte Jesid, die Dynastie der Omaijaden zu etablieren.

Mitte des 8. Jahrhunderts erhob sich noch einmal ein schiitischer Vertreter gegen die Sunniten. Abu Al Abbas vom Geschlecht der Abbasiden beendete nach der Schlacht von Zab (Irak) die Dynastie der Omaijaden und ließ sich 749 zum Kalifen ausrufen. Er hoffte, dass nach ihm der Ururenkel Husseins, Jafar As-Siddiq, zum nächsten Kalifen ernannt werden könnte. Als Abbas 754 starb, entschied jedoch sein Sohn, Mansur Abu Djafar, diesen potenziellen Nachfolger töten zu lassen und selbst die Macht des Kalifats an sich zu reißen. Die direkte Linie zu Mohammed, die über die Nachkommen Alis und Husseins lief, endete 873, nachdem der letzte Nachfahre, Muhammed ibn Hasan al-Mahdi, der zwölfte und letzte schiitische Imam, welcher für die Schiiten als rechtmäßiger Kalif gilt, binnen weniger Tage nach seiner Ernennung verschwand. Seine Anhänger glaubten nicht an seinen Tod und verkündeten, er habe sich nur „verborgen". Er werde wiederkehren, sobald die schiitische Tradition die islamische Welt wieder dominiere. Während seiner Abwesenheit sollten qualifizierte Geistliche die Leitung der Gemeinde übernehmen. Dieser Glaube ist unter anderem im Iran verbreitet.

Die Schiiten sind in vielerlei Hinsicht einer Form des Messianismus zugeneigt, da sie auf die Ankunft des Mahdi (Rechtgeleiteter) warten, der den Islam vor dem Yaum al-Qiyamah (Tag der Auferstehung) in seiner reinen Form wiederherstellen wird. Mit dem Tag der Auferstehung ist das Ende dieser Welt gemeint; alle Menschen würden von Allah auferweckt und für die Taten während ihres Lebens zur Verantwortung gezogen werden.

Nach einigen Jahrhunderten überantworteten die Schiiten die spirituelle und religiöse Autorität der Ulama, einem aus zwölf Gelehrten bestehenden Rat, der nach orthodoxen Richtlinien die Scharia (nach islamischem Verständnis das „Gesetz Gottes") auslegt. Zudem wählt er einen obersten Imam. Ihm werden in der schiitischen Tradition eine immense Bedeutung und ein erhebliches Machtpotenzial zugesprochen, weil er nicht nur der geistige Führer der Schiiten ist, sondern auch das letzte Wort in der Auslegung der islamischen Gesetze und Tradition hat. Die Sunniten haben für sich dagegen ein etwas freieres System religiöser Autorität entwickelt, in dem es keine formal ernannte Geistlichkeit gibt. Die Auslegung der Religion wird von Wissenschaftlern, Gelehrten und Juristen übernommen. Deren Meinungen sind jedoch nicht bindend.

Im Gegensatz zur sunnitischen Tradition sind der schiitischen Auslebung des Glaubens außerdem Märtyrertum und Leid immanent, da auch die Gründer dieses islamischen Zweiges, Ali und Hussein, großes Leid erfahren haben. So wird beispielsweise während des schiitischen Hauptfests „Ashura" an Husseins Martyrium in der Schlacht von Kerbela im Jahre 680 erinnert. Schiiten weinen, schlagen sich mit den Fäusten auf die Brust und klagen laut „Haidar, Haidar", was „Löwe" bedeutet und zugleich ein anderer Name für den vierten Kalifen und ersten schiitischen Imam Ali ibn Abi Talib ist. Mit dem Ashura-Fest wird somit die Bewunderung für all jene ausgedrückt, die in der Schlacht von Kerbela starben, und gleichzeitig die Loyalität gegenüber Ali, dem rechtmäßigen Nachfolger Mohammeds, beteuert.

Die Spannungen zwischen Sunniten und Schiiten nehmen seit Jahren zu, wie vor allem die Lage im Irak und in Pakistan zeigt. Es sind innermuslimische Kämpfe, die immer brutaler ausgetragen werden. Eine Konsequenz dieser religiösen Spaltung wird auch am Beispiel Saudi-Arabiens deutlich: Die Kinder in den Schulen bekommen die sunnitische Lehre beigebracht. Schiiten werden darin nicht als gleichberechtigte Muslime, sondern als Menschen zweiter Klasse betrachtet. Aus dem mehrheitlich schiitischen Nordosten des Staates, der zugleich die größten Erdölvorkommen birgt, stammten aufgrund dieser sunnitischen Dominanz in der saudi-arabischen Regierung und der damit einhergehenden Deprivation der Schiiten im eigenen Land auch die meisten der in Terroranschläge verwickelten Saudis. Die USA und Saudi-Arabien pflegen trotzdem seit Jahrzehnten relativ enge Beziehungen, und Saudi-Arabien war in beiden Golfkriegen Bündnispartner der USA. Die Präsenz der US-Truppen auf saudischem Boden hat bestimmte Landstriche Saudi-Arabiens zu explosiven Rückzugsgebieten islamistischer Fundamentalisten wie auch von Al-Qaida gemacht.

Teil II

Entwicklung des islamischen Fundamentalismus

Die militante islamische Bewegung erzielt ihre Wirkung vor allem durch eine Instrumentalisierung der Ängste vor der Globalisierung und deren Herausforderungen an eher traditionell geprägte Gesellschaften. Die Globalisierung wird dabei oftmals in engsten Zusammenhang mit den USA gebracht, was erhebliche Abwehr und Hass sowohl auf die US-Regierung als auch auf die amerikanischen Bürger und die Vertreter von deren Werten schürt, weil der westliche Lebensstil als Bedrohung empfunden wird und nicht selten Verachtung auslöst. Der Aufstieg des militanten Islam ist aber auch Ergebnis des Versagens des Panarabismus. Dieser entstand, ähnlich wie der Zionismus, im Rahmen der Nationalbewegungen im 19. Jahrhundert. Seine Vertreter proklamierten die Idee der einen arabischen Nation und damit ein politisches wie kulturelles Konzept. Sie versuchten, dem Einfluss des Westens auf die arabisch-muslimischen Gesellschaften eine eigene Identität entgegenzusetzen. Man strebte im Gegensatz zum weitaus radikaleren Panislamisums, der eine Einheit aller Muslime mit dem Ziel eines gemeinsamen Kalifats will, einen supranationalen Zusammenschluss an, in dessen Grenzen Andersgläubigen ein bürgerlicher Status zugebilligt worden wäre. Die panarabische Bewegung bemühte sich auf semisäkulare Weise, die arabische nationale Befreiung voranzutreiben und in den arabischen Ländern und Völkern zugleich ein neues Nationalgefühl anzufachen. Es sollten Wohlstand und eine zukunftsorientierte Gesellschaft entstehen. Demgegenüber entwickelte sich zur selben Zeit der religiöse Panislamismus mit seinen zwei größten Strömungen: der Salafismus und der Wahhabismus. Beide folgen fundamentalistisch orientierten Lehren.

Um die Entwicklung des islamischen Fundamentalismus verständlicher zu machen, werde ich auf das Scheitern des Panarabismus und auf die beiden panislamistischen Bewegungen im Folgenden noch einmal ausführlicher eingehen.

Panarabismus: der Traum von einer arabischen Nation

Der Dichter Ibrahim al-Yaziji appellierte 1868 in einem Gedicht an die arabisch sprechende Welt: „Wacht auf, o ihr Araber, und steht auf!" Er wollte einen Akt der Selbstbefreiung initiieren, mit dem sich die Araber von der seit dem 16. Jahrhundert bestehenden osmanischen Vorherrschaft lösen sollten. Dieser Wunsch schien aufgrund des im 19. Jahrhundert begonnenen Prozesses der zunehmenden Schwächung des Osmanischen Reichs realistisch zu sein. Von außen bedrohten europäische Staaten durch ihr langsames Eindringen das einst so stabile Imperium, um die Aufteilung der Welt in Kolonialgebiete rasch voranzutreiben. Darüber hinaus hatte sich innerhalb der osmanischen Welt eine Bewegung gebildet, die nach Unabhängigkeit und Selbstbestimmung strebte. Nach dem Zusammenbruch des Osmanischen Reichs am Ende des Ersten Weltkrieges aber sah sich die arabische Welt weder frei noch geeint, sondern befand sich erneut unter Fremdherrschaft. Diesmal waren die Besatzer nicht einmal Muslime. Somit stand die arabische Nationalbewegung im Sinne des Panarabismus erst am Anfang einer umfassenden Emanzipation. Der Kampf um die Unabhängigkeit wurde immer dringlicher.

Nach dem Ersten Weltkrieg erhielt der Panarabismus zusätzlichen Auftrieb, zumal nun arabische Denker und Anführer begannen, sozialistische und marxistische Ideale mit den Ideen der arabischen Nationalbewegung zu verbinden. Dadurch gestaltete sich der Panarabismus noch weitaus säkularer als anfänglich gedacht. Modernisierung und Fortschritt sollten die arabische Unabhängigkeit befördern und verwirklichen helfen. Der türkische Politiker Mustafa Kemal, später Atatürk genannt, der 1918 an die Spitze der nationalrepublikanischen Bewegung getreten war und bereits 1922 das Sultanat abgeschafft hatte, beseitigte 1924 sogar das Kalifat. Er verfolgte die strikte Modernisierung der Türkei, indem er etwa die Trennung von Staat und Religion sowie die Gleichstellung der Frau gesetzlich verankerte. Zudem war er ein erklärter Gegner des Panislamismus. Mit den sozialistischen Ideen hielt sich Atatürk jedoch nicht allzu lange auf, sondern er betrieb eine umfangreiche Europäisierung der Türkei.

Der Panarabismus blieb für viele Palästinenser lange Jahre neben dem Panislamismus und der palästinensischen Souveränität eine dritte mögliche Variante, bis er nach dem Sieg der israelischen Armee im Sechstagekrieg von 1967 gegen die arabischen Staaten ad acta gelegt wurde. Dieser Krieg hatte auf arabischer Seite zu tief greifenden Fraktionierungen, Verwerfungen und großen Enttäuschungen geführt. Der Panarabismus des ägyptischen Staatspräsidenten Gamal Abd el-Nasser hatte politisch sein Ziel verfehlt und war geistig bankrott. Der muslimische Gelehrte Muhammad Shahrur schrieb: „Über den Ruinen der Niederlage wurde deutlich, dass die eigentlichen Ziele der Modernisierung der arabischen Welt verraten worden waren. Jede nationalistische Ideologie erschien nun vor allem als romantisch und idealistisch, aber nicht konkret fassbar. Sie enthielt keine Staats- und Gesellschaftstheorie und bot weder eine Versöhnung unterschiedlicher Interessen und Ziele noch wurde die Bedeutsamkeit der Justiz unterstrichen."

Salafismus: Sorge um Verwestlichung und Modernisierung

Der Salafismus entstand ursprünglich im 19. Jahrhundert in Ägypten. Dafür sorgten vor allem die Verbreitung der Werke des schiitisch persischen Wissenschaftlers Jamal al-Din al-Afghani (1838–1897) und des sunnitisch ägyptischen Gelehrten Mohammed Abduh (1849–1905). Beide waren gleichermaßen über die zunehmende Verwestlichung und Modernisierung der arabischen Welt besorgt und kritisierten die unaufhaltsame Ausdehnung Europas auf die arabischen Länder. Unter Rashid Rida (1865–1935), einem Schüler Abduhs, bezeichnete sich der Salafismus selbst als „antiwestlich orientiert". Die salafistische Schule fordert daher vor allem die wortwörtliche Interpretation religiöser Texte, die keinen Spielraum für eine Anpassung an moderne Gegebenheiten zulässt.

Der Begriff „Al-salaf" bezieht sich auf die „Vorväter" und verweist auf die ersten 300 Jahre nach der Hidschra (Wanderung) Mohammeds von Mekka nach Medina im Jahre 622. Während dieser Zeit hätten die Muslime noch eine reine und ursprüngliche Form des Islam gelebt. Erst danach seien jene Veränderungen eingetreten, die von den Salafisten abgelehnt werden. Abduh hatte sich vor allem mit islamischem Recht beschäftigt, wobei sich sein Nachfolger, Rida, der Wiederherstellung des Kalifats widmete. Auf diese Weise sollte das ideologische und geistige Vakuum nach dem Zerfall des osmanischen Reichs und der westlichen Hegemonialstellung gefüllt werden.

Anhänger dieser islamistischen Strömung konzentrieren sich unter anderem auf die wortgenaue Interpretation des Korans und der Sunna (alle Handlungen und Aussagen Mohammeds). Außerdem stehen die Verbreitung der Schriften des Islam sowie die Verkündigung des Tauhids (die „Einheit und Unteilbarkeit Allahs") im Vordergrund. Sie lehnen es also ab, Mohammed zu heiligen, weil nur Allah diese Ehre zustehe.

Seit ihrer Abgrenzung von den Schiiten, die auch ihr Mitgründer al-Afgahni forcierte, vertreten die Salafisten eine unerbittliche Feindschaft dem schiitischen Islam gegenüber. Auch Christen und Juden seien „Kufir" (Ungläubige). Der Salafismus begreift sich als Bindeglied zwischen Vergangenheit und Gegenwart, indem jeder gläubige Muslim der Tradition der frommen Vorväter zu folgen und die strenge Einhaltung der Lehre des Propheten Mohammed als seine Pflicht anzuerkennen hat.

Erste Ansätze dieser Glaubensauffassung finden sich bereits bei den um Basra im Irak ansässigen Charidschiten, die im späten 7. Jahrhundert die Bühne betreten hatten und wahrscheinlich verantwortlich für die Tötung des vierten Kalifen Ali waren. Heute ist diese äußerst gewalttätige Glaubensgemeinschaft, die dafür stand, die reine Lehre mit dem Schwert verbreiten zu wollen, nicht mehr als separate Bewegung existent.

Bekennende Anhänger des Salafismus sind Osama bin Laden sowie sein Stellvertreter, Ayman al-Zawahiri. Auch der Mörder des niederländischen Filmemachers Theo van Gogh bezeichnet sich als Salafist.

Wahhabismus: die Rückkehr zum wahren Islam

Die wahhabitische Tradition bezieht sich auf Werke von Scheich Mohammed Ibn Abdul Wahhab Ibn Sulaiman Ibn Ali Ibn Mohammed Ibn Ahmad Ibn Raschid al-Tamim (1703–1792). Seine Thesen zur Tauhid, der „Einheit und Unteilbarkeit Allahs", gelten als zentraler Beitrag zum Islam.

Al-Wahhab wurde 1703 in Ayina, nördlich von Riad, geboren. Es ist überliefert, dass er schon im Alter von zehn Jahren den Koran auswendig habe aufsagen können. Sein Vater, ein Richter, erachtete ihn deshalb als befähigt, das Gebet der

Gemeinde zu leiten. In den späten 1720ern studierte Abdul al-Wahhab die Schriften in Medina. Sein Mentor war der indische Gelehrte Mohammed Hayat al-Sindi, ein Sufi (Anhänger des esoterischen Sufismus) aus Naqshbandi. Er war Jurist und befasste sich mit den Schriften des islamischen Gelehrten Taqi al-Din Ibn Taimiya (1263–1328). Auf diese Weise wurden für al-Wahhab mit der Zeit nicht die Ideen seines gemäßigten Mentors al-Sindi entscheidend, sondern die Grundsätze Ibn Taimiyas, der von der Schwächung des Islam durch fremde Einflüsse überzeugt war. Ibn Taimiya duldete weder Logik noch empirische Wissenschaft, lehnte aber auch den Sufismus ab. Diese islamische Mystik wird in sogenannten Sufiorden, islamisch-mystischen Bruderschaften, praktiziert. Der Sufismus erfreute sich immer größeren Zuspruchs, sodass Ibn Taimiya dazu aufrief, sich wieder ausschließlich dem Koran und der Sunna zuzuwenden, um den neuen Praktiken und Abspaltungen das Wasser abzugraben. Ziel war die Rückkehr zum „wahren Islam".

Seit dem 13. Jahrhundert hatten Muslime Erfahrungen mit Verfolgung und Unterdrückung machen müssen: die Kreuzfahrer waren noch immer im Heiligen Land und die Mongolen fochten Siege im Osten aus, bis sie 1258 Bagdad eroberten. Mit anderen Worten: Die islamische Bevölkerung sah ihre Länder okkupiert und sich selbst in der Position der Unterworfenen. Lehren wie die des Ibn Taimiya waren somit aufgrund ihrer Radikalität schon vor al-Wahhab auf fruchtbaren Boden gefallen.

Auf dieser geistesgeschichtlichen Grundlage und der Anknüpfung an die Situation im 13. Jahrhundert, die mit der eigenen verglichen wurde, fand al-Wahhab seine Gefolgschaft unter den Beduinen im heutigen Saudi-Arabien. Er nahm eine unerbittliche Haltung ein, wenn es darum ging, den Islam vor Modernisierung und Veränderung zu bewahren. Al-Wahhabs Nachfolger entwickelten nicht nur ideelle, sondern ganz konkrete Expansionsgelüste und verknüpften diese mit militantem

Widerstand gegen die Osmanen und ihre ägyptischen Statthalter. 1802 überfielen Wahhabiten die irakische Stadt Kerbela und die Grabmoschee Husseins, eines Enkels des Propheten. Ihre Bilderstürmerei führte sie bis nach Mekka, wo sie die Kaaba verwüsteten, und in Medina zerschlugen sie die Grabmoschee des Propheten. Die radikal ausgelegte Tauhid hatte zu diesem Feldzug gegen die Verehrung des Propheten und seiner Nachfolger geführt. Die Wahhabiten folgten zwar den Lehren Mohammeds, richteten sich jedoch strikt gegen viele Formen des Volksglaubens, wie etwa die Verehrung von Heiligen, Wallfahrten zu Gräbern oder die jährliche Feier des Geburtstags des Propheten. Nur ein Jahrhundert später wurde das saudische Königshaus als bekennender Anhänger des Wahhabismus Schutzherr der wiedererrichteten Heiligtümer.

Die Wahhabiten konnten im 18. wie im 19. Jahrhundert kurzzeitig Reiche im Gebiet des heutigen Saudi-Arabien errichten, wurden aber unter anderem von den ägyptischen Streitkräften immer wieder besiegt und vertrieben. 1932 wurde aus den wahhabitischen Königreichen Hedscha und Nedschd Saudi-Arabien gegründet.

Heute präsentiert sich der Wahhabismus als martialische Strömung, dessen Herzstück, der militante Dschihad (Heiliger Krieg), eine religiöse Pflicht für jeden Muslim darstellt. Die vier zentralen Säulen des Wahhabismus lauten:

* das Vertrauen in die einzige Gottheit (Tauhid),
* die Berufung auf die reine Lehre und Leitsätze des Korans (Bidat),
* die Pflicht des Heiligen Krieges (Dschihad) sowie
* vorbehaltloser, blinder Gehorsam.

Als Resultat aus den wahhabitischen Grundlagen entstand die Ad dawa lil Tauhid („Ruf nach Einheit"). Anhänger dieser Strömung nennen sich „Muwahhidun" („Einheitliche"). Ihr Leben ist eng mit dem Dschihad verwoben, wenngleich dieser erst einmal als defensiver Heiliger Krieg begriffen wurde. Jeder gläubige Muslim habe sich gegen Andersgläubige, die als Eindringlinge auf der arabischen Halbinsel betrachtet wurden, zu wehren. Demnach wurden zunächst alle Nichtmuslime pauschal als Eroberer verstanden. In dem Moment, in dem man ihnen erlaubte, ihren Fuß auf arabischen Boden zu setzen, würde bereits die Lehre, keine andere Religion auf islamischem Boden zu dulden, verletzt. Diese Reinheit des Bodens zu schützen ist Teil der wahhabitischen Doktrin. Eine wahhabitische Regierung, die dieses Prinzip verletzt, würde sich in Wahrheit also doch nicht zum reinen Islam bekennen und müsste somit konsequenterweise bekämpft werden.

In der Weltanschauung eines Osama bin Laden, der ebenfalls, wenn auch in anderen Nuancen, die Lehre des reinen Islam vertritt, bedeutet dies unter anderem in Bezug auf das heutige Saudi-Arabien: „Unter eurer Aufsicht, mit eurer Zustimmung und unter eurem Gesetz greifen uns die Regierungen der Staaten, die als eure Agenten tätig sind, täglich an (…). Diese Regierungen halten euer Volk davon ab, die islamische Scharia einzuführen, indem sie Gewalt und Lügen gegen euch richten (…). Diese Regierungen hinterlassen bei uns einen Geschmack der Feindschaft und verbannen uns in ein Gefängnis aus Angst und Unterdrückung."

Wahhabiten vermuten um sich herum vor allem Götzenanbeter und Abtrünnige. Sie konzentrieren ihren Hass vor allem auf Juden, Christen und Schiiten, die sie für ihre Verfolger und Befürworter von Irrglaube und Ketzerei halten. Parallel zum Einflussbereich des Wahhabismus auf der arabischen Halbinsel verstärkte sich auch die Brutalität seiner Anhänger. Bernard Lewis, einer der führenden Forscher in Sachen Islam und Naher Osten, schrieb dazu in „The Crisis of Islam: Holy War and Unholy Terror" (2003): „Wo immer es den Wahhabiten möglich war, haben sie ihren Glauben mit der größtmöglichen Härte und dem stärksten Zorn verbreitet; sie verwüsteten Gräber und schändeten Stätten, die sie als falsch und ketzerisch bezeichneten, und sie schlachteten eine große Zahl Männer, Frauen und Kinder ab, die ihrem Standard islamischer Reinheit und Authentizität nicht entsprachen."

Für Wahhabiten zeigt sich die schlimmste Häresie und Götzenverehrung in den USA, die sie beschuldigen, einen Krieg gegen alle muslimischen Länder entfesselt zu haben. Mehr noch, sie werfen den Amerikanern vor, dass sie ihre angeblich dekadente und falsche Kultur missbrauchen, um den Islam zu korrumpieren und dessen Werte zu untergraben. Schließlich und endlich behaupten Wahhabiten, in den Worten von Michael Scott, steif und fest, dass Amerika „(...) die Juden unterstützt, damit diese gegen die sunnitischen Palästinenser vorgehen können; auch unterstützen die USA die schiitischen Interessen im Irak und forcieren die saudische Regierung, um die Schulcurricula zu ‚dewahhabisieren'. Kabelfernsehen und das Internet haben zu Götzenanbetung geführt. Überdies höhlen die USA die saudische Gesellschaft angeblich von innen aus – durch ihre liberale Einstellung gegenüber Sexualität, die überhand nehmenden christlichen Untertöne und den Einsatz für die unbeschränkte Freiheit der Frauen."

Bin Laden selbst formulierte immer wieder solche und weitere Anschuldigungen gegen die USA und schloss nicht selten mit Appellen wie: „(...) beendet die Unterdrückung, die Lügen, die Unmoral und die Ausschweifung (...). Wir rufen euch dazu auf, zu einem sittlichen Volk zu werden, das Prinzipien, Werte, Ehre und Reinheit vertritt; verwerft von nun an alle unmoralischen Akte wie Unzucht, Homosexualität, Glücksspiel und die Zinsnahme."

Fundamentalismus oder Radikalisierung?

Nach der islamischen Revolution im Iran 1979 wurden sowohl fundamentalistische als auch islamische Schulen eröffnet. Die Letzteren zeigten sich interessanterweise Themen wie Demokratie, der Trennung von Staat und Religion, der Gleichstellung der Frau, der Freiheit des Geistes und der Rede sowie allgemein dem Fortschrittsdenken gegenüber zunächst sehr offen. Jedoch spielte der Staat bei der Verbreitung des radikalen Islam eine zentrale Rolle und fungierte als Motor der Unversöhnlichkeit von radikal-islamischen Fundamentalisten und moderaten Traditionalisten. Dies ließ den gemäßigten Latif Lakhdar, einen renommierten muslimischen Gelehrten, schlussfolgern, „dass der Islam von sich aus erst dann eine wirklich spirituelle Religion werden kann, wenn er vom Staat und seinen politisch motivierten Praktiken unbeeinflusst ist. Doch dies ist das genaue Gegenteil dessen, was die gegenwärtigen Islamisten anstreben."

Zwischen Wissenschaftlern und Journalisten gibt es eine beträchtliche Divergenz in der Definition, was den „fundamentalistischen" und was den „radikalen" Islam kennzeichnet und wie welcher Terminus zu verwenden ist. Manche nehmen beide Begriffe als Synonyme, andere wiederum differenzieren sehr wohl. David Cook bevorzugt beispielsweise die Bezeichnung „radikaler Islam", weil Parteigänger dieser Richtung „eine totale und umfassende Glaubenslehre unterstützen. Ihrem Ideal zufolge soll ein geeinter muslimischer Staat gegründet werden, der schlussendlich allen Muslimen der Welt eine neue Heimat bieten würde. Das wiedererrichtete Kalifat stelle die Regierung zusammen mit einem Imam, und die Scharia als göttliches Gesetz würde ebenfalls eingeführt werden. Das Ganze wäre ein rein islamistisches System, das von fremden Einflüssen gänzlich unabhängig sein müsste. Anhänger des radikalen Islam würden ihre Religion aus einer messianischen Perspektive heraus beurteilen, was ihnen wiederum ermögliche, den Dschihad gegen all jene, die sie als Gegner ihres Glaubens definieren, offen zu befürworten. Dieses Selbstbild wird dermaßen kultiviert, dass der Begriff ‚Muslim' allein für die Gefolgsleute der eigenen Gruppe verwendet wird, während alle anderen ‚Muslime' entweder ‚Ungläubige' oder ‚Ketzer' sind."

Es herrscht kein Zweifel darüber, dass Muslime, die sich dem revolutionären, radikalen Handlungsmuster von Al-Qaida verschreiben, bereit sind, den Dschihad auch gewaltsam und mithilfe von Terrorismus in die Tat umzusetzen. Bin Laden hat, um diese Methoden zu rechtfertigen, in seinem Brief vom 24. November 2002 aus einer Sure des Korans zitiert: „Den Gläubigen, die von den Ungläubigen angegriffen werden, ist es erlaubt zu kämpfen, weil ihnen Unrecht geschehen ist. Allah kann sie gewiss siegen lassen."

Trotz solcher Sätze wird das Phänomen der Gewalt innerislamisch eher selten mit dem Islam in Verbindung gebracht. Vielmehr wird häufig abgewiegelt, dies sei nur die Ansicht einer bestimmten Gruppe.

Demgegenüber wird der „fundamentalistische Islam" unter anderem vom Autor und Publizisten Barry Rubin als auf drei zentralen Pfeilern ruhend definiert: Die erste Säule sei der Glaube, der Islam biete Lösungen für alle gesellschaftlichen, staatlichen und regionalen Probleme. Mit anderen Worten: Für Fundamentalisten stellen geringes Wirtschaftswachstum, innerarabische Disharmonie, Ungerechtigkeit und Ungleichheit Auswüchse des Versagens arabischer Staaten und deren Unfähigkeit, die reine Lehre des Islam zu implementieren, dar. Die zweite Säule sei der Glaube, dass die Scharia von radikalen islamischen Gruppen wieder eingeführt und ihre Einhaltung durch geistliche Gelehrte und Verkünder des reinen Islam gewährleistet werden müsse. Bestes Beispiel für eine gelungene Umsetzung der Scharia sei der Iran seit Ayatollah Khomeini. Dieses Prinzip misst dem Islam den Status einer zentralen politischen Macht zu, was eine Trennung von Staat und Religion von vornherein ausschließt. Drittens würden Fundamentalisten darauf beharren, dass ihre Auslegung des Islam die einzig gültige sei. Aus diesem Grund müsse es sich bei ihren Gegnern oder Kritikern auch innerislamisch ausnahmslos um Häretiker und Abtrünnige handeln. Der Nachteil der Bezeichnung „Fundamentalismus" in Verbindung mit dem Islam liegt jedoch in der Überschneidung mit demselben Begriff, der für militante Christen, beispielsweise Evangelikale, angewandt wird.

Allen islamistischen Strömungen ist gemeinsam, dass sie das Leben als immerwährenden Kampf zwischen der Macht Allahs und der Macht des Bösen verstehen. Dies kann so weit gehen, dass unsichtbare böse Einflussnehmer versuchen, die Wahrheit (die Worte Gottes durch den Koran) zu korrumpieren. Islamkritiker aus den eigenen Reihen, fortschrittliche Muslime und andere progressive Kräfte werden somit als Verkörperungen des Bösen ebenfalls zur Zielscheibe des Dschihad. Eine solche Weltsicht projiziert den Heiligen Krieg generell in zwei Ebenen, die spirituelle sowie die aggressiv-physische Methode: In spiritueller Hinsicht beinhaltet er das Ringen um die Seele der Menschen, während der physische Dschihad zum Kampf und zur Gewalt gegen die Jahiliyya ausruft. Jahiliyya bezeichnet Araber der Antike, was nach Interpretation von Sayyid Qutb für jedes politische System, welches nicht die Scharia ist, steht. Im Laufe der Jahre ist das Konzept des auf konkreten Kampf ausgerichteten Dschihad immer wichtiger geworden und trug erheblich zur Ausdehnung extremistisch islamischer Bewegungen bei. Muslime dieser Provenienz fühlen sich in ihrer Überzeugung bestärkt, dass sich der Zustand der Jahiliyya über die ganze Erde ausgebreitet habe und eine Entislamisierung der Welt drohe.

Der radikale und fundamentalistische Islam nährt sich vor allem aus dem Hass gegen Juden, Christen und die säkulare Welt. Dies zeigt sich auch in der Charta der Hamas, die sich in Artikel 32 auf die weitverbreiteten, antisemitischen „Protokolle der Weisen von Zion", die vermutlich aus Kreisen der zaristischen Geheimpolizei stammen, beruft. Von Akademikern neu übersetzt, werden sie von Kuwait über Saudi-Arabien, den Irak, Syrien, Jordanien, den Libanon, Ägypten, Libyen bis nach Algerien als „dritte Säule" des jüdischen Glaubens neben der Bibel und dem Talmud genannt. Leider werden durch diese extrem antisemitische und antijüdische Haltung auch die einstigen historischen Beziehungen zwischen Muslimen und Juden als nichtswürdig verdammt. Einst wurden z. B. im maurischen Spanien oder auch im Jemen Juden und andere religiöse Gemeinschaften als „Dschimmis" (Beschützte) geduldet. Im 10. und 11. Jahrhundert verwiesen zudem muslimische Gelehrte in Spanien stets darauf, dass Juden wie Muslime ein „Volk des Buchs" (Ahl al-kitab) seien.

Heutzutage richtet sich der islamistische Hass gegen Juden oft ganz gezielt gegen den Staat Israel, wenngleich Juden in aller Welt in „Sippenhaft" genommen werden. In der Doktrin von Sayyid Qutb, einem der führenden Denker der militanten ägyptischen Muslimbrüderschaft, wurden außerdem fast immer die USA als Projektionsfläche verwendet, um stellvertretend gegen das gesamte Christentum und die säkulare Lebensweise aufzuwiegeln. Die Schriften und Ideen des in den 1950ern von Nasser inhaftierten und 1966 hingerichteten Sayyid Qutb haben noch immer großen Einfluss und sind heute in radikalen Kreisen weitverbreitet.

Die Wurzeln der radikal-islamischen Bedrohung scheinen im Nahen und Mittleren Osten zu liegen, doch die zu Angriffen gegen den Westen entschlossenen Dschihadisten leben mitten unter jenen, die sie vernichten wollen, in Madrid, in London, in Hamburg. Der Dschihad kennt keine Grenzen, nur Angriffsziele.

Al-Qaida und Osama bin Laden

Die Zerstörung der Twin Towers am 11. September 2001 war nicht der erste Terroranschlag von Al-Qaida. Die Organisation hatte bis dahin bereits in Ostafrika, Saudi-Arabien und im Persischen Golf ihre Spuren hinterlassen.

Al-Qaida bedeutet „Grundlage" oder „Fundament" und ihr Ziel ist nicht mehr und nicht weniger als die Rückkehr zum reinen Islam. Sie propagiert den Dschihad nicht nur, sondern ermöglicht durch ihre Strukturen auch die praktische Umsetzung. „Al-Qaida hat die althergebrachte und bekannte Struktur einer Terrororganisation hinter sich gelassen und sich zu einem globalen Netzwerk entwickelt", so die Analyse des Historikers Marc Sageman. Anführer der vielköpfigen Hydra Al-Qaida ist – wie jeder weiß – Osama bin Laden. Seine persönliche Geschichte muss man genau kennen, um die Entwicklung dieses weltberühmten, berüchtigten und meistgesuchten Terroristen – „Weltfeind Nummer Eins" – zu verstehen.

Geboren wurde er 1957 im saudi-arabischen Dschidda als das siebzehnte von 52 Kindern eines wohlhabenden, mit zehn Frauen verheirateten Südjemeniten. Die Familie bin Laden war alles andere als unterprivilegiert. Der Vater war Bauunternehmer mit engen Kontakten zum damaligen saudischen König Faisal und gründete 1931 in Dschidda die „Saudi Binladin Group SBG". Nachdem 1968 das Familienoberhaupt bei einem Flugzeugabsturz ums Leben gekommen war, wurde der elfjährige Osama einer der Geschäftsführer des Unternehmens. Er besuchte die King Abdul Aziz Universität und studierte Maschinenbau. Osama fiel bereits in seiner Jugend als frommer Eiferer auf und pflegte Kontakte zu den islamistischen Muslimbrüdern in Ägypten. Hierbei handelt es sich um eine der einflussreichsten islamisch-fundamentalistischen Bewegungen im Nahen Osten, die 1928 in Ägypten gegründet wurde. Seitdem gibt es die Muslimbruderschaft auch in Syrien und Jordanien. Sie gilt als eine der ersten radikal-islamischen Vereinigungen.

Betrachtet man seinen Werdegang, so waren es drei historische Ereignisse, die Osama bin Laden radikalisierten: erstens die iranische islamische Revolution 1979, zweitens die Invasion der Sowjetunion in Afghanistan im Dezember des gleichen Jahres und drittens der erste Golfkrieg 1991.

In seiner am 30. Oktober 2004 vom arabischen TV-Sender Al Jazeera ausgestrahlten Rede nannte bin Laden allerdings einen anderen Grund, sich für den Terrorismus zu entscheiden: Unter Ausnutzung der damals aktuell wieder aufkeimenden antisemitischen Tendenzen im islamistischen Lager stellte er es so dar, als wäre sein Hass gegen Israel Initialzündung für seine Radikalisierung gewesen. Er bezeichnete die israelische Invasion im Libanon 1982 als „Wasserscheide seines Lebens": „Die Ereignisse, die meine Seele direkt erschütterten, begannen 1982 mit der Erlaubnis der USA an Israel, den Libanon zu überfallen." Mitansehen zu müssen, wie ihnen die sechste Flotte der Amerikaner dabei half, erschien ihm unerträglich.

Tatsächlich jedoch schien für bin Laden bis zum 11. September 2001 Israel keine besondere Rolle zu spielen. Selbst in der im Lande der Ajatollahs gängigen Allegorie vom „kleinen Satan Israel als Schwanz des großen Satans Amerika" wurde nach bin Ladens Auffassung lange Zeit Israel eine zu hohe Bedeutung beigemessen. Wahrscheinlich war er damals noch davon ausgegangen, dass im Zuge seines globalen Dschihad der Staat Israel ohnehin aufhören werde zu existieren. Stattdessen beschäftigte er sich unablässig mit dem „geschändeten Heiligen Land", meinte damit aber Saudi-Arabien, das im ersten Irakkrieg von 1991 von der Anwesenheit amerikanischer Truppen „verseucht" worden sei.

Die Absetzung des persischen Schahs und die Etablierung der islamischen Republik Iran bewies bin Laden, dass es durchaus möglich war, einen islamischen Staat inklusive Scharia zu installieren, auch wenn er dennoch der Ansicht war, dass dies noch immer nicht die richtige und wahre Form des Islam verkörpere.

Der sowjetische Einmarsch in Afghanistan 1979 war ein zentraler Wendepunkt in bin Ladens Leben, da er im gleichen Jahr, kurz nach Abschluss seines Studiums, Saudi-Arabien verlassen hatte, um im Auftrag des saudischen Geheimdiensts den muslimischen Kampf in Afghanistan und Pakistan zu organisieren. Er sammelte Gelder und war am Aufbau der Guerillatruppen der islamischen Mudschaheddin gegen die Sowjets beteiligt. Der Ausdruck Mudschahid bedeutet: „Derjenige, der Heiligen Kampf betreibt" und ist vom Begriff des Dschihad abgeleitet. In der erweiterten Form wird Mudschahid als Bezeichnung für islamistische Krieger verwendet.

Nicht selten nutzte bin Laden das riesige Familienvermögen, um die Budgets der militanten Gruppen aufzustocken oder Waffen zu besorgen. Der Sieg der Mudschaheddin über die UdSSR – und vor allem die Zermürbung der sowjetischen Armee durch die Guerillataktik – bewirkte, dass sich bin Laden dem Extremismus noch näher fühlte: „Ein Tag in Afghanistan war wie 1 000 Tage Gebet in einer einfachen Moschee." Bin Laden ging noch weiter und meinte, dieser Sieg über eine angebliche Weltmacht habe „muslimische Herzen befreit von dem Mythos der Supermächte". Mit anderen Worten: Wenn die Kämpfer des Dschihad die eine Weltmacht besiegen konnten, warum nicht auch die andere?

Diese Haltung fand in den Kreisen islamistischer Bewegungen großen Anklang – selbst als die USA sie noch notgedrungen als Verbündete betrachteten, da man mit der kommunistischen Sowjetunion einen gemeinsamen Feind bekämpfte. Während bin Laden auf der einen Seite mit der CIA in Kontakt war, schloss er sich andererseits bereits Mitte der 1980er-Jahre mit dem Führer der palästinensischen Muslimbrüderschaft Abdullah Azzam zusammen, der zwar ebenfalls den afghanischen

Widerstand unterstützte, aber auch als bedeutender Vertreter des islamistischen Dschihad galt. Infolge des Rückzugs der sowjetischen Besatzungstruppen aus Afghanistan kehrte bin Laden 1989 nach Dschidda zurück, geriet aber wegen seiner politischen und religiösen Kompromisslosigkeit bald mit dem Staat in Konflikt. Er hatte gedacht, er würde als Nationalheld empfangen werden, doch bei den saudischen Herrschern war seine außerordentliche Radikalität nicht erwünscht.

1990 folgte das dritte zentrale Geschehen, das ihn prägte: Der irakische Despot Saddam Hussein marschierte in Kuwait ein und proklamierte dessen „Anschluss" an sein Land. Die Weltgemeinschaft reagierte nahezu unisono und verurteilte diese Invasion umgehend. Der irakischen Aggression sollte ein Gegenangriff folgen, wollte sich Hussein nicht binnen einer gesetzten Frist einem Rückzug beugen. Das Ultimatum verstrich. Bin Laden reagierte auf zweierlei Weise: Einerseits bot er dem saudischen Königreich an, eine mögliche irakische Invasion mithilfe seiner Mudschaheddin abzuwehren bzw. die Iraker mit seinen Kombattanten aus Kuwait zu vertreiben. Es scheint, als ob bin Laden innerhalb kürzester Zeit etliche tausend Kämpfer hätte zusammentrommeln können. Zum andern sorgte er sich darum, wie der reine Islam und die heiligen islamischen Stätten gerettet und geschützt werden könnten, wenn sich fremde Mächte und Heere auf arabischem Boden breitmachten. Dieser Aspekt wurde für bin Laden angesichts der saudischen Bereitschaft, in dieser Frage mit den USA und anderen westlichen Staaten zu kooperieren, immer wichtiger. Die saudische Regierung entschied sich, die diversen Angebote bin Ladens abzulehnen, und akzeptierte stattdessen lieber internationale und US-amerikanische Hilfe. Bin Ladens wahhabitischer Weltsicht zufolge besudelten nun Ungläubige die saudische Erde, in seinen Augen ein beispielloser Verstoß gegen islamisches Gesetz. Mit einer *Fatwa* unterstrich er in seiner am 23. Februar 1998 veröffentlichten religiösen „Erklärung der islamischen internationalen Front für einen Dschihad gegen die Juden und die Kreuzfahrer", dass die amerikanische Präsenz eine Katastrophe für die Muslime gewesen sei, gleichbedeutend mit offener Demütigung und einer Schwächung des Islam. Erscheinen konnte dieses Pamphlet in der in London ansässigen radikal-islamischen Zeitung *Al Qudsal Arabi*.

Der Hass bin Ladens gegen die Vereinigten Staaten sowie den Westen wurde in den 1990ern durch die Sanktionen gegen den Irak weiter angefacht. Denn wer gegen ein islamisches Land agiere, stelle sich auch gegen ihn, ganz gleich, ob er selbst zuvor dieses Land bekämpft oder dessen Politik abgelehnt hatte. Auch durch die Not der Muslime in Kaschmir, Osttimor, Tschetschenien und den palästinensischen Gebieten verschoben sich in dieser Zeit seine ideologischen Schwerpunkte von der extremen Kritik am saudischen Herrscherhaus hin zum generellen Hass gegen die USA und den Westen.

Zwischenzeitlich hatte bin Laden die Sympathien des saudischen Königshauses gänzlich verloren. 1994 wurde ihm schließlich die saudische Staatsangehörigkeit aberkannt, da er mittlerweile eine Gefahr für die innere Stabilität und die Beziehungen zu den USA darstelle. Er ließ sich sein Erbe auszahlen und verfügte nun über geschätzte 300 Millionen US-Dollar. Er gründete eine Baufirma und zog um in den inzwischen stark islamisierten Sudan. Später beteiligte er sich mit Hilfsgeldern und Kombattanten am Jugoslawienkrieg, indem er in Bosnien eine islamische Brigade aufstellte. Auf saudischen und amerikanischen Druck verwies der Sudan 1996 Osama bin Laden des Landes, woraufhin er nach Afghanistan ging und dort militärisch-ideologische Trainingscamps einrichtete.

Al-Qaida weist alle Charakteristika einer dschihadistischen Bewegung auf. Der Kern ihrer Ideologie basiert auf dem Glauben, dass das heutige Christen- und Judentum – allen voran vertreten durch die USA und Israel – die Nachfolge jener Kreuzfahrer angetreten haben, die den Islam bereits Jahrhunderte zuvor herausgefordert und bedroht hatten. Gruppierungen wie Al-Qaida und auch die ihnen nahe stehenden Anhänger von Takfir-wal-Hajra nutzen diese Idee, um das Tun ihrer „heiligen Krieger" zu rechtfertigen – sie folgten lediglich der muslimischen Pflicht, den Kreuzfahrern entgegenzutreten. Die Takfirbewegung ist eine militant-islamistische, den Salafisten verwandte Gruppe, die in den 1960ern im Rahmen der Muslimbruderschaft in Ägypten entstand. Heute verfügt Takfir auch über Stützpunkte in Europa. In Spanien operierten sie unter dem Namen „Märtyrer für Marokko" und waren unter anderem für die Attentate in Madrid am 11. März 2004 verantwortlich. Takfiris sehen sich nicht an die religiösen Gebote des Islam gebunden, sondern nehmen den Lebensstil der Ungläubigen an, um diese zu täuschen, sich unter sie zu mischen sowie Einblicke zu bekommen und Vertrauen zu erwerben. Der Zweck heilige die Mittel: Sie rasieren sich, trinken Alkohol, dürfen mit nichtmuslimischen Frauen verkehren oder Schweinefleisch essen. Selbst die Tötung anderer Muslime ist ihnen erlaubt, solange sie damit die Ziele des Dschihad verfolgen. Der Westen, den sie auf diese Weise kennenlernen, ist der absolute Feind, das materialisierte Böse. Ihre Pflicht ist es, dieses Böse zu zerstören und ihr Leben für jene „gerechte Sache" zu opfern.

Seit den 1990ern konzentrierten sich die Dschihadisten auf das Abendland und auch dort vor allem auf die Juden, die sie ihren Verschwörungstheorien zufolge hinter allem „Übel" vermuten. Die Grundidee bin Ladens, eine schlagkräftige Terrororganisation wie Al-Qaida aufzubauen, entstand bereits im afghanischen Kampf gegen die Sowjetunion. Flankenschutz hatte dieses Konzept in Afghanistan von Maktab al-Khidamat, der palästinensischen muslimischen Bruderschaft erhalten, die finanziell wie personell die Mudschaheddin unterstützt hatte. Somit wurde die Zentrale dieser palästinensischen Gruppe bzw. deren Leiter Abdallah Azzam zum tragenden Pfeiler in der

Entstehungsgeschichte Al-Qaidas. Azzam organisierte ein umfassendes System sowohl zur Rekrutierung von Gefolgsleuten als auch zur Geldbeschaffung, um den islamischen Dschihad durchzuführen. Es gelang ihm, Mittel und Menschen in Staaten wie den USA, Großbritannien, Pakistan, dem Jemen, den Vereinigten Arabischen Emiraten, Ägypten und Saudi-Arabien zu gewinnen.

Die rasche Reaktion der westlichen und mit dem Westen verbündeten Weltgemeinschaft auf die Anschläge vom 11. September 2001 war von einer bewussten Machtdemonstration geprägt. Dem „Kampf gegen den Terror" stand bald eine beachtliche Militärmaschinerie zur Verfügung. Somit wurden nicht nur die westlichen Gesellschaften mit grundlegenden sozialen und wirtschaftlichen Umgestaltungen konfrontiert. Das weltweite Vorgehen gegen Al-Qaida zwang auch die Terrororganisation selbst zu Veränderungen ihres Vorgehens. Sie passte ihr gesamtes Netzwerk, ihre Strukturen, Absichten und auch tatsächlichen Ziele an die neuen Gegebenheiten an. Al-Qaida widerlegte nach 9/11 damit sogar das berühmte napoleonische Diktum, dass eine Armee, die nicht perfekt organisiert ist, unmöglich bestehen könne. „Unmittelbar vor 9/11 war Al-Qaida eine einheitliche Organisation, die bereits die Ausmaße einer trägen Bürokratie angenommen hatte. Die Berge an Dokumenten, die in Afghanistan aufgefunden wurden, enthielten ebenso viel alltäglichen Papierkram wie unglaubliche Pläne: Man fand Formulare, die ausgefüllt worden waren, um neue Kabel für Audio- und Videogeräte anzukaufen, und dann wieder fand man interessante Zeichnungen ersehnter Nuklearwaffen. (...) Al-Qaida hat sich von einer bürokratischen Einheit, die leicht zu zerschlagen ist, oder von einer irregulären Streitmacht, die auf dem Schlachtfeld von einer staatlichen Armee besiegt werden kann, in eine weniger greifbare, transnationale Bewegung umgeformt. Dabei folgt sie ganz ihrem Namen: Al-Qaida wurde die ‚Basis der Operation', die ‚Grundlage' oder, wie andere Übersetzungen und Konnotationen es deuten, die ‚Richtlinie' oder ‚Methode'", schreibt ein Kenner.

Al-Qaidas grundsätzliche Veränderungen wurden auch in bin Ladens Mitteilung vom 7. Oktober 2001 deutlich, in der er verstärkt auf Themen einging, die für die gesamte islamische Welt von Interesse waren: der palästinensische Kampf, die Demütigungen und Nöte der muslimischen Welt, vor allem aber der ungelöste Status der zwischen Pakistan und Indien aufgeteilten Provinz Kaschmir sowie der Krieg in Tschetschenien. Al-Qaida konnte sich zunehmend gegen zerstrittene und glanzlose Organisationen behaupten und blieb auch ohne „Kommandozentrale" attraktiver Sammelpunkt, indem ihre führenden Köpfe Zellen in der ganzen Welt gründeten oder gründen ließen. Als weltweit größte Terrororganisation profitierte Al-Qaida von dem aus ihrer Sicht unglaublichen Erfolg des 11. September 2001. Die Operation kostete etwa 400 000 US-Dollar, hat aber einen ökonomischen Schaden angerichtet, der um ein Vielfaches darüber lag. Hinzu kam, dass ein Bündnis aus verschiedenen Staaten nun vor dem Problem stand, Al-Qaida als nichtstaatliche Organisation besiegen zu müssen. Es existieren viele radikal-islamische Bewegungen nebeneinander, die alle darum ringen, ihr Programm durchzusetzen, doch allein Al-Qaida präsentierte sich als geeignet, die Wiederherstellung des Kalifats und der Scharia erreichen zu können. So wurde auch allein bin Ladens Terrororganisation zum Ziel globaler militärischer Anstrengung, während die anderen Bewegungen eher nebenbei bekämpft werden. Al-Qaida gelang es, ihren Status und ihre Macht zu festigen, und unternimmt nun alles, um jene Einzelorganisationen, die noch unabhängig operieren, an sich zu binden. In letzter Zeit bemühte sie sich, vor allem die Bande mit islamistischen Bewegungen in Südthailand enger zu knüpfen. Falls dies dauerhaft gelingt, wäre eine Destabilisierung Thailands und der gesamten Region nicht aufzuhalten. Über kurz oder lang wird Al-Qaida auch ihre Beziehungen zu den unzufriedenen und Not leidenden Muslimen in Afrika ausbauen, einem Kontinent, der von Europa und der Welt immer wieder an den Rand des Vergessens – des Vergessenwollens – gerät. Dort, wo Armut, Krankheiten, Korruption und Hoffnungslosigkeit am größten sind, wird Al-Qaida relativ leichtes Spiel haben.

Al-Qaida und das internationale Kriegsrecht

Der Status von Kriegsgefangenen ist unter Artikel 4 der Anlage zum 1907 geschlossenen „IV. Haager Abkommen betreffend die Gesetze und Gebräuche des Landkriegs" zusammengefasst. Darin heißt es, dass die betreffende Person Mitglied eines bewaffneten Heeres einer der Unterzeichnerstaaten jenes völkerrechtlichen Vertrages sein müsse, um als Kriegsgefangener zu gelten. Bewaffnete Einheiten umfassen allerdings auch Milizen oder Freiwilligenverbände, sofern sie der Armee angegliedert sind. Den Status eines Kriegsgefangenen erhält daher nur, wer die vier Anforderungen des Artikels 1 des Haager Abkommens erfüllt. Dafür ist relevant,

1. dass jemand an der Spitze der Kämpfer steht, der für seine Untergebenen verantwortlich ist,
2. dass die Kämpfenden ein bestimmtes aus der Ferne erkennbares Abzeichen tragen,
3. dass sie die Waffen offen führen und
4. dass sie bei ihren Unternehmungen die Gesetze und Gebräuche des Kriegs beachten.

Allerdings herrscht ziemliche Verwirrung darüber, welchen Unterkategorien beispielsweise Angehörige des bewaffneten Widerstandes oder Einzelpersonen, die offen Waffen tragen, zuzuordnen sind. Normalerweise gibt es zwei Typen solcher „irregulärer" Einheiten: einmal Kämpfer, die zwar von einer regulären Armee aufgrund eines bestimmten Umstandes autorisiert wurden, am Krieg teilzunehmen, sich jedoch wegen bestimmter Akte für den Status eines Kriegsgefangenen disqualifiziert haben. Dazu gehören Spione, Saboteure, feindliche Agenten und Söldnertruppen. Die zweite Gruppe umfasst Zivilisten, die nicht dazu autorisiert wurden, als reguläre Soldaten zu agieren, aber trotzdem beispielsweise als Widerstandskämpfer gegen Okkupanten am Geschehen teilnehmen. Sobald ein Zivilist Waffen trägt, wird er als „irregulärer Kämpfer" angesehen, was wiederum bedeutet, dass er ohne die Privilegien eines „regulären Soldaten" gefangen genommen werden kann. Der betreffenden Person steht aber auch nicht zu, wie ein Zivilist behandelt zu werden.

Das Problem, das sich aus dem Haager Abkommen ergibt, wenn man sich nun bin Ladens Terrororganisation ansieht und vor allem, wenn man bedenkt, wie sie kämpft, ist deutlich: Die Angehörigen der Al-Qaida passen in keine der genannten Definitionen. Sie sind weder Spione noch Söldner. Sie kämpfen nicht für Geld oder materielle Belange und folgen keinem klar definierten Gewinnstreben, sondern verfolgen die Ideologie des Kalifats in radikalster, militanter Weise. Zugleich sind die Kämpfer von Al-Qaida weder Zivilisten noch sind sie irreguläre Kombattanten in Uniform.

Artikel 5 des Abkommens entfachte eine weitere Diskussion, vor allem um das Lager Guantánamo und die geheimen CIA-Gefängnisse. Darin heißt es: „Die Kriegsgefangenen können in Städten, Festungen, Lagern oder an anderen Orten untergebracht werden mit der Verpflichtung, sich nicht über eine bestimmte Grenze hinaus zu entfernen. Dagegen ist ihre Einschließung nur statthaft als unerlässliche Sicherungsmaßregel und nur während der Dauer der diese Maßregel notwendig machenden Umstände." Wenn Zweifel am Status des Gefangenen bestehen, so müsse er vor ein sachkundiges Gericht gebracht werden. Bis zu einer gegenteiligen Urteilsfindung gelte er jedoch als ordentlicher Kriegsgefangener.

Die Exekutive habe aber, so einige Kritiker, vor allem für die

Verhaftung von Kombattanten wie Nichtkombattanten in Afghanistan oder im Irak keinerlei Kompetenzen erworben, den Status eines Individuums zu bestimmen. Diese Sicht wurde auch vom Bundesgericht der USA vertreten.

Al-Qaida ist es gelungen, sich der Definitionen des Haager Abkommens zu entziehen und dadurch ihre eigene Macht zu demonstrieren. Sie weiß auch, dass über die Proteste von Menschenrechtsbewegungen, die sich, ungeachtet der Ideologie eines seiner Grundrechte Beraubten, für unrechtmäßig behandelte Gefangene einsetzen, Sympathien entstehen, die sich gleichsam als Antipathien gegen die USA und ihre Verbündeten richten. Große, international agierende Institutionen wie das Internationale Rote Kreuz, Amnesty International und Human Rights Watch üben bereits enormen Druck aus. Sie alle stellen klare Forderungen auf und nehmen durchaus Einfluss auf Regierungen und politische Entscheidungen. Juristen und Politiker der westlichen Welt müssen also für die Glaubwürdigkeit des eigenen Vorgehens den für Al-Qaida geltenden Status schnellstmöglich klären. Alles andere könnte dazu führen, dass bin Ladens Kämpfer am Ende nicht nur von radikal-islamischen Bewegungen, sondern in der gesamten muslimischen Welt als Märtyrer verehrt werden. Würde sich eine solche Haltung durchsetzen, dann hätte Al-Qaida eine ihrer wesentlichen Schlachten gewonnen.

Teil III
Die Welt nach 9/11

Nicht nur die Staaten Europas oder des Nahen Ostens, nicht nur
Indien oder viele Länder Afrikas haben vor dem 11. September
2001 bereits erfahren müssen, was Terrorismus anrichten kann;
auch die USA hatten bereits mit Terrorismus und Anschlägen im
eigenen Land zu tun, verübt von Anarchisten, Linksradikalen,
Gegnern des Föderalismus, Angehörigen ethnischer Minderheiten oder den amerikanischen Ureinwohnern, den Indianern. Sie
waren ebenso in kriminelle Machenschaften verwickelt wie
rechtsradikale Rassisten, beispielsweise die Mitglieder des Ku-
Klux-Klan. Sie alle haben terroristische Akte geplant und ausgeführt, und so war der amerikanischen Regierung bereits durchaus klar, was Kidnapping, Bombenanschläge und politisch
motivierte Attentate bedeuten. Allein in den Jahren zwischen
1991 und 2001 hatte das FBI 74 terroristische Übergriffe verzeichnet; in derselben Zeit sind etliche weitere Angriffe innerhalb
der eigenen Grenzen vereitelt worden.

Terrorismus seitens der afghanischen Taliban und Al-Qaida,
wie er bereits vor dem 11. September 2001 ausgeübt wurde, hatte bereits eine weltweit geführte Debatte ausgelöst. Man suchte
nach den Gründen und Wurzeln dieses Wahns. Die wichtigsten
Motive des Terrorismus möchte ich hier nochmals aufzählen:

*   extreme Armut,
*   Isolation: ein Gefühl von Ausgrenzung, Ausbeutung
    und Demütigung,

- Verachtung der Andersdenkenden durch die in den Moscheen gepredigte angebliche Korruption in der westlichen Welt und
- fanatische Auslegungen religiöser Schriften und Ideologien.

Durch den Einsturz der Zwillingstürme des WTC und den Angriff auf das Pentagon am 11. September 2001 floss in die Debatte aber auch noch ein zusätzliches Problem mit ein: Ein Ausschuss der Vollversammlung der UN versucht seit mehr als einem Jahrzehnt, eine exakte Definition von „Terrorismus" zu formulieren. Eine solche Definition ist jedoch noch immer nicht gefunden worden. Denn es ist schwer, Fanatismus, gleich welchen Ursprungs, zu begreifen. Jede Richtung hat eigene terminologische Eckpfeiler, was es sehr schwer macht, das Phänomen zu erfassen.

Die USA und das Trauma des 11. September 2001

Außenpolitische Maßnahmen souveräner Staaten mussten sich aufgrund der unübersehbar weltweiten Präsenz und der internationalen Bedrohung durch Al-Qaida neuen Bedingungen unterwerfen. Kooperationen und nationale Grenzen überschreitende Vereinbarungen wurden unerlässlich. Die Annahme der Resolution 1373 des UN-Sicherheitsrats sicherte den Aufbau internationaler Sicherheitsnetzwerke ab *(vgl. Anhang S. 243)*. Diese Resolution, die unter dem unmittelbaren Eindruck von 9/11 entstand, war ein Meilenstein. Der 2001 begonnene „Krieg gegen den Terror" erfordert einen enormen technologischen Aufwand, der letztlich auch das Privatleben der Bürger beeinflusst: Biometrische Erkennungssysteme sind trotz diverser Einwände in Europa und den USA gang und gäbe geworden. Sie finden heute weit über den militärischen Sektor hinaus Anwendung. Einrichtungen wie in Guantánamo, wo bis zu zirka 500 Gefangene untergebracht worden waren, bringen Bürgerrechtler dazu zu protestieren. Meldungen, dass die CIA in osteuropäischen Ländern wie Rumänien und Polen geheime Gefängnisse unterhält und dort Gefangene auch foltert, nähren ebenfalls die emotionale wie moralische Ablehnung von Antiterrormaßnahmen. Vielen Skeptikern scheint es, als sei ein heimlicher Weltkrieg im Gange, der außerhalb von demokratischen Regeln und Steuerungssystemen stattfindet. Es geht seriösen Kritikern dieser zweifelhaften Inhaftierungen nicht um eine Eindämmung der islamistischen Bedrohung oder um antiamerikanische Parolen, sondern vielmehr um die Wahrung demokratischer und liberaler Grundsätze. Nichtsdestotrotz sind es teilweise gerade diese Geschichten, aus denen sich antiamerikanische Haltungen entwickeln. Gerade im Rahmen des Anti-Terror-Kampfes müsse eine klare Bewertungsgrenze zwischen den Angreifern und den Angegriffenen gezogen werden können, ohne dass das Opfer zum Täter werde. Auf diese Weise nehmen Gerichte und die Justiz als dritte Säule der Demokratie quasi den Status von politischen Gestaltern ein. In Großbritannien wurde beispielsweise nach verschiedenen gerichtlichen Urteilen entschieden, dass Aussagen, die unter Folter gemacht wurden, vor Gericht nicht als beweiskräftig anerkannt werden dürfen. Des Weiteren gelang es, das britische Innenministerium davon abzuhalten, einem in Guantánamo Internierten die Staatsangehörigkeit abzuerkennen. Weitere Beispiele solcher Wahrung demokratischer Fundamente durch Gerichte würden Seite um Seite füllen – und sollten von Kritikern des „Krieges gegen den Terror" in ihren Analysen nicht unbeachtet bleiben. Denn das demokratische Regelsystem funktioniert meiner Meinung nach trotzdem – auch wenn Skeptiker anderer Meinung sind – und zeigt, dass Einschränkungen demokratischer Freiheiten in der militärischen und geheimdienstlichen Abwehr des globalen Terrors nicht auf Dauer durchsetzbar sind.

Vor dem 11. September 2001 begegneten auch amerikanische Behörden den Terroristen, ganz gleich welchen Hintergrundes, nach jedem Anschlag noch mit neuen, wenngleich auch gemäßigten Gesetzen, die zwar vor allem zum Ziel hatten, die Schlagkraft der Radikalen einzudämmen, aber nicht die liberalen politischen Grundfesten der USA zu erschüttern. Durch 9/11 veränderte sich diese Haltung jedoch grundsätzlich. Seitens der US-Administration erfolgten ganz neue, bislang nicht gekannte Reaktionen. Die amerikanischen Politiker fuhren nun die harte Linie. Präsident Bush formulierte es am Tag der Anschläge in einer Ansprache auf dem Flughafen der Luftwaffe in Barksdale so: „Täuscht Euch bloß nicht: Die Vereinigten Staaten werden all jene, die für diese feigen Attentate verantwortlich sind, jagen, fassen und bestrafen." Vier Monate danach, am 29. Januar 2002, unterstrich Präsident Bush in seiner Rede zur Lage der Nation noch einmal Amerikas Entschlossenheit, in Sachen Terror durchzugreifen. Ein neu erwachter Stolz und verstärkter Patriotismus kamen offen zutage. Zum ersten Mal sprach Bush in diesem Zusammenhang von der „Achse des Bösen". Unnachgiebigkeit und ein langer Atem der USA wurden nun wie unter einem Vergrößerungsglas deutlich sichtbar. Was die neue Innenpolitik betraf, so machte sich der Kongress umgehend die Forderungen des Präsidenten zu eigen und verabschiedete ein neues Budget für „Verteidigung" und „innere Sicherheit". Das Herzstück der Innenpolitik war der „Patriot Act". „Patriot" darf hier jedoch nicht wörtlich genommen werden. Es steht auch für „Provide Appropriate Tools Required to Intercept and Obstruct Terrorism", ein umfassendes Maßnahmenpaket der US-Regierung zur Bekämpfung des Terrorismus, das vom US-Senat fast einstimmig verabschiedet wurde. Unter den 100 Senatoren, die zu entscheiden hatten, enthielt sich nur einer.

Im Patriot Act werden den US-amerikanischen Ermittlungsbehörden unter anderem weitreichende Befugnisse bei der Verfolgung und Überwachung von verdächtigen Personen zugebilligt, auch wenn der US-Präsident in seinem ursprünglichen Gesetzesentwurf noch viel weiter gehen wollte. Insbesondere bei der E-Mail-Überwachung sollte den Strafverfolgern zuerst freie Hand gelassen werden. Nun benötigen das FBI und andere Behörden laut verabschiedetem Paket jedoch noch immer für den Einsatz von Überwachungssoftware eine richterliche Erlaubnis. Dennoch sieht das neue Gesetz viele verschiedene Maßnahmen zur nationalen Sicherheit, Überwachung von Kommunikationsmitteln und stärkerer Kontrolle der Einwanderungspraxis vor. Alle Handlungen, die in irgendeiner Weise das Leben der Bürger bedrohen, gelten als terroristische Akte. Zudem sei bei Terroranschlägen die Regierung aufgefordert, unverzüglich zu handeln. Die nationale Sicherheit geriet durch 9/11 ins Wanken. Die Gefahr war nun ganz akut zu spüren und veränderte auf lange Sicht das Bewusstsein der Bürger. Der Patriot Act ermöglichte Überwachungsmaßnahmen und gezielte Aktionen wie Durchsuchungen von Privathäusern und Hotels, um potenzielle Agenten oder Terroristen zu finden und zu verhaften. Trotz des umfassenden Geltungsanspruchs des Gesetzes und durchaus vieler Ansätze, die auf internationale Zusammenarbeit abzielten, konnte es anfänglich jedoch nur auf das Territorium der USA angewendet werden. So wurde das Paket nochmals verändert, damit selbst Straftaten, die sich im Luftraum zutragen, aber auch Vergehen, die mithilfe von weltweit operierenden Computernetzwerken geplant oder durchgeführt werden, verfolgt und durch die USA geahndet werden konnten. Darüber hinaus wurde das Anti-Geldwäsche-Gesetz ausgeweitet, um die Geldströme zur Finanzierung des internationalen Terrorismus zu überwachen, Zugriff auf Daten zu bekommen und die Hintermänner strafrechtlich verfolgen zu können. Präsident Bush unterzeichnete die endgültige Fassung des Patriot Act am 26. Oktober 2001. Die Machtfülle, die die Exekutive und die verschiedenen Bundesbehörden aufgrund des 342-seitigen Konvoluts nunmehr innehaben, ist außerordentlich.

Das Wertesystem der amerikanischen Gesellschaft wurde in der Vergangenheit immer wieder durch innenpolitische Bedrohungen erschüttert, und immer wieder erhob sich sofort Protest gegen alle Anordnungen, die die demokratischen, freiheitlichen Rechte einzuschränken drohten. Auch diesmal kritisierte die „American Civil Liberties Union", dass Teile des Patriot Act nicht verfassungsgemäß seien. Die muslimische Gemeinschaft der USA stand der „neuen Ordnung", die nach dem 11. September 2001 nach und nach in Kraft trat, ebenfalls in vielerlei Hinsicht skeptisch gegenüber. Schließlich haben sich die Beziehungen zwischen den USA und der arabischen Welt aufgrund der Kriege in Afghanistan und im Irak grundlegend verändert. Folterszenen und Demütigungen von Gefangenen im irakischen Abu Ghraib und in Guantánamo gingen durch alle Medien und vergrößerten noch die Kluft zwischen den Fronten.

Viele Muslime, die in den USA leben, fühlen sich nicht allein den USA verpflichtet, sondern empfinden durch ihren kulturellen und religiösen Hintergrund häufig auch eine starke Solidarität ihrem Heimatland gegenüber. Die Demütigung ihrer Landsleute und Glaubensbrüder stößt bei ihnen auf scharfe Kritik. Beide Seiten sind deshalb gefordert, einen intensiven Dialog zu führen. Die Muslime müssen einerseits deutlich machen, dass sie die freiheitliche Basis des Landes respektieren und sich von Al-Qaida distanzieren, und andererseits sollte die Regierung der USA mit all ihren Behörden dafür sorgen, dass Muslime vor Angriffen und Schmach in Schutz genommen werden. Falsche Allianzen oder auch Frust durch Benachteiligung, sprich eine Radikalisierung im eigenen Land, wären sonst die tragischen Folgen.

Irakkrieg und wirtschaftliche Interessen

Der Irakkrieg des Jahres 2003 wurde vom US-Präsidenten
George W. Bush und seinen Spitzenberatern jahrelang vorbereitet. Einige Entwürfe hatten Bush selbst und seine damaligen
Strategen – u. a. Vizepräsident Dick Cheney, CIA-Chef George
Tenet, Verteidigungsminister Donald Rumsfeld und sein Stellvertreter Paul Wolfowitz sowie Regierungsberater Richard Perle –
bereits während der 1990er-Jahre dem vorherigen Präsidenten
Bill Clinton unterbreitet. Schon zu dieser Zeit versuchte der neo-
konservative Thinktank, der die Clinton-Administration ablöste,
den Krieg gegen das Saddam-Hussein-Regime auf die Agenda zu
setzen. Wollte Bush junior das vollenden, was Bush senior nicht
hatte erreichen können? 1991 hatte Saddam Hussein auf den
militärischen Druck der Alliierten unter amerikanischer Führung hin auf das von ihm besetzte Kuwait verzichten und
seine Truppen mit Schimpf und Schande in sein Land zurückziehen müssen. Trotz enormer Verluste und Einbußen, wirtschaftlicher Sanktionen und der anhaltenden Unterdrückung
oppositioneller Kräfte im eigenen Land konnte sich sein Regime,
ganz entgegen den Prognosen der USA, weiterhin halten. Die Ar-
gumente für einen Krieg blieben unter Bush senior und Bush junior dieselben: Saddam Hussein stelle Massenvernichtungswaffen her, bereite weitere Angriffe gegen seine Nachbarstaaten vor
und sei eine Gefahr für die Region, für Israel und nicht zuletzt
für sein Land. Der Irak verfügt über eine der größten Erdölreserven der Welt. Mit Kuwaits Ölvorkommen wäre Saddam Hussein zum größten Erdölproduzenten der Welt aufgestiegen und
damit wäre seine Macht im Vergleich zum Rest der Welt so groß
geworden, dass es kaum noch möglich gewesen wäre, ihn in die
machtpolitischen wie geografischen Schranken zu weisen. Hussein hätte weitere Ölproduzenten des Nahen Ostens, vor allem
Saudi-Arabien, ungehindert erobern können, und die Welt hätte tatenlos zusehen müssen. Solche Energiereserven stellen, wie
sich in jüngster Zeit am Beispiel Russlands mehrfach zeigte, ein

enormes Machtpotenzial dar. Nicht zuletzt deshalb ist ganz klar, dass es US-Präsident Bush senior 1990 um die wirtschaftliche Macht am Golf ging. Dies mag man pauschal mit der Formulierung „Kein Blut für Öl" zurückweisen und verurteilen, doch das eben beschriebene Szenario mit einem sich immer mehr ausdehnenden Regime im Nahen und Mittleren Osten konnte nicht das sein, was die Welt sich wünschte. Ja, es drehte sich um die fundamentale Frage: Wer herrscht am Ende über das Erdöl, und wer übt die Macht aus, die damit verbunden ist?

Russland betreibt eine ähnliche Politik. Es setzt Gas und andere Energien als Druckmittel ein, um einzelne Kritiker und alle Staaten, die die Menschenrechtsverletzungen oder eine mangelnde Demokratiekultur anprangern, mundtot zu machen oder um, wie im Winter 2005, einen Staat wie die Ukraine zu erpressen. So funktionieren auch die Spielregeln des Iran, der ebenfalls seine Erdölvorkommen immer wieder als Joker ins Spiel bringt. Oft spitzt sich darum die Kritik an der Politik der USA in dem Vorwurf zu, es gehe der Supermacht nur ums Geld oder Öl. Natürlich, es geht um Geld, und das wissen besonders die Familien Bush, Cheney und alle anderen aus ihrem Umfeld, die schließlich alle mit dem Ölgeschäft zu tun haben. Im Vordergrund stehen für sie aber nicht nur lukrative Gewinne. Es geht auch um die Bedarfssicherung für die amerikanische Wirtschaft, denn die Experten rechnen mit wachsenden Problemen. Angesichts des rasant angestiegenen Verbrauchs in den letzten 20 Jahren kann man sagen, dass die heute bekannten Ölvorräte nicht mehr lange ausreichen werden. Es geht also um mehr: letztlich um das wirtschaftliche Überleben der USA – und das der gesamten Welt. Denn es sind keine neuen Entdeckungen von Erdölvorkommen zu erwarten, und wie schnell die Nachfrage nach dem Rohstoff steigen kann, zeigt das Beispiel China. Der langjährige Ölexporteur verwandelte sich in ein Importland und bezieht heute Öl aus dem Sudan, das seit 2004 systematisch Völkermord an Minderheiten im eigenen

Land betreibt. Wegen der rasanten – und ohne Rücksicht auf Umwelt und Menschen vorangetriebenen – wirtschaftlichen Entwicklung und Industrialisierung Chinas kann es seinen Bedarf nicht mehr aus den eigenen Ölvorkommen decken. So ergeht es auch Indien, dessen Ölimporte zügig und stetig ansteigen.

Die USA verbrauchen mittlerweile ein Viertel des gesamten weltweit geförderten Rohstoffs. Angesichts der zitierten Prognose über die Situation in weniger als einem Vierteljahrhundert reduzierten sie daher den Konsum ihres eigenen Öls und lagern unterirdisch Reserven für die kommenden Jahre. Dem wachsenden Verbrauch werden sie demgegenüber durch zunehmende Einfuhr gerecht. Strategisch ist es deshalb unerlässlich, für den Fall einer globalen Ölknappheit die Sicherung des eigenen Energiebedarfs zu gewährleisten. So ist es nicht verwunderlich, dass sich amerikanische und britische Truppen nach ihrem Einmarsch in den Irak 2003 sofort auf die Ölquellen konzentrierten und sie vor Anschlägen und Sabotage schützten. Museen, Krankenhäuser oder Privateigentum hingegen sicherten sie keineswegs ausreichend vor Plünderern, denn diese sahen sie als strategisch unwichtig an. Während im Ersten Golfkrieg Öl im Wert von mehr als einer Milliarde Dollar in Flammen aufging, brannten diesmal nur sieben von zweihundert Quellen. Die Sicherung der Erdölvorräte ist, wie generell die Energiefrage und die Wasserverteilung auf unserem Planeten, ohne Zweifel eines der größten Zukunftsprobleme. Ob sie jedoch mit Kriegen, Druck und Erpressung zu lösen sind, ist zu bezweifeln.

Die Welt, und insbesondere Europa, hat meiner Meinung nach auch mehr als sieben Jahre nach 9/11 nicht ausreichend begriffen, welches Trauma dieser Tag für die amerikanische Bevölkerung war und bleiben wird. Die USA sind ein großes, mächtiges und in vielerlei Hinsicht autarkes Land. Wer einmal eine Zeit lang in den Vereinigten Staaten gelebt hat, bekommt auch irgendwann das Gefühl, dass der Planet Erde mit dieser Supermacht beginnt und endet. Die Welt ist Amerika und Amerika die Welt. Natürlich wissen auch die US-Bürger, dass es außerhalb ihres Landes noch andere Staaten und Städte gibt. Doch sie sind besonders stolz auf ihr Land, selbst wenn sie politischen Themen gegenüber noch so kritisch eingestellt sein sollten, linksintellektuell sind und gern gegen die Regierung wettern. Die USA sind nicht pauschal ein Land der Ignoranten, wie es uns manche europäische Kritiker oder Antiamerikanismus-Verfechter weismachen wollen. Im Gegenteil: Die Opposition gegen die Irakpolitik ist in der Vergangenheit in Amerika immer mächtiger geworden. Ihre Stimme wird lauter und lauter – auch aufgrund der Angst, dass es den Amerikanern mit dem Irak wie in Vietnam ergehen könne. Für die Unterstützung seiner Kriegspläne braucht ein amerikanischer Präsident die Masse der Bevölkerung im ganzen Land und kann auf die Ostküsteneintelligenz, auf Stars wie Sean Penn, Susan Sarandon, Barbra Streisand oder die verstorbene Publizistin Susan Sontag und die Leser der *New York Times,* der *Washington Post* oder der *Los Angeles Times* nicht verzichten. Er will, dass möglichst viele Gruppen der Gesellschaft im Dienst der großen Sache stehen.

Der unbekannte Feind, der eine Gefahr für die USA darstellt, lauert irgendwo und bereitet einen weiteren Angriff vor – so definiert sich die Angst der Menschen. Deshalb haben die Amerikaner das unbestimmte, aber große Gefühl, dass sie nun gegen die „Mächte der Finsternis" antreten müssen. Vielen Europäern erscheint diese Mentalität lächerlich oder unglaubwürdig, als typisch übertrieben amerikanisch und gar martialisch. Wer aber Nachsicht mit mangelndem Demokratieverständnis in arabischen Staaten fordert, weil deren kulturelle Tradition eben eine andere ist, sollte auch versuchen, die Amerikaner zu begreifen. Schon die amerikanischen Kinder glorifizieren ihre Helden, die großen, gut aussehenden, gerechten „All American

Boys", die das Böse und die Ungerechten bekämpfen und für Demokratie und Menschenrechte eintreten. Diese Ikonen kommen sofort wieder an die Oberfläche des Bewusstseins, sobald die USA angegriffen werden. Es entwickelt sich ein mächtiger patriotischer Ehrgeiz, gemischt mit Zorn und Wut, sodass sich alle aufgefordert fühlen, das Vaterland zu verteidigen und den bösen Drachen zu töten. Nur, wer ist heute der Drache? Und wer sind die Retter aus der amerikanischen Gesellschaft, die fest an der Seite der USA stehen? Es gibt sie ja tatsächlich, die Guten und die Bösen – wie in einem Westernfilm. Osama bin Laden und Al-Qaida, Mullah Mohammad Omar und die Taliban, die Hisbollah, die Hamas und die Tschetschenen. Viele von diesen Gruppen und Individuen sind ohne Frage gefährlich, doch ist es wichtig, sie alle in ihrem jeweiligen Kontext zu bewerten. Für viele Amerikaner aber landen sie in demselben Topf. Nicht selten lautet dann die Charakterisierung: „Die Unrasierten mit einem Küchentuch auf dem Kopf sind alle gleich." Dies waren die Worte eines Amerikaners, in meinem Beisein ausgesprochen. Diffuse Angst, ein klares Weltbild, aufgeteilt in Schwarz und Weiß, und der Wunsch, die eigenen Werte anderen ebenfalls zu „gönnen", führen dazu, dass für viele keine deutliche Klarheit darüber herrschen muss, ob der Irak unter Saddam Hussein tatsächlich irgendetwas mit bin Laden zu tun hat und mit dem islamischen Fundamentalismus eng verbunden ist.

Nicht immer führt islamistischer Terror auch zum unmittelbaren Engagement der USA. Die Gefahr, die von der Hamas und der Hisbollah ausgeht, und der Terror, den sie gegen Israel und auch gegen die eigene Bevölkerung ausüben, ließ die USA nicht eingreifen, wenngleich sie Israel in diesem Kampf unterstützen. Auch Opfer des islamistischen Terrors in Tschetschenien überlassen sie ausschließlich der eisernen Faust des russischen Präsidenten und stehen ihnen in keiner Weise zur Seite. Leider haben die USA in der Vergangenheit sogar nicht selten Diktatoren und andere Unruhestifter monetär und politisch unterstützt, frei nach dem Motto: „We make sure, he is our son of a bitch." Dabei handelte es sich nicht nur um Despoten in Lateinamerika, Diktatoren wie Augusto Pinochet in Chile, sondern auch um andere schwarze Schafe. Die Taliban waren einst Partner der USA, die sie mit Waffen unterstützten, weil sie gegen die Sowjetunion kämpften. Es war die Zeit des Kalten Krieges, und die Taliban agierten antisowjetisch. Das reichte damals aus. Dass hier der Teufel mit dem Beelzebub ausgetrieben werden sollte, sah man im Eifer des Antikommunismus nicht. Aus demselben Grund hat, wie bereits beschrieben, auch ein Osama bin Laden zeitweise von amerikanischer Unterstützung profitieren können. Außerdem war er für die US-Regierung, als Saddam Hussein den Iran der islamistischen Ajatollahs überfiel, immerhin so salonfähig, dass ihn der später unter Bush junior amtierende Verteidigungsminister Donald Rumsfeld in den 1980er-Jahren persönlich in Bagdad aufsuchte. Der größte und verlässlichste arabische Partner der USA ist jedoch seit geraumer Zeit Saudi-Arabien, obwohl dort eines der strengsten fundamentalistisch-islamischen Regime herrscht. Was die Verweigerung von Bürgerrechten betrifft, ist Saudi-Arabien sogar noch radikaler als der Gottesstaat Iran, wo beispielsweise Frauen Auto fahren dürfen, während es ihnen, wie so viele alltägliche Verrichtungen, in Saudi-Arabien verwehrt wird. Das Land beruht auf einem spätfeudalen Herrschaftssystem und befindet sich noch meilenweit von einer Demokratie entfernt. Zudem finanziert die saudische Regierung islamischen Fundamentalismus in aller Welt.

Dafür gelang es den neokonservativen Strategen der USA, die seit dem Ende des Ersten Golfkriegs von der Beseitigung Saddam Husseins träumten, nach dem 11. September, die diffusen Ängste und patriotischen Gefühle der amerikanischen Bevölkerung erst gegen die Taliban und Al-Qaida und dann gegen Saddam Hussein zu kanalisieren. Der Terror diente also ohne Zweifel nur als Vorwand zur Entfesselung des Irakkriegs 2003. So warf die amerikanische Regierung Saddam Hussein monatelang vor, dass er Massenvernichtungswaffen erzeuge und die Al-Qaida unterstütze. Gab es dafür wirklich Belege? Dazu sagte der scheidende CIA-Spitzenagent Robert Baer am 26. Juni 2003: „Ich glaube nicht, dass unser Geheimdienst Informationen, die er besaß, manipuliert hat. Sobald das Weiße Haus den Beschluss fasste, im Irak einzumarschieren, verlangte es von der CIA, Auskunft über Husseins Massenvernichtungswaffen zu geben. Das Präsidialamt hat sich aus unseren Berichten das herausgesucht und verwendet, was zur Untermauerung seiner These nützlich war, ohne Rücksicht darauf zu nehmen, ob die Informationen glaubwürdig waren oder nicht (…). Ich habe nie eine gesicherte Information bekommen, laut der Saddam Hussein oder irgendein offizielles Mitglied der irakischen Behörden mit bin Laden Kontakt gehabt hat."

Der politische Experte Michael Chandler, der die nach dem 11. September 2001 ins Leben gerufene Aufsichtskommission der UN leitet, teilte der Presse am 26. Juni 2003 ebenfalls mit, er habe keine Hinweise über Kontakte zwischen dem gestürzten Regime in Bagdad und Al-Qaida gefunden. Damit wollte Chandler die Erklärung des amerikanischen Außenministers Colin Powell vom 5. Februar 2003 vor der UNO widerlegen. Powell sprach von „klaren und überzeugenden Beweisen", die er vorlegen könne. Sie würden ausführlich belegen, dass Kontakte zwischen Osama bin Laden und dem irakischen Regime bestanden. Diese Beweise erwiesen sich später als ziemlich dünn, teilweise stellten sie sich sogar als falsch heraus. Powell räumte, jedoch erst nachdem Condoleezza Rice neue Außenministerin der USA geworden war, daraufhin ein, dass er wissentlich falsche Angaben gemacht habe, um den Krieg gegen den Irak auf den Weg zu bringen. So wurden, trotz intensiver Recherchen, auch nach der Invasion im Irak keine Massenvernichtungswaffen gefunden. Der erste Leiter der 1400

UN-Waffeninspektoren, David Kay, trat im Januar 2004 unter anderem mit dem Kommentar: „Ich glaube nicht, dass sie existieren!", zurück. Sein Nachfolger, Charles Duelfer, legte im Oktober 2004 den Abschlussbericht vor, in dem er die Vermutung seines Vorgängers bestätigte. Zudem hätten die irakischen Programme seit Mitte der 1990er-Jahre auf Eis gelegen, so hieß es. Zwar habe Hussein nie das Ziel aus den Augen verloren, nach einem Ende der Waffenkontrollen und der Sanktionen seine brandgefährlichen Waffenprogramme wieder aufzulegen, doch eine Massenproduktion gebe es keinesfalls. Auch wurde in kleinen Laboratorien nach 1991 kontinuierlich an der Herstellung verschiedener Gifte gearbeitet, allerdings nicht in dem benötigten Volumen für Massenvernichtungswaffen. Die kleineren Giftmengen – wenngleich dies den Irak nicht gerade sympathischer machte – reichten höchstens für gezielte Attentate und Geheimdienstaktionen.

Vor, während und auch noch nach dem Irakkrieg diskutierte man weltweit in den Medien, ob es in einem demokratischen Staat gerechtfertigt sei, einen bedrohlichen und blutrünstigen Diktator wie Saddam Hussein zu töten. Doch schon allein die kritische Fragestellung vieler Journalisten empörte die amerikanische Öffentlichkeit. Die Gegner des Kriegs, insbesondere etliche Chefs europäischer Staaten, hätten, so der Vorwurf, die Gefühle der US-Bürger nach dem 11. September nicht angemessen wahrgenommen. Die Kluft zwischen Europäern und Amerikanern, die sich auf diese Weise noch vertiefte, beruht daher meiner Meinung nach auf einer grundsätzlichen, gegenseitigen Fehleinschätzung der jeweiligen Mentalität. Dennoch ist die Frage berechtigt, ob die Bush-Regierung die richtige Entscheidung getroffen hat, Saddam Hussein anzugreifen. Und was wird, abgesehen von der Befreiung der irakischen Bevölkerung sowie ihrer Nachbarländer von einem aggressiven Diktator, das Ergebnis des Kriegs sein? Eindeutig ist, dass das Resultat dieses Feldzugs nicht auf den Nahen Osten begrenzt bleibt.

So hat die Auseinandersetzung zwischen Sunniten und Schiiten bereits an Sprengkraft und Gewalt in unglaublichem Maße zugenommen. Außerdem nutzen Mächte wie der Iran die Situation im Irak für politische und propagandistische Zwecke, die schließlich bis hin zum antiamerikanischen, antiwestlichen und antiisraelischen Schulterschluss mit dem diktatorisch agierenden Präsidenten Venezuelas, Hugo Chávez, führen.

In den arabischen Bevölkerungen hatte bereits der Erste Golfkrieg ein Gefühl von Demütigung ausgelöst und Al-Qaida zur Gegenwehr auf den Plan gerufen. Haben die USA nach 9/11 also eine neue überzeugende Strategie entwickelt? Die Beseitigung des Talibanregimes in Afghanistan war sicher ein erster Schritt. War der Irakkrieg der zweite und richtige oder hat er die Situation auf der Welt verkompliziert? Hat er dazu geführt, dass der Kampf gegen den Terrorismus erschwert wurde? Und wurde er zum zusätzlichen Nährboden für Bewegungen wie Al-Qaida?

In Israel herrschte weitgehend Einigkeit in diesen Fragen. Politiker und große Teile der Gesellschaft jubelten den amerikanischen Plänen zu. Sie blickten mit Geringschätzung auf jene Europäer, die als Zauderer oder Kriegsgegner dastanden. Verständlich ist diese Haltung schon, denn was soll der durchschnittliche Israeli anderes denken, wenn man einen gefährlichen, hemmungslosen Diktator in seiner unmittelbaren Nachbarschaft beseitigen will – einen Diktator, der schon zwei seiner Nachbarn angegriffen, Israel mit Raketen beschossen hatte und offen sagte, er werde den Staat Israel vernichten? Ein Diktator, der den palästinensischen Terror finanzierte, indem er Hinterbliebene von Selbstmordattentätern mit stattlichen Geldprämien belohnte? Was könne schon falsch daran sein, einen solchen Despoten aus dem Weg zu räumen? So führt Israel Krieg an zwei Fronten: gegen den arabischen Nationalismus mit seinem über die palästinensischen Gebiete hinausgehenden Selbstbestimmungsstreben, und gegen den islamischen Fundamentalismus, die schlimmste antisemitische Propaganda – vergleichbar mit der nationalsozialistischen Ideologie.

Am Vorabend des amerikanischen Angriffs auf den Irak warnte der ägyptische Präsident Hosni Mubarak zwar, dass dieser Krieg hundert neue Osama bin Ladens hervorbringen werde. Doch warum, um Himmels willen, sollte der Irakkrieg den fundamentalistischen Islam beflügeln? Ist religiöser Fanatismus nicht lediglich eine Folge von Frustration? Wenn Menschen keine Perspektive, keine Hoffnungen mehr haben, dann folgen sie falschen Propheten wie Osama bin Laden. Genau dies wollten die Amerikaner im Irak jedoch vermeiden. Ihre Intention sei gewesen, dieses Land vom Albtraum der Tyrannei zu befreien und dort nun die Demokratie einzuführen. Der in Paris lebende marokkanische Schriftsteller Tahar Ben Jelloun äußerte sich dazu in einem Interview mit dem *Spiegel:* „In der angeblichen Stunde der Befreiung erlitt das irakische Volk einen schrecklichen moralischen Rückschlag. Die Plünderungen, das Wüten der niedersten Instinkte, die Wildheit der Menschen, die sich im Zustand der Rechtlosigkeit selbst überlassen blieben, haben den Irakern die Würde der Besiegten geraubt. Diese Bilder einer kollektiven Raserei taten der ganzen arabischen Welt weh (…). Der Irak ist eine Gesellschaft von Clans, von Stämmen. Saddam Hussein hat mit seiner Familie geherrscht, mit dem Clan der Tikriti. Baschar al-Assad in Syrien stützt sich auf die Minderheit der Alawiten. In einer Stammesgesellschaft hat die Demokratie keinen Sinn, denn im Stamm ist das Individuum nichts, während es mit seiner Entscheidungs- und Gewissensfreiheit in der Demokratie alles ist. Die Demokratie ist nicht einfach eine Technik, das Organisieren einer freien Wahl. Sie ist eine Kultur, eine tägliche Pädagogik, die Anerkennung von Regeln und Werten." Auf die Frage: „Würden Ihrer Meinung nach freie Wahlen heute überall in der arabischen Welt islamistische Kräfte an die Macht spülen?", erwiderte Ben Jelloun: „Leider ja, fast überall. Freie Wahlen – das ist dort wie der Versuch, ein schönes Gebäude auf einem Misthaufen zu errichten. In der arabischen Welt ist der Boden für die Demokratie nicht bereitet. Es gibt nur einen antidemokratischen, extremistischen Bodensatz. Der Fundamentalismus diskutiert nicht, er lässt keine andere Meinung gelten, er weiß sich im Besitz der absoluten Wahrheit. Seine Demokratie, das ist eine Diktatur, die alles regelt, die zu jedem Einzelnen nach Hause kommt."

Die Gegenwehr des irakischen Militärs endete im April 2003. Heute herrschen in Teilen des Landes bürgerkriegsartige Zustände. Nach jüngsten Berichten sind zirka eine Million Menschen infolge des Kriegs ums Leben gekommen. Irakische Zivilisten, aber auch die nach dem Sturz Saddam Husseins neu entstandenen irakischen Sicherheitskräfte wie Polizisten und Wachleute werden in unglaublich hoher Anzahl Opfer von Terroranschlägen und Gewaltkriminalität. Die allgemeine Sicherheitslage ist in keiner Weise mit der in Afghanistan zu vergleichen, die sich zwar ebenfalls kontinuierlich verschlechtert hat, aber zumindest trotz der zunehmenden Feldzüge der wieder erstarkenden Taliban zumindest im Jahr 2007 noch kontrollierbar zu sein schien. Die sogenannten Freiheitskämpfer und Selbstmordattentäter im Irak, die sich nicht nur gegen alliierte Truppen und die UN, sondern auch gegen die eigenen Leute wenden, setzen sich zusammen aus ehemaligen Mitgliedern von Saddam Husseins Regime, Anhängern der irakischen Baath-Partei, sunnitischen Arabern, Nationalisten, Schiiten um den Geistlichen Muqtada as-Sadr sowie einheimischen und zugewanderten islamistischen Extremisten, die zum Teil zum Terrornetzwerk Al-Qaida zählen.

Die Europäische Union und der Islamismus

Rund um den Globus konnten die Menschen das Geschehen am 11. September 2001 in Echtzeit verfolgen: am Radio, im Fernsehen oder über Internet. Während die Türme brannten, versuchten Polizisten und Feuerwehrmänner mit stoischem Mut, Menschen aus ihren Büros zu evakuieren, sich in brennende Stockwerke vorzuarbeiten oder Türen und Fluchtwege zu öffnen. Die genaue Planung wie auch die totale Hingabe der 19 Terroristen und ihrer Helfer, die viele Jahre intensivstes Training und Vorbereitung auf sich genommen hatten, waren genauso erschreckend wie die ungeheure Gewalt und die hohe Zahl der Todesopfer. Die Welt musste hilflos zusehen, wie Tausende Menschen starben, und zugleich erkennen, dass ein neuer Akteur die internationale Bühne des Terrors betreten hatte: Osama bin Laden. Nachdem die Flugzeuge in die Türme gerast waren, wurde überaus deutlich, dass mit diesen Terroristen keine Verhandlungen möglich waren, zum einen, weil sich die Erpressbarkeit der Angegriffenen ins Unermessliche steigern würde, zum andern ließ die erkennbare Kompromisslosigkeit der Terroristen überhaupt keinen Verhandlungsspielraum zu. Ihr Ziel war eindeutig: so viele Menschen wie möglich zu töten oder wenigstens zu verstümmeln. Das Dogma der Al-Qaida-Anhänger beruht also darauf, dass es keine unschuldigen Zuschauer geben könne. Bin Laden selbst tat diese Überzeugung in seiner schon erwähnten „Erklärung der islamischen internationalen Front für einen Dschihad gegen die Juden und die Kreuzfahrer" vom 23. Februar 1998 kund: „Amerikaner und ihre Verbündeten zu töten, gleich ob Zivilisten oder Militärs, ist die persönliche, in jedem möglichen Land auszuübende Pflicht jedes einzelnen dazu fähigen Muslimen; bis die Al Aqsa Moschee [in Jerusalem] und die Haram Moschee [in Mekka] von ihrem Zugriff befreit sind und ihre Armeen, zerschmettert und gelähmt, sich von islamischem Land zurückziehen, damit sie nie wieder fähig sein werden, auch nur einen Muslim zu bedrohen." Mit dieser neuen Radikalität waren nicht nur die USA, sondern alle Staaten der westlichen Welt konfrontiert, so auch Europa.

Islamistischer Terror in Europa

Nach dem 11. September 2001 wurden einige europäische Länder mehrfach von islamistischen Selbstmordattentaten erschüttert. Ein Ende ist nicht abzusehen. Ein ständiger Strom von in Europa geborenen oder bereits lange Jahre dort lebenden Muslimen reist nun in den Irak oder nach Israel, um dort seiner angeblichen Bestimmung als Märtyrer zu folgen: sich als Selbstmordattentäter in die Luft zu sprengen und die Menschen in ihrer Umgebung bewusst in den Tod zu reißen. Europa muss seit dem 11. September einer zweifachen Herausforderung Herr werden, denn es gilt, sich inneren und äußeren Problemen zu stellen.

Zu den inneren Problemen gehört unter anderem der in die Ferne gerückte Traum von einer multikulturellen Gesellschaft, während zunehmend muslimische Parallelgesellschaften entstehen. Die Isolation, Entfremdung und Perspektivlosigkeit islamischer Zuwanderer – auch die der dritten oder vierten Generation – bilden einen gefährlichen Sprengstoff. Selbst gut situierte, bereits in Europa geborene Muslime empfinden aufgrund des von den USA dominierten „Krieges gegen den Terror" Hass auf den Westen und suchen ihr Heil in radikalen Gruppen. Der Westen wird so zum Nährboden für Islamisten, die in und auch außerhalb Europas den Terror mittragen. Die europäischen Länder müssen einen gemeinsamen Weg finden, mit der ideologisch in Europa nicht verankerten muslimischen Welt umzugehen, ohne sie unter terroristischen Generalverdacht zu stellen. Wie viel Sprengkraft in dieser fragilen und von beiderseitiger Skepsis geprägten Beziehung zueinander steckt, wurde im Februar 2006 deutlich, als die im Herbst 2005 in Dänemark veröffentlichten Karikaturen zu Mohammed und zum Islam einen antidänischen und schließlich antieuropäischen Flächenbrand in muslimischen Ländern auslösten.

Außenpolitisch muss Europa sich dezidiert der konkreten Abwehr von Al-Qaida stellen und dadurch zumindest ideell für Teile der amerikanischen Strategie Partei ergreifen. Doch das erfordert Mut, wie beispielsweise das europäische Engagement in Afghanistan beweist. Dort ansässige Bürger der beteiligten EU-Staaten geraten in Gefahr, und Entführungen sind hierbei noch ein vergleichsweise harmloses Mittel der Taliban und islamistischer Gruppen.

Terrorismus an sich ist in Europa nichts Neues, wenngleich das Ausmaß und die Totalität der Bedrohung durch Al-Qaida anders einzuschätzen sind als beispielsweise der Terror nordirischer Nationalisten oder baskischer Separatisten. In beiden Regionen sind Autobomben, Entführungen, Hinrichtungen und das Töten Unschuldiger lange Jahre Alltag gewesen. Aber es waren jeweils regional begrenzte Konflikte. Auch Terrorismus linker Ausrichtung wie beispielsweise durch die italienischen Roten Brigaden oder die in der Bundesrepublik agierende Rote Armee Fraktion ist in Europa bekannt. Diese Gruppen operierten ebenfalls anders als die Islamisten heute. Die RAF unterhielt exzellente Verbindungen zur DDR, wurde pikanterweise teilweise in Palästinenserlagern militärisch wie ideologisch gedrillt und propagierte zwischen 1968 und 1977 den weltrevolutionären Kampf der Linken. Sie zog die deutsche NS-Vergangenheit als vermeintlichen Grund heran, um sich gegen bestimmte Strukturen zunächst in der Bundesrepublik und dann in der Welt aufzulehnen oder sich mit den Palästinensern frei nach dem zynischen Motto: „Die Opfer der Opfer" zu solidarisieren und deren Terror zu unterstützen. Doch die meisten dieser Terrorzellen und -organisationen waren, selbst wenn sie globale Beziehungen zu islamistischen, antiisraelischen Organisationen pflegten, ideologisch eingrenzbar und strebten nicht originär den Kampf gegen die gesamte Welt an. Die internationalen Verbindungen der RAF, die im Deutschen Herbst 1977 offenkundig wurden und ihre Vernetzung über Deutschland hinaus offenlegten, sind trotz der antisemitischen und antiwestlichen Stoßrichtung jedoch nicht eins zu eins mit dem Islamismus gleichzusetzen.

Dennoch bemühten sich die europäischen Länder bereits vor dem 11. September 2001, ein System zu etablieren, das jede Radikalisierung unterdrücken und Terrorgruppen gesellschaftlich isolieren sollte. Gleichzeitig wurde, auch aufgrund der Erfahrungen aus dem Weltkrieg nach 1939 und mit Blick auf den früheren kommunistischen Block, besonderes Gewicht auf die Einhaltung der Grund- und Menschenrechte sowie auf den Schutz der Privatsphäre gelegt. Eine erste systematische Antiterrorkampagne der Europäischen Union wurde mit Verabschiedung der konsolidierten Fassung eines EU-Vertrags (Vertrag von Maastricht) aus dem Jahr 1992 in Artikel 29 gestartet. „Unbeschadet der Befugnisse der Europäischen Gemeinschaft verfolgt die Union das Ziel, den Bürgern in einem Raum der Freiheit, der Sicherheit und des Rechts ein hohes Maß an Sicherheit zu bieten, indem sie ein gemeinsames Vorgehen der Mitgliedstaaten im Bereich der polizeilichen und justitiellen Zusammenarbeit in Strafsachen entwickelt sowie Rassismus und Fremdenfeindlichkeit verhütet und bekämpft. Dieses Ziel wird erreicht durch die Verhütung und Bekämpfung der – organisierten oder nichtorganisierten – Kriminalität, insbesondere des Terrorismus, des Menschenhandels und der Straftaten gegenüber Kindern, des illegalen Drogen- und Waffenhandels, der Bestechung und Bestechlichkeit sowie des Betrugs. (...)"

Heute ist nach 9/11 das Herzstück der europäischen Strategie im Kampf gegen den Terrorismus jedoch die Rahmenrichtlinie vom 13. Juni 2002, die eine Definition terroristischer Straftaten enthält und die Mitgliedstaaten der EU ausdrücklich dazu auffordert, sie in ihren Staatsgrenzen strafrechtlich zu verfolgen *(vgl. Anhang S. 248)*. Die EU strebt auf diese Weise eine Harmonisierung der Gesetzgebung aller Mitgliedstaaten an, um eine systematische und effektivere Durchsetzung von Antiterrormaßnahmen gewährleisten zu können. Infolge der Attentate in Madrid im März 2004 nahm der Rat der EU zudem die „Europäische Sicherheitsstrategie vom 12. Dezember 2003" an und eröffnete damit die Chance, die Terrorismusabwehr in den Rahmen eines größeren europäischen Sicherheitssystems zu stellen. Dadurch wurde die Notwendigkeit der Bekämpfung von Terrorismus auf dieselbe Relevanzstufe gehoben wie Strategien gegen regionale Konflikte, staatliche Korruption, das organisierte Verbrechen und die Nichtverbreitung von Massenvernichtungswaffen *(vgl. Anhang S. 251)*. Außerdem stieg noch einmal die Motivation, die Sicherheitsmaßnahmen von Ländern wie den USA oder Kanada zu adaptieren. So wurde die Fälschungssicherheit der Ausweise und Reisedokumente initiiert. In Zukunft sollen biometrische sowie digitalisierte Informationen in die Dokumente integriert werden. Des Weiteren gründete die Europäische Union eine Zentralstelle zum Kampf gegen den Terrorismus, deren Verantwortlichkeiten im Austausch von geheimdienstlichen Erkenntnissen in ganz Europa und in der Implementierung und Überwachung bereits beschlossener Prinzipien der Antiterrorpolitik liegen.

Die Reaktionen der europäischen Staaten auf den 11. September wirkten nicht selten uneinheitlich und damit paradox. Einerseits fühlten sie sich verpflichtet, die USA als ihren traditionellen Verbündeten zu unterstützen, andererseits legten einige zugleich ein neues Niveau an Unabhängigkeit an den Tag. Hinzu kam noch die deutlich ausgesprochene antimilitärische Haltung, die ebenfalls zu einer Erschütterung der europäisch-amerikanischen Beziehungen führte. Nachdem im Oktober 2001 die Militärschläge der alliierten Koalition gegen Afghanistan zu etwas wie einem „Krieg gegen den Terror" geworden waren, befassten sich die europäischen Staaten zunächst lieber mit ihren eigenen Problemen und beteiligten sich noch äußerst zurückhaltend an der globalen Strategie. Mit Blick auf die Weltgeschehnisse und den Vormarsch der Islamisten begannen Politik und Gesellschaft vor einem Schwund der europäischstämmigen Bevölkerung zu warnen. Denn Geburtenrückgang und Überalterung der Gesellschaft gehen einher mit einer rasant ansteigenden Geburtenrate von Zuwanderern. In Wohngebieten mit hohem Immigrantenanteil lagert, wie es besonders in französischen, holländischen und belgischen Vorstadtvierteln zu sehen war, augenscheinlich enormer sozialer und religiöser Sprengstoff.

Gleichzeitig jedoch darf nicht vergessen werden, dass die Fäden bei den Anschlägen des 11. September nicht von Angehörigen der Unterschicht, sondern von gebildeten, eher privilegierten Personen gezogen wurden. Die Schlüsselfiguren dieser Attentate stammten nicht aus den Flüchtlingslagern. Im Gegenteil, man spricht mittlerweile im wörtlichen Sinne von „islamistischen Ingenieuren". Der Kopf des Unternehmens von 9/11, Mohammed Atta, war z. B. der behütete Sohn eines wohlhabenden ägyptischen Anwalts. Seine Familie hatte mehr finanzielle Mittel als der Durchschnitt seiner Landsleute. Doch seine Erziehung war geprägt durch eine antisemitische Haltung. Er studierte, lernte Englisch und kam 1992 nach Hamburg. Dort arbeitete er in einem Architekturbüro, pilgerte aber regelmäßig nach Mekka und kam, wie die Aussagen damaliger Kollegen bestätigten, als frommer Muslim wieder. Ziad Jarrah, der Pilot der Maschine UA-93, die ihr Angriffsziel verfehlte und auf freiem Feld abstürzte, kam ebenfalls aus einer wohlhabenden Familie im Libanon. Sie ermöglichte ihrem Sohn ein angenehmes Leben. Jarrah war als lebenslustiger Genussmensch bekannt, bis er in den inneren Kreis der späteren Attentäter in Hamburg gelangte. Diese und andere Terroristen, wie zum Beispiel die Londoner Attentäter vom Juli 2004, wurden erst im Westen zu radikalen Muslimen oder Islamisten. Keiner von ihnen war zuvor in pakistanischen oder afghanischen Al-Qaida-Trainingscamps, um sich dort zum Mörder ausbilden zu lassen. Atta und die anderen Mitglieder der Terrorgruppe reisten erst nach Gründung ihrer Einheit in Hamburg 1999 nach Afghanistan. Dort trafen sie wahrscheinlich auf bin Laden, der sie als Gotteskrieger auserwählte. Die Attentäter vom 11. September 2001 hatten Verbindungen nach Spanien und Amerika, genauer gesagt nach Brooklyn, wo sich jene Al-Qaida-Zelle aufhielt, die für den ersten Anschlag auf die Zwillingstürme des WTC 1996 verantwortlich war. Atta und seine Gefolgsleute waren ebenso wie die gelehrte und wohlhabende Führungsspitze von Al-Qaida, bin Laden und sein Stellvertreter, der ägyptische Arzt Dr. Ayman al Zawahiri, davon überzeugt, dass sie die Avantgarde der islamischen Revolution bildeten.

Die europäische muslimische Gemeinde ist in der Tat in den vergangenen zehn, fünfzehn Jahren stetig gewachsen. Vor allem in Westeuropa vergrößerte sich der Anteil der muslimischen Bevölkerung fast sechsmal so schnell wie in den USA. Österreich, die Niederlande und die skandinavischen Länder sowie in etwas geringerem Maße auch Deutschland absorbierten hiervon den Großteil der muslimischen Einwanderer und Asylbewerber. Aber auch Spanien, Italien und Griechenland konnten einen immer größeren Anteil der innerhalb ihrer Staatsgrenzen lebenden Muslime verzeichnen. Dies liegt zum einen an der bereits erwähnten umgekehrten Alterspyramide (Geburtenrückgang bei gleichzeitiger Überalterung der Gesellschaft) und zum andern an der Durchlässigkeit der Grenzen. Die europäische muslimische Binnenwanderung war zuletzt im Zuge des Krieges in Ex-Jugoslawien bedeutsam. Auch nach seinem Ende wanderten weiterhin muslimische Gruppen aus südosteuropäischen Ländern wie Bulgarien oder Albanien in Richtung Italien und Griechenland aus. Hinzu kamen Immigranten aus Nord- und Schwarzafrika. Mit all diesen Gruppen kamen auch Islamisten nach Mitteleuropa.

Seit 9/11 konzentrierten sich europäische Sicherheitskräfte daher verstärkt darauf, islamische Fundamentalisten sowie deren Netzwerke und Zellen aufzuspüren und den Gerichten zu übergeben.

Trotz der europainternen Erfahrung in Sachen Terrorbekämpfung waren die Staaten der EU überhaupt nicht auf die Herausforderung vorbereitet, die sich durch das enge und effiziente Netzwerk von Al-Qaida ergab. Besonders schmerzlich wurde das im März 2004 in Spanien deutlich. Die spanischen Behörden reagierten auf das Bombenattentat in den Zügen zunächst automatisch mit der Behauptung, dieser Anschlag sei der baskischen Separatistenorganisation „Euskadi Ta Askatasuna" (Baskische Heimat und Freiheit; kurz: ETA) zuzuschreiben. Die ETA kämpft seit mehr als 30 Jahren gegen die spanische Regierung und hat durch ihre Anschläge Hunderte Menschen auf dem Gewissen. Trotzdem hatten sich die Europäer innerhalb ihres Kontinents stets sicher gefühlt. Der Schock war daher umso größer, als aufgedeckt wurde, dass die Verantwortlichen für die verheerenden Anschläge aus dem Umfeld von Al-Qaida kamen und vorher im eigenen Land mitten unter ihnen gelebt hatten. Nachdem sich diese Fakten in das Bewusstsein der Europäer eingegraben hatten, verurteilten sämtliche Außenminister der EU einmütig den Terrorangriff in Spanien und stellten sich mit weitaus größerem Nachdruck als in den Monaten zuvor an die Seite der USA, allerdings nur in Sachen Terrorbekämpfung, nicht in Sachen Irakkrieg. Es erfolgte ein neuer innereuropäischer Schulterschluss, und Al-Qaida wurde zumindest symbolisch auch in Europa der Krieg erklärt. Die EU will ihre Bürger schützen und Al-Qaida keinen Rückzugsraum bieten.

Die NATO hatte auf den 11. September 2001 mit einem bislang noch nicht da gewesenen Schritt reagiert und auf die Einhaltung von Artikel 5 des NATO-Vertrags gepocht: „Die Parteien vereinbaren, dass ein bewaffneter Angriff gegen eine oder mehrere von ihnen in Europa oder Nordamerika als ein Angriff gegen sie alle angesehen wird." In diesem Fall seien die Vertragsparteien verpflichtet, Beistand zu leisten, „indem jede von ihnen unverzüglich für sich und im Zusammenwirken mit den anderen Parteien die Maßnahmen, einschließlich der Anwendung von Waffengewalt, trifft, die sie für erforderlich erachtet, um die Sicherheit des nordatlantischen Gebietes wiederherzustellen und zu erhalten."

Die NATO bewertete die Angriffe vom 11. September 2001 also nicht als territorial begrenzte Anschläge einer regional operierenden Gruppe, sondern als schweren kriegerischen Angriff gegen die Nordatlantische Allianz. Die Staaten in Europa hatten vor allem nach den Anschlägen von Madrid die Haltung eingenommen, die sechzig Jahre zuvor der amerikanische Präsident Franklin D. Roosevelt nach dem japanischen Angriff auf den Flottenstützpunkt Pearl Harbor auf Hawaii vertreten hatte, als er das vernichtende Bombardement des US-amerikanischen Hafens als „Tag der Schande" bezeichnete.

Europa und die USA – ist ein gemeinsamer Weg gegen den Terror möglich?

Die meisten EU-Staaten hatten Bedenken, die amerikanische Militäraktion gegen Saddam Hussein und damit gegen den Irak, rückhaltlos zu unterstützen. Der Grund dafür lag in den eher vagen Behauptungen der USA und Großbritanniens, dass Saddam Hussein am internationalen Terrorismus beteiligt sei und des Weiteren über ein Arsenal an Massenvernichtungswaffen verfüge. Ronald Dannreuther, Dozent an der Universität Edinburgh, verwies darauf, dass Saddam Husseins Entscheidung, die USA öffentlich anzuprangern und gleichzeitig den Taten bin Ladens zu applaudieren, ihn und damit den Irak direkt in den Konflikt mit den USA hineinmanövriert hätten. Der Iran hingegen hatte sich anfänglich etwas vorsichtiger verhalten und sich – jedenfalls offiziell – von den Anschlägen distanziert. Das war, bevor der seit August 2005 amtierende Präsident Mahmud Ahmadinedschad immer wieder neuen ideologischen Zündstoff beibrachte.

Er wolle eine eigene Nukleartechnik aufbauen und forderte deren freie Nutzung ein. Im Gegensatz zu den Vermutungen vieler bekräftigen iranische Offizielle, nur nach einem zivilen Atomprogramm zu streben. Da sich Ahmadinedschad in Verhandlungen alles andere als offen präsentierte, bemühten sich die europäischen Länder in zunehmendem Maße, eine moderatere Rolle innerhalb des transatlantischen Bündnisses zu spielen. Sie riefen die USA immer wieder zu multilateralen Gesprächen auf, statt sich mit einseitigen Debatten zu begnügen. Dies führte letztlich dazu, dass Europa im Atomstreit mit dem Iran die Führungsrolle in den Verhandlungen übernehmen konnte.

Ich meine konstatieren zu können, dass die Mitgliedstaaten der EU angesichts der zunehmenden islamistischen Bedrohung ihre Haltung grundlegend verändert und die gesetzlichen Möglichkeiten zur Terrorbekämpfung ausgeweitet haben. Hierfür nahmen sie auch in Kauf, dass ihre Bürger mit Einschränkungen im Alltag belastet werden. Es wurden sogar umfassende Debatten um die Präsenz religiöser Symbole in öffentlichen Ämtern geführt. Diese entzündeten sich an der Forderung muslimischer Frauen, im öffentlichen Dienst ein Kopftuch tragen zu dürfen. Das Tragen des Tuchs wurde jedoch von vielen nicht als Teil einer religiösen Tradition, sondern als Ausdruck einer bestimmten politischen Ideologie interpretiert, die der Neutralität des Staats in Sachen Religion entgegenstehe. Noch schärfer fielen die Reaktionen auf die Burka aus. In Deutschland wurden im Frühjahr 2006 zwei Schülerinnen, nachdem sie mit der Burka in die Schule gekommen waren, vom Unterricht ausgeschlossen. Die eine Schülerin verließ daraufhin die Schule, die andere entschied sich, ihren Umhang gegen ein Kopftuch und ein bodenlanges Gewand einzutauschen. In den Niederlanden hatte schon 2004 ein Gericht entschieden, dass der Ausschluss zweier muslimischer Frauen, die in Burkas gekleidet an der Hochschule erschienen waren, rechtmäßig gewesen sei. Die Frauen sollten zu Kinderkrankenschwestern ausgebildet werden. Das Gericht unterstützte damit die Hochschule, die die Ansicht vertrat, dass ein Kind seine Pflegerin sehen können müsse. Im Kreuzfeuer der Kritik und im Auge der Verfassungsschutzbehörden Europas befanden sich in zunehmendem Maße auch der Islamunterricht in Koranschulen und muslimischen Einrichtungen sowie diverse islamistische Gruppen. So entschied sich die deutsche Regierung 2003, die 1953 von einem Mitglied einer Bruderschaft in Jordanien gegründete islamistische Vereinigung „Hizb ut-Tahrir al-Islami" (Partei der Befreiung) zu verbieten. In Deutschland war die Organisation überwiegend an Universitäten aktiv gewesen. Ihre Schriften und ihre Homepage verbreiteten antijüdische, antiisraelische und antiwestliche Positionen. Sie riefen zum Judenmord und generell zum Dschihad auf. Der damalige Innenminister Otto Schily verbot den deutschen Ableger dieser Organisation mit der Begründung: „Die ‚Hizb ut-Tahrir' missbraucht die freiheitliche Rechts- und Staatsordnung in Deutschland, um Gewaltpropaganda und antijüdische Hetze zu verbreiten." Anhänger dieser militanten Vereinigung gaben deutlich zu erkennen, dass sie ihre Aktivitäten in Deutschland fortzuführen gedachten.

All diese Geschehnisse beeinflussten auch die Diskussion um den Beitritt oder die Assoziierung der Türkei in die EU. Frits Bolkestein, Beauftragter für den EU-Binnenhandel, meinte sogar, dass eine Aufnahme der Türkei in die EU der Aufhebung des Sieges über die Türken vor Wien gleichkomme. Bolkestein zog zwar ein Ereignis von vor 300 Jahren heran – aber nichtsdestoweniger sprach er wohl vielen EU-Bürgern aus dem Herzen und redete vielen Stammtischlern nach dem

Mund. Die Türkei ist zwar eine Republik, in der Religion und Staat getrennt sind, doch gerade dort ist eine zunehmende Islamisierung festzustellen, gegen die sich seit 2007 große Teile der Bevölkerung wortstark und mit Massendemonstrationen wehren.

Nach der Aufhebung des Kalifats 1924 hatte die Türkei stets eine Zwitterrolle in der arabischen Welt eingenommen. Seit einigen Jahren bestehen jedoch auch freundschaftliche Beziehungen zum Staat Israel, und es findet ein wirtschaftlicher Austausch statt. Die Türkei ist Wasserlieferant Israels, und viele Israelis lieben das Land als Ferienparadies. Trotz des gemäßigten Islamismus der Türkei ist ihre Allianz mit den USA im „Krieg gegen den Terror" für Israel Garant dafür, einen zuverlässigen Partner in der muslimischen Welt gefunden zu haben. Die zwar als gemäßigt geltende, aber trotzdem dezidiert islamistisch geprägte Partei „Gerechtigkeit und Aufschwung" (AKP) hatte im Juli 2002 die Mehrheit im türkischen Parlament errungen. Dennoch musste sich Ministerpräsident Erdogan trotz der zunehmenden politischen Einflussnahme von Islamisten im eigenen Land mit dem Terror von Al-Qaida auseinandersetzen, denn 2003 erschütterten mehrere Anschläge auch Istanbul. Am 15. November sprengten sich Selbstmordattentäter dort vor zwei Synagogen in die Luft; am 20. November kam es zu Bombenanschlägen vor einer Bank und dem britischen Generalkonsulat. Wie der Weg der Türkei in Zukunft aussehen wird, ist nicht zu prognostizieren, zumal nach dem Wahlsieg des türkischen Staatspräsidenten Abdullah Gül im Herbst 2007 seine Ehefrau mit Kopftuch auftritt. Vielleicht kann die Entwicklung der Türkei durch eine intensivere Westbindung nachhaltig beeinflusst werden.

Inwieweit die USA und die EU Alliierte sein und bleiben können, hängt gerade in Europa auch immer von der nationalen und der europaweiten Strategie ab – nicht zuletzt aber auch von der öffentlichen Meinung.

Frankreich: Versäumnisse und neue Herausforderungen

Das Verhältnis Frankreichs zur muslimischen Welt ist durch eine wechselseitige Anziehung und Abstoßung getragen. Diese besondere Beziehung begann bereits mit der Schlacht von Poitiers 732 und dem Zurückdrängen der Araber durch Karl Martell. Das Aufeinanderprallen beider Kulturen setzte sich während der Kreuzzüge fort und war auch unter Napoleon, der 1798 die französischen Revolutionstruppen in Ägypten zum Sieg führte, prägend. Als Herrscher über Ägypten führte der spätere Kaiser einerseits Reformen ein, andererseits wurden vonseiten der Franzosen der muslimischen Religion und Kultur Achtung gezollt.

Als es darum ging, zu Zeiten der Kolonialisierung Afrika zu „erobern", wollte auch die französische Regierung so viele Regionen wie möglich in ihren Einflussbereich bringen. So gerieten zwischen 1830 und 1911 Tunesien, Algerien und Marokko unter französische Herrschaft. Zudem hatte Frankreich nach dem Ersten Weltkrieg ein bis 1944 bestehendes Protektorat über Syrien und den Libanon inne, das bis 1939 sogar die Region um Iskenderun in der heutigen Türkei einschloss. Die Faszination Orient einerseits und die Modernisierung durch westliche Einflüsse andererseits gingen Allianzen ein, die Frankreich nachhaltig prägten und bis heute die besondere Affinität der Grande Nation den arabischen Staaten gegenüber auszeichnet. Dies wird nicht zuletzt immer wieder in Frankreichs skeptischer Haltung gegenüber der amerikanischen Politik im Nahen Osten deutlich, zumindest bis zur Wahl Nicolas Sarkozys im Jahr 2007.

Die gemeinsame Geschichte ist allerdings nur die eine Seite der Medaille. Die andere ist geprägt von schmerzlichen Erfahrungen durch islamistischen Terror – auch ein Erbe aus den Tagen, als Algerien noch zu Frankreich gehörte. Mit den Befreiungsbewegungen in Nordafrika musste sich Frankreich gewaltsam auseinandersetzen und reagierte mit genauso brutalen

Gegenmaßnahmen. Diese Spirale des Terrors schraubte sich immer weiter in die Höhe. Die Ablösungsbestrebungen Algeriens von der Grande Nation kosteten viele Menschenleben und verursachten Wut und Hilflosigkeit auf beiden Seiten, was sich auch in der Gründung militanter Organisationen auf französischer Seite niederschlug. Erst durch die Entlassung Algeriens in die Unabhängigkeit 1962 hatten die tödlichen Kämpfe ein Ende. Seit das Militär 1992 den Islamisten nach deren Wahlsieg den Weg zur Machtübernahme versperrt hat, kommt es jedoch in diesem nordafrikanischen Staat immer wieder zu islamistischen Terroraktionen und Mord.

Auch Frankreich selbst erlebte bereits, insbesondere nach der Studentenrevolte, also zwischen 1972 und 1987, eine Welle der Gewalt. Nach 1979 war vor allem die „Action Directe", die mit Sprengsätzen und Maschinengewehrsalven gegen die verhassten Symbole von Kapitalismus und Staat vorging, für terroristische Aktivitäten verantwortlich.

In Frankreichs Medien kam die erste Reaktion auf den 11. September 2001 von Jean-Marie Colombani in *Le Monde:* „Wir sind alle Amerikaner", und bezeichnenderweise war der erste ausländische Politiker, der in Washington nach 9/11 empfangen wurde, Präsident Chirac. Doch bereits wenige Monate nach dem Einsturz der Zwillingstürme in New York begannen sich die Beziehungen zwischen den beiden Staaten zu verschlechtern. Frankreich beschuldigte die USA – und vor allem den amerikanischen Präsidenten – des „übersteigerten Machtanspruchs" (Hyperpuissance). Dieser Vorwurf war gleichsam eine erste Ankündigung der französischen Opposition zur amerikanisch geführten Militäraktion im Irak.

Die Vorbehalte der Franzosen waren jedoch nicht unbedingt eine prinzipielle Opposition gegen amerikanische Initiativen oder Führungsansprüche. Letzten Endes waren ja die Franzosen 1991 bereit, sich im Krieg gegen Saddam Hussein den Amerikanern anzuschließen. Nach der Befreiung Kuwaits von den irakischen Invasoren wollten die Franzosen Saddam Hussein sogar noch weiter und hin bis zu seinem Sturz bekämpfen. 10 000 französische Soldaten waren die einzigen Bodentruppen unter den Alliierten, die tatsächlich auch irakischen Boden betreten haben. Sie wurden von dem amerikanischen Oberbefehlshaber der Alliierten zurückbeordert. Für die Franzosen gab es einen entscheidenden Unterschied zwischen dem Verhalten des amerikanischen Präsidenten George Bush im Jahr 1991 und dem seines Sohnes, Präsident George W. Bush, im Jahr 2003. Vater Bush und sein Außenminister James A. Baker haben sich bemüht, eine Allianz der Ebenbürtigen gegen Saddam Hussein aufzubauen. Fast alle arabischen Länder einschließlich Syrien haben infolgedessen an der von den USA geführten Allianz gegen Irak teilgenommen. Die Europäer und besonders Frankreich und England wurden von den Amerikanern nicht nur als verantwortliche Verbündete behandelt, sondern konnten sogar an den Entscheidungsprozessen teilnehmen. Im Gegensatz dazu behandelte George W. Bush seine Alliierten als Vasallen der USA, die ihm im Hinblick auf den Krieg in Afghanistan, vor allem aber im Irak gehorsam folgen sollten. Die Engländer haben sich schon seit dem Zweiten Weltkrieg mit der Position des Vasallen der USA abgefunden. Von den Franzosen kann man das nicht sagen. Es gab aber auch eine sachliche Überlegung, die das Verhalten vieler Europäer und besonders der Franzosen bestimmt hat. Die amerikanische Propaganda bzw. die amerikanische Begründung des Krieges erschien vielen Europäern nicht glaubwürdig. Die Europäer glaubten weder an die These der Entwicklung irakischer Atomwaffen noch an die Verschwörung Saddam Husseins mit Al-Qaida oder anderen islamistisch-fundamentalistischen Gruppierungen. Viele in Europa dachten ganz im Gegenteil, der Krieg gegen Saddam Hussein sei eine Ablenkung vom richtigen Krieg, den man gegen den anschwellenden Weltterrorismus führen sollte. Der enorme militärische und wirtschaftliche Aufwand, der dem

Krieg gegen Saddam Hussein gewidmet werden sollte, würde dem Krieg gegen den Terror fehlen.

Offene Kritik an den USA sei aber, laut warnenden Stimmen im Land, keine Garantie für eine Abwehr islamistischer Aktivitäten auf französischem Boden. Der Terror werde auch Frankreich nicht verschonen. Bestes Beispiel sei die in Algerien ansässige radikale „Salafistische Gruppe für Gebet und Kampf" (GSPC), die dem Netzwerk von Al-Qaida zuzurechnen ist. Sie verkündete in einem Statement: Der französische Staat „ist unser größter Feind, und der einzige Weg, Frankreich zu disziplinieren, sind der Dschihad, unsere Märtyrer und der Islam."

Die Antwort der Franzosen auf die weltweite Krise nach dem 11. September zeigt ganz offen, wie zweigleisig die Politik eines Landes in solch einer komplizierten Situation verlaufen kann: Auf der einen Seite machten die französischen Politiker und Verantwortlichen der Sicherheitskräfte sehr deutlich, dass sie vorhätten, hart gegen Terroristen und Terrorismusverdächtige vorzugehen. Auf der anderen Seite versuchten sie, die große in Frankreich lebende muslimische Gemeinschaft zu besänftigen. Das radikale Potenzial aber wurde nicht in seinem ganzen Umfang erkannt. Die Ausschreitungen in den Vorstädten Frankreichs 2005 und 2006 sowie der Mord an einem jüdischen Franzosen 2006 wurden zunächst als Ausdruck von Wut und Vernachlässigung muslimischer Jugendlicher interpretiert.

Doch schon bald entstanden bereits Debatten darüber, in welchem Maße die französische Gesellschaft Diskriminierung fördere und ob die laizistische Politik doch falsch sei. Der damalige französische Außenminister Philippe Douste-Blazy war der Meinung, dass Frankreich selbst durch seine Politik und die mangelhafte Integration der Menschen die Banlieues, also jene Viertel, in denen die meisten Einwanderer leben, zu Keimzellen islamischen Extremismus gemacht hätte. Während wochenlanger Ausschreitungen wurde die janusköpfige Strategie der französischen Regierung offenkundig. Sie rief zur Integration der Muslime in Frankreich auf, und gleichzeitig wurden die nationalen Sicherheitskräfte angehalten, gegenüber Gesetzesbrechern und Randalierern eine unnachgiebig harte Linie zu fahren. Sie traf jedoch vor allem die muslimische Bevölkerung, sodass durch diese Erfahrungen islamische Kreise immer mehr an der Integrationsidee des Staates zu zweifeln begannen.

Die zentralen Werte der Demokratie wie Pluralismus und Liberalismus wurden durch die weltpolitischen Entwicklungen einer schweren Prüfung unterzogen. Es ist nicht von der Hand zu weisen, dass 9/11 und die Vorkommnisse in Madrid, Istanbul und London trotz der Meinungsverschiedenheiten zwischen Frankreich und den USA dazu beigetragen haben, die Haltung der Franzosen gegen die Ausweitung des radikalen Islam zu verschärfen; immerhin lebt die größte muslimische Gemeinschaft Europas unter ihnen.

Das französische Antiterrorprogramm beruht auf zwei Eckpfeilern: Zum einen sollen Präventivmaßnahmen die Bevölkerung vor terroristischen Übergriffen schützen. Ihnen liegt der sogenannte Vigipirate-Plan zugrunde, der 1978, wenige Jahre nach der ersten Terrorwelle, verabschiedet worden war. Was genau darin festgelegt wurde, ist bis heute unter Verschluss, doch es wird davon ausgegangen, dass dort eine Mobilisierung des Militärs und aller Polizeikräfte zu Sicherheitszwecken verankert ist. Vigipirate autorisiert vermutlich die Regierung, die französische Armee zusammen mit speziellen nationalen und städtischen Polizeieinheiten einzusetzen, um gegebenenfalls die Öffentlichkeit zu schützen und die allgemeine Ordnung wiederherzustellen. Dieser Plan bestimmt, dass nachrichtendienstliche Informationen weiterhin der Police Judiciaire und dem französischen Geheimdienst zugespielt werden. Dies wiederum hat zur Folge, dass weder Polizei noch Armee zentrale Funktionen übernehmen sollten oder könnten. Police Judiciaire und Geheimdienst würden demnach nahezu uneingeschränkt agieren. So mobilisierte Frankreich aufgrund von Vigipirate konsequenterweise nur wenige Stunden nach den Angriffen vom 11. September 4500 Polizisten und Soldaten, um potenziell gefährdete Ziele zu schützen. Innerhalb kürzester Zeit standen die Métro, Flughäfen, Einkaufszentren und Kaufhäuser unter Bewachung. In Paris setzte die Regierung 6000 zusätzliche Kräfte ein und stellte alle Regionen des Landes unter Alarmbereitschaft.

Der zweite Eckpfeiler bezieht sich auf juristische und legislative Schritte. Ein Gesetz aus dem Jahr 1905 legte bereits die Trennung von Religion und Staat fest. Weder jüdische noch muslimische oder Organisationen anderer Minderheiten werden demnach kontrolliert. Erst in den späten 1980ern, nach der ersten Erfahrung mit radikalen Kräften, entschied sich Frankreich, seine Haltung des laissez-faire gegenüber dem Islam nach und nach aufzugeben und ein ausgewogenes Konzept zwischen offizieller Kontrolle durch den Staat und Selbstregulierung des muslimischen Glaubens zu entwickeln. Dadurch, so hoffte man, werde einer weiteren Radikalisierung des Islam in Frankreich Einhalt geboten.

Welche Diskrepanzen jedoch auch weiterhin innerhalb der französischen Gesellschaft bestehen, wurde der politischen Elite bei einem Fußballspiel am 6. Oktober 2001 bewusst. Vor dem Anpfiff des Spiels zwischen Frankreich und Algerien im *Stade de France* in Paris wurde die französische Nationalhymne, die Marseillaise, von muslimischen Zuschauern mit Buhrufen und Pfiffen kommentiert. Einige Minister und der französische Staatspräsident, die das Spiel verfolgten, sahen sich bei Verlassen des Stadions einem Bombardement von Plastikflaschen ausgesetzt, und Arbeitsministerin Elisabeth Guigou wurde sogar verletzt. Dieses Ereignis veranlasste die französischen Behörden, umgehend neue Richtlinien zur Aufnahme und Integration von Muslimen in die französische Gesellschaft zu erarbeiten. Leider kam es nicht zur erwarteten positiven Reaktion. Vor allem nach dem Kopftuch-Verbot für Mädchen und Frauen an Schulen und in öffentlichen Einrichtungen gaben muslimische Geistliche und Vereinigungen äußerst negative Erklärungen ab. Dadurch wurde deutlich, dass eine Trennung von Staat und Religion nicht von allen mitgetragen wurde, obgleich sie in Frankreich lebten und damit die Grundlagen des Staates zu achten hatten. Ayman al Zawahiri hetzte als Stellvertreter bin Ladens in einer Botschaft an die Welt gegen den französischen Laizismus und sah darin erneut einen „Beweis des Hasses der Kreuzfahrer gegen die Muslime".

Nicht nur der 11. September 2001, sondern auch jene Ereignisse im eigenen Land führten letztlich dazu, dass nunmehr Telefon- und E-Mail-Aufzeichnungen von den Anbietern drei Jahre gespeichert werden müssen und die Polizei ohne eine besondere Erlaubnis unbegrenzten Zugriff auf diese Daten hat. Seit dem 9. Juli 2005 verfügt Frankreich zudem über eigene Grenzpatrouillen, die laut Schengener Abkommen allerdings nur in außergewöhnlichen Situationen aktiv werden können. Darüber hinaus akzeptierten die Franzosen eine multilaterale Strategie zur Bekämpfung des Terrorismus, was der damals amtierende Ministerpräsident Dominique de Villepin folgendermaßen kommentierte: „Der einzig effektive Weg und der einzige Weg, dem Geschick und der Tarnung der Terroristen etwas entgegenzusetzen, ist entschlossene Zusammenarbeit." Teil dieser Strategie ist die Veröffentlichung von Daten – eine bisher noch nie verwendete Maßnahme. Die Regierung entschied, eine französischsprachige Website zu installieren, auf der in einer Datenbank Terroranschläge aus der Vergangenheit aufgelistet und analysiert werden. Hier wird auch aufgezeigt, wie in Zukunft mit Anschlägen und Terroristen umgegangen werden sollte.

Die Herausforderung, die sich der französischen Politik, angesichts der dort lebenden, im Vergleich zu anderen EU-Staaten enorm großen muslimischen Gemeinde stellt, ist gewaltig. Die Franzosen müssen deshalb unbedingt – und zwar rasch – ein neues Programm erarbeiten, um es den französischen Muslimen zu ermöglichen, sich in die Gesellschaft zu integrieren und deren grundlegende Werte zu akzeptieren. Ansonsten werden wir zusehen müssen, wie sie sich das Muster der islamischen Extremisten zu eigen machen werden.

Nachdem Nicolas Sarkozy 2007 die Wahlen gewonnen hatte, nahm die Beteiligung der französischen Behörden im Kampf gegen den islamistischen Terrorismus an Effizienz und die Zusammenarbeit nicht nur mit den anderen Europäern, sondern auch und vor allem mit den Amerikanern an Intensität zu. Gleichzeitig bemüht sich die französische Regierung auch, verstärkt in die Integration der moslemischen Minderheiten in Frankreich zu investieren. Letzten Endes wurde keiner so unmittelbar und persönlich mit dem Problem der nicht integrierten islamischen Jugend in Frankreich konfrontiert wie der ehemalige Innenminister Sarkozy. Zwei junge Frauen nordafrikanischer Abstammung und moslemischen Glaubens wurden als Ministerinnen in die neue Regierung berufen. Rachida Dati wurde Justizministerin, Fadela Amara Ministerin für Urbanismus und Stadtentwicklung. Sie sollen sich mit dem Integrationsproblem auseinandersetzen. Angesichts des großen Ehrgeizes Sarkozys, in Frankreich in vielen Bereichen Reformen durchzusetzen, darf man die Hoffnung wagen, dass sich auch im Bereich der im Stich gelassenen moslemischen Jugend in Frankreich etwas verbessern wird.

Deutschland: zwischen Verweigerung und Solidarität

Ost- und Westdeutschland sind seit 1990 wiedervereint, und die Bundesrepublik ist heute der bevölkerungsreichste Staat der EU. Das tragische Erbe des Ersten und Zweiten Weltkriegs prägt auch heute noch die Haltung des Landes in Bezug auf seine Politik der Terrorbekämpfung. Die Angst, durch eine rigide Einstellung als undemokratischer Staat in Verruf zu geraten oder

Ausländerfeindlichkeit zu schüren, bewirkte, dass Deutschland lange Zeit sehr defensiv vorging. Als im Sommer 2006 Attentatsversuche auf Regionalzüge der Deutschen Bahn aufgedeckt wurden, verschärfte sich die Gangart gegenüber dem Islamismus jedoch auch hier. Trotzdem reagiert die deutsche Politik im Vergleich zu der Frankreichs noch immer moderat. Zwei Aspekte sind hierfür ausschlaggebend: Zum einen verabschiedete die Regierung Gesetze, die die Anschläge, wie sie durch den internationalen Terror neu auf den Plan traten, in ihrer Eigenart angemessen erfassen, adäquate Sanktionen vorsehen und somit die gerichtliche Aburteilung vereinfachen. Zum andern setzt man auf internationale Kooperation.

Am 12. September 2001, unmittelbar nach den Ereignissen in Amerika, sprach Bundeskanzler Gerhard Schröder dem amerikanischen Volk in einer bewegenden Rede das Mitgefühl der Deutschen und deren Anteilnahme aus. Er garantiere den USA, so der Kanzler damals, „uneingeschränkte Solidarität".

Deutschland war auch federführend, als es um die Zusammenarbeit in der internationalen Bekämpfung der von Al-Qaida ausgehenden Bedrohung ging. Außerdem bemühten sich Gerhard Schröder und sein Außenminister Joschka Fischer unmittelbar nach 9/11 um einen Dialog der Kulturen, genauer gesagt das Gespräch zwischen Muslimen und Christen. Ein Trialog, der auch Juden einbezieht, schien noch verfrüht. Das Ziel lautete, die gegenseitige Toleranz zu fördern und die interreligiösen Beziehungen zu verbessern. Dass sich ausgerechnet in Hamburg, also auf deutschem Boden, die Terrorzelle um Mohammed Atta gebildet hatte, um die Anschläge zu planen, war für Deutschland sicherlich mit ausschlaggebend dafür, so deutlich Partei zu ergreifen und erste Maßnahmen zu initiieren. Das Ideal einer multikulturellen und multireligiösen Gesellschaft, in der Integration, Emanzipation und gleichzeitiges Festhalten an individuellen kulturell-religiösen Wurzeln möglich sind, war lange Jahre zumindest politischer Konsens. Dennoch erkannte die deutsche Regierung nun, dass die moderate Haltung, die man anderen ethnischen und religiösen Gruppen gegenüber eingenommen hatte, überdacht werden musste.

Auch andere politische Grundlagen der Bundesrepublik gelangten, wie bereits während des Krieges in Ex-Jugoslawien, erneut auf den Prüfstand. Die Teilnahme der deutschen Bundeswehr an militärischen Operationen war zu erwägen. Der damalige Innenminister Otto Schily leitete nach 9/11 diverse Maßnahmen ein, um die innere Sicherheit zu stärken. Am 19. September 2001 verabschiedete der Deutsche Bundestag bereits das Sicherheitspaket I, das extreme religiöse Gruppierungen verbot und die Handlungsbefugnisse der deutschen Polizei erweiterte. So ist es ihr inzwischen erlaubt, des internationalen Terrorismus verdächtigte Personen mit Wohnsitz in Deutschland zu observieren und in dieser Angelegenheit zu verfolgen. Weitere Vereinbarungen wurden unter Innenminister Wolfgang Schäuble im Herbst 2006 und im Sommer 2007 getroffen, als bekannt wurde, dass neue islamistische Attentate in Planung gewesen waren. So wird nun, in Fortsetzung des „Paketes I", nach und nach unter anderem eine Datenbank mit Informationen über verdächtige Personen etabliert, auf die zumindest partiell nicht nur Nachrichtendienste, sondern auch die Polizei Zugriff hat. Die sich abzeichnende Überwachung von E-Mail-Verkehr, Telefonaten und Internetnutzung löste jedoch, ähnlich wie in den USA, umfassende politische und öffentliche Debatten um die bürgerrechtlichen Konsequenzen dieser Maßnahmen aus.

Der 11. September 2001 zeigte aber auch die zunehmenden Spannungen, denen sich die deutsche Diplomatie zumindest seit den 1990ern ausgesetzt sah. Begonnen hatte alles mit dem Krieg in Ex-Jugoslawien, der bewies, dass multilaterale Strategien und Entscheidungen einer genauen Prüfung unterzogen werden mussten, um alle Parteien zu integrieren und den unterschiedlichsten Ansprüchen zu genügen.

Die Bundesregierung hatte keine Einwände gegen den Krieg in Afghanistan, obwohl in Deutschland die Beteiligung der Bundeswehr an einem Kriegseinsatz aus verständlichen Gründen immer ein problematisches Thema ist. Infolgedessen bevorzugte die Bundesregierung, der Allianz logistische Unterstützung und der afghanischen Bevölkerung humanitäre Hilfe zu leisten. Eine komplizierte Situation entstand für die Bundesregierung im Jahr 2003, als sich die Bush-Regierung für den Krieg gegen Saddam Hussein entschied. Auffallend war die Bemerkung des Bundesaußenministers Joschka Fischer im Sicherheitsrat der Vereinten Nationen. Nachdem sein Kollege Colin Powell dem Sicherheitsrat „Beweise" für die irakischen Nuklearpläne wie auch für die irakischen Kontakte zur Al-Qaida unterbreitet hatte, erklärte Joschka Fischer vor der Öffentlichkeit: „Ich bin nicht überzeugt." Nicht nur aus diesem Grund, sondern auch aus historischen Gründen Kriege ablehnend, stand die deutsche Bevölkerung in ihrer Mehrheit hinter dem Bundeskanzler, als er den Amerikanern eine Absage erteilte. Die Israelis, die die Amerikaner in ihrem Irak-Vorhaben so leidenschaftlich unterstützt haben wie kaum ein anderer Freund Amerikas in der Welt, haben die Gegner des Krieges, so z.B. Frankreich, heftig kritisiert. Kanzler Gerhard Schröder wiederum stimmten sie zwar nicht zu, konnten Deutschland aber nicht zu sehr kritisieren. Wenn die Deutschen antimilitaristisch geworden sind und sich Kriegen widersetzen, ist das doch ganz genau das Ergebnis, das man sich nach dem Zweiten Weltkrieg gewünscht hat. So ist man Deutschland gegenüber eher zurückhaltend geblieben.

Großbritannien: ein verlässlicher Partner der USA

Die mit Al-Qaida in Verbindung gebrachten Terrorangriffe in London vom 7. Juli 2005 paralysierten die ganze Stadt. 54 Menschen und die Attentäter selbst starben, rund 700 Verletzte waren zu beklagen. Großbritannien musste sich einer umfassenden Diskussion über seine liberale, multikulturelle Haltung stellen. Die Selbstmordattentäter waren nämlich nicht aus einem anderen Land nach London gekommen. Es hatten sich vielmehr Nachkommen von Zuwanderern, also britische Staatsbürger, die in England zur Schule gegangen waren, in die Luft gejagt.

Die britische Haltung gegenüber dem Islam und den muslimischen Zuwanderern, von denen viele aus Pakistan stammen, hatte sich bereits seit dem 11. September um einiges geändert. Unter den 2998 Menschen, die bei den Anschlägen ums Leben kamen, waren 100 Briten. Obgleich diese Zahl im Vergleich mit den Toten japanischer oder australischer Herkunft relativ gering war, stellte 9/11 für Großbritannien doch einen Wendepunkt dar, gekennzeichnet durch die Erfahrung konkreter Verwundbarkeit.

Großbritannien war der erste Staat, der sich konsequent und unbeirrbar an die Seite der USA stellte, um den „Krieg gegen den Terror" auszufechten. Damit wurde auch eine aktive Beteiligung am Krieg in Afghanistan und im Irak unausweichlich. Diese Politik brachte dem bis Mitte 2007 amtierenden Premierminister Tony Blair auf lange Sicht im eigenen Land wie in der gesamten EU nicht nur von eingefleischten Kriegsgegnern oder Mitgliedern der Friedensbewegung, sondern quer durch die Parteienlandschaft viel Kritik und Spott ein. Sogar als Schoßhund Bushs wurde er bezeichnet. Die anscheinend unerschütterliche Allianz zwischen den USA und England ist aufgrund der besonderen Beziehungen dieser Länder zueinander historisch begründet. Allerdings wurde immer augenfälliger, dass es Blair kaum möglich war, sich in die Politik Washingtons in irgendeiner Weise einzubringen. Diese Bemerkung war vor allem den Neokonservativen geschuldet, die in den USA die Richtlinien der Politik im Alleingang festlegten.

Nach den Anschlägen in London entwickelte die britische Regierung weitreichende Pläne zur Terrorbekämpfung und zur

Eindämmung der Gefahr im eigenen Land, die sehr kontrovers diskutiert wurden. Angesichts des bis dato nicht erkannten Ausmaßes an islamistischem Radikalismus auf englischem Boden, der über Zeitungen, politische Gruppierungen und Hassprediger aktiv war, wurde überlegt, wie man in Zukunft die Einreise ausländischer Religionsführer und Asylbewerber, die dem Islam angehören, generell regeln könnte.

Nachdem am 21. Juli 2005 eine Serie missglückter Anschläge London erneut in Angst und Schrecken versetzte, gewannen die Pläne der britischen Regierung neuen Aufwind. Immerhin waren die Attentäter, die nach den Fehlzündungen ihrer Bomben kurze Zeit später verhaftet wurden, keine britischen Staatsangehörigen, sondern stammten aus Afrika und lebten als Asylbewerber oder im Flüchtlingsstatus in Großbritannien. Yasin Hassan Omar, einer der mutmaßlichen Attentäter, lebte sogar von Sozialleistungen des ihm so verhassten Staats.

Eine zentrale Idee der Blair-Regierung, die bis zu den Anschlägen auf erheblichen Widerstand gestoßen war, gewann nun an Boden: Eine Einreiseerlaubnis für muslimische Geistliche sollte ab jetzt mit einer Britishness-Prüfung verbunden werden. Überprüft wird dabei das Wissen über die englische Gesellschaft, politische wie gesellschaftliche Traditionen und die britische Geschichte. Bevor ein muslimischer Geistlicher die Erlaubnis erhält zu predigen und zu lehren, muss er also beweisen, dass er die Grundlagen der englischen Demokratie kennt und respektiert. Dieser Test zum „Leben in Großbritannien" war zunächst heftig umstritten, wird sich aber wohl in den kommenden Jahren durchsetzen. Demnach müssen Imame und andere hohe Geistliche binnen vier Jahren nach Einreise einen solchen Test ablegen.

Britische Antiterrorexperten haben nach dem besagten 7. Juli leider außerdem feststellen müssen, dass die herkömmlichen Methoden beim Aufspüren potenzieller Terroristen nicht länger greifen. Das gängige Profil hat sich mittlerweile geändert – der typische Terrorist, so wie man ihn bisher kannte, gehört der Vergangenheit an. Verschiedene Studien zeigten, dass die Initiative zur Rekrutierung und Radikalisierung junger Muslime typischerweise von einem Imam ausgeht. Er schickt „Talentsucher" aus, um junge geeignete Männer anzuwerben, die bereit sind, sich dem Dschihad zu verschreiben. Diese Schlepper stellen für die Behörden das größte Problem dar, weil sie in der Regel noch nicht auffällig geworden sind. Sie sind in Moscheen, Gefängnissen, Buchhandlungen, Fitnessstudios, Universitäten und sogar auf der Straße – wie beispielsweise in den Vorstädten Frankreichs erlebt – aktiv. Die radikalen Kundschafter des Dschihad wenden sich gezielt an Muslime, die ihre persönliche Situation als unbefriedigend und die Politik des Westens als nicht tolerierbar empfinden. Sie fühlen sich ungerecht behandelt und haben sich von der Gesellschaft, in der sie leben, entfremdet oder erst gar nicht integriert. Es handelt sich um junge Menschen, die sich nach Gemeinschaft, nach Gruppenzugehörigkeit sehnen. Armut oder wirkliche finanzielle Not spielen kaum eine Rolle. Der erste Kontakt des Talentsuchers mit dem potenziellen Kandidaten geschieht meist spontan – eine „zufällige" Begegnung, in der man ins Gespräch kommt. Die betreffende Person wird schießlich in einen islamischen Zirkel gelockt, in dem dann der Islamunterricht stattfindet und die Teilnahme an privaten Gebetsstunden und „speziellen" Predigten möglich ist. Zur Indoktrination werden Propagandamaterialien aus dem Irak, Tschetschenien und anderen Regionen eingesetzt, in denen der Dschihad gepriesen wird. Britische Sicherheitskräfte sind durch nachrichtendienstliche Erkenntnisse zu dem Schluss gelangt, dass Mohammed Sidique Khan, der Dienstälteste der Attentäter vom 7. Juli 2005, genau diese Methoden angewandt hat, um die anderen drei Mitstreiter – Jermaine Lindsay, Shehzad Tanweer und Hasib Hussain – zu rekrutieren. Auch die islamistische Vereinigung „Hizb ut-Tahrir al-Islami" (Partei der Befreiung) verfolgte diesen Weg zur

Mitgliederanwerbung in Dänemark und bis zu ihrem Verbot auch in Deutschland.

Großbritannien hatte in den Jahren vor dem 7. Juli 2005 aus verschiedensten Richtungen und von den unterschiedlichsten Staaten und Staatschefs mehr und mehr Kritik auf sich gezogen. Die Allianz mit den USA hatte nämlich nicht dazu geführt, dass die Briten auch innerhalb der eigenen Grenzen gegen radikale islamische Geistliche vorgingen. Im Gegenteil: In England fanden viele Unterschlupf und genossen stillschweigende Duldung. Vor allem die Lage in London – wie der spöttische Beiname „Londonistan" zeigt – wurde sehr ernst genommen. Denn die britische Hauptstadt besteht nicht nur aus der Downing Street Number 10, sondern ist auch der Hauptsitz vieler radikaler islamischer Gruppierungen und Imame, die von dort aus ihre Heimatländer attackieren und die Scharia fordern. Auch die Todesstrafe befürworten sie und hetzen nicht zuletzt gegen vermeintliche Verfehlungen ihres Gastlands oder der westlichen Politik.

Aufgrund der Kritik von außen und der Entwicklungen im Inneren haben sich mittlerweile die englischen Politiker entschieden, altehrwürdige liberale Prinzipien und Rechte nicht länger für unantastbar zu halten. Der Pluralismus sei nicht immer höchstes Gut. Vielmehr werde deutlich, dass die Folgen von 9/11 für alle westlichen Staaten einschneidend sind und vielleicht noch einschneidender werden. Nicht erst angesichts der im August 2006 in London noch rechtzeitig verhinderten Attentate auf mehrere Passagierflugzeuge, die wohl über dem Meer in die Luft gejagt werden sollten, unterstrich Blair einmal mehr, dass Terrorabwehr und -bekämpfung Großbritannien und die Welt in einer Weise herausforderten, die man bislang nicht kannte. Im November 2005 behauptete er sogar, dass zwischen den britischen Parlamentsmitgliedern und der Öffentlichkeit ein großer Unterschied in der Wahrnehmung terroristischer Bedrohung bestehe. Die politischen Akteure aber, die sich mal mehr, mal weniger an der Öffentlichkeit orientierten, seien deshalb schuld an den vehementen Kontroversen zwischen der Exekutive, der Legislative und der Judikative.

Die Auseinandersetzungen zwischen Parlament und Judikative bzw. Exekutive reichen bis Dezember 2001 zurück, als das britische Oberhaus drei zentrale Absätze der Antiterrorgesetze nicht verabschiedete: Es ging um den Straftatbestand bei Anstiftung zu kriminellen Handlungen und religiös motivierten Hasstiraden, die Ausweitung der Befugnisse des Verteidigungsministeriums, im Notfall auch außerhalb von dessen eigentlichen Aufgaben tätig werden zu dürfen, und um das Heranziehen von Telefon- und Internetaufzeichnungen seitens der Sicherheitsdienste und der Polizei – auch noch nach Jahren. Als die Regierung das Parlament auch noch ersuchte, die Haftdauer eines Verdächtigen auf 90 Tage zu verlängern, schlossen sich Abgeordnete völlig unterschiedlicher Parteien zusammen und schmetterten den Gesetzesentwurf schließlich ab. Die Justiz hat somit ihre Möglichkeiten immer wieder genutzt, um die Regierung mit ihren einzelnen Strategien im Kampf gegen den Terror in die Schranken zu weisen. Außerdem entschied 2004 das oberste englische Gericht, dass Aussagen unter Folter vor Gericht nicht anerkannt werden dürfen.

Die Niederlande: Früchte des Liberalismus?

Anders als Großbritannien, Frankreich und Deutschland haben die Niederlande in den vergangenen drei Jahrzehnten kaum Erfahrung mit dem Terrorismus machen müssen. Einige Anschläge in den 1970er-Jahren von Gruppen aus dem heutigen Südindonesien konnten das Land nicht in Angst und Schrecken versetzen. Deshalb waren die Geschehnisse am 11. September, die plötzlich auch in den offenbar so friedlichen, multikulturell geprägten Niederlanden Gräben aufrissen, wie ein Schock. Das öffentliche Auftreten radikaler Muslime war für die meisten

Niederländer unfassbar. Die ersten Morde und Drohungen konfrontierten die Menschen mit einer noch nie da gewesenen Situation. Zuerst geschah 2002 der Mord an dem rechten Politiker Pim Fortuyn, der von dem Tierschützer Volkert van der Graaf getötet wurde. Graaf fühlte sich womöglich unter anderem durch Fortuyns Aussage, der „Islam ist eine rückständige Kultur", dazu angestachelt. Dessen rechtskonservative Gesellschaftskritik forderte vor allem Anhänger einer multikulturellen Gesellschaft heraus. Nach seinem Tod schlossen sich Politiker aller Parteien zusammen, um das Attentat öffentlich zu verurteilen. Den wahrscheinlich islamistischen Hintergrund des Mörders vergaß man jedoch schnell, ebenso wie die Straßenkrawalle, die dem Mord folgten.

Die Niederlande schwiegen weiter zu den Themen „Einwanderung und Integration", von den kritischen Anmerkungen des aggressiv auftretenden Filmemachers Theo van Gogh einmal abgesehen. Seine brutale Ermordung am 2. November 2004 war offenbar unausweichlich. Diesmal war der Hintergrund eindeutig: Sein Mörder war der niederländische Staatsangehörige Mohammed Bouyeri, ein Bürger marokkanischer Herkunft. Er war in Holland geboren und aufgewachsen. Auslöser für den Mord war ein nach dem Drehbuch der muslimischen, ursprünglich aus Somalia stammenden niederländischen Parlamentsabgeordneten Ayaan Hirsi Ali entstandener Film. „Submission", so der Titel, ist eine Anklage gegen die Unterdrückung der Frauen im Islam. Verschleierte, ansonsten nackte Frauen, deren Körper Misshandlungsspuren aufweisen und mit Koransuren beschmiert sind, verdeutlichen die Problematik. Nachdem der Film im August 2004 im niederländischen Fernsehen ausgestrahlt worden war, häuften sich die Drohungen gegen den Filmemacher. Das Attentat selbst zeichnete sich durch außergewöhnliche Grausamkeit aus: Als van Gogh schon am Boden lag, durchschnitt ihm sein Mörder die Kehle und heftete ihm mit zwei Messern ein Bekennerschreiben an den Körper, das auch eine Morddrohung gegen Ayaan Hirsi Ali enthielt. Der Täter konnte rasch festgenommen werden. Er wurde im Juli 2005 zu lebenslanger Haft verurteilt.

Nach dem Mord an Theo van Gogh kam es in den Niederlanden zu Brandanschlägen auf islamische und daraufhin auch auf christliche Einrichtungen. Diese Unruhen entfachten in ganz Europa eine Diskussion über Einwanderung, den Islam, die mangelhafte Integrationspolitik sowie innerislamische Abgrenzungsstrategien gegen den Westen. Die Niederlande, die von sich gern das Bild einer weltoffenen und multikulturellen Gesellschaft vermitteln, sahen sich vor einem Scherbenhaufen stehen. Sie hatten offenbar weitaus mehr Gräben zu überwinden, als ihnen bewusst gewesen war. Nun wurde es Zeit, angemessene Instrumentarien zu entwickeln, um den Terrorismus von innen und außen zu bekämpfen oder diesem vorzubeugen. In Holland leben unter 16,2 Millionen Einwohnern rund 900 000 Muslime. Die niederländische Regierung will erreichen, dass von den Kindergärten bis zu den Schulen, von den Parteien bis zu allen anderen gesellschaftlichen Organisationen eine breite Integrationspolitik Minderheiten schützt. In den Niederlanden war man aus dem Traum der perfekt funktionierenden, liberalen Gesellschaft erwacht und hatte sich eingestehen müssen, dass das Land die Herausforderungen der Zuwanderung und des Islamismus nicht ernsthaft in Angriff genommen und zu sehr auf die selbstregulierende Wirkung von Toleranz vertraute. Die Konsequenz war nun ein neues Gesetz, das alle potenziellen Einwanderer dazu verpflichtet, einen Bürgertest abzulegen und die Kosten dafür zu tragen. Diese Werte- und Integrationsprüfung besteht aus einem zweistündigen Video, das sich die Einbürgerungs- und Immigrationskandidaten anschauen müssen. Der Film kostet rund 400 Euro, die dazugehörige Auswertung zusätzliche 75 Euro, sodass es wohl für die meisten Zuwanderer unerschwinglich sein wird, den Test zu machen. Der Film zeigt so alltägliche Szenen wie das Eröffnen eines Bankkontos oder die Registrierung bei einer Kranken-kasse, aber es werden auch Nacktbaden, Homosexualität und andere Themen, über die die Kandidaten nachdenken sollten, thematisiert.

Das Konzept führte jedoch zu herber Kritik und vielen Diskussionen. Während viele meinten, dass jene, die z. B. die liberalen Sexszenen nicht tolerieren wollen, „gleich draußen bleiben könnten", hielten andere wiederum solch eine Einstellung per se auch für diskriminierend. Zudem rief diese Maßnahme Karikaturisten und Kabarettisten auf den Plan. Sie wiesen pointiert auf den Umstand hin, dass auch strenggläubige Christen Homosexualität oder Sex vor der Ehe nicht guthießen und die USA und Europa deshalb wohl bald ohne Bürger dastehen würden, wolle man konsequenterweise alle hinauswerfen, die sich mit dem Film nicht hundertprozentig identifizieren könnten.

In der Antiterrorstrategie der Niederlande wurde eine Vielzahl von Maßnahmen anderer EU-Länder adaptiert. Der Finanzbereich bildet hier einen besonderen Schwerpunkt. Es soll verhindert werden, dass Terroristen Konten eröffnen oder Geldwäsche organisieren, um so ihre Anschläge zu finanzieren. Aufgrund des aufrüttelnden Berichts des Nationalen Gesundheitsrats (Nationale Gezondheidsraad), der konstatierte, die Niederlande seien absolut nicht für einen Angriff mit chemischen oder biologischen Waffen gerüstet, werden jetzt Präventivstrategien entwickelt, die in mancher Hinsicht sogar über die anderer Staaten hinausgehen. Doch damit wird nur ein Problem unter vielen in Angriff genommen.

Ayaan Hirsi Ali ist mittlerweile in die USA ausgewandert, und in den Niederlanden ist die Diskussion um Integration und Islamismus wieder in den Hintergrund getreten – fatalerweise, wie ich meine.

Dänemark und die Mohammed-Karikaturen

Der dänische Autor Kåre Bluitgen wollte Kindern den Islam über die Lebensgeschichte Mohammeds erklären, schrieb ein Buch und suchte für dieses Projekt Illustratoren. Gerade nach dem Mord an Theo van Gogh aber wagte sich kein Illustrator mehr an dieses Thema. Da der Islam zudem die Abbildung Allahs und, in den Augen radikaler Muslime, angeblich auch das Bildnis des Propheten verbietet, konnte er niemanden finden. Die meisten hatten einfach Angst vor Racheakten islamischer Fundamentalisten.

Flemming Rose, Kulturchef der größten, rechtskonservativen dänischen Tageszeitung *Jyllands-Posten,* schrieb, nachdem er von dem fehlgeschlagenen Kinderbuch gehört hatte, im Herbst 2005 zahlreiche Karikaturisten an und bat diese, sich mit dem radikalen Islam zu befassen. Von vierzig Zeichnern sandten zwölf ihre Karikaturen ein, die Ende September 2005 in einer Wochenendausgabe der Zeitung veröffentlicht wurden. Die provokanteste Skizze zeigte den Propheten mit einem Turban in Form einer Bombe. Auf einer anderen wurden verdutzte Selbstmordattentäter beim Eingang ins Paradies mit den Worten abgewiesen: „Uns sind die Jungfrauen ausgegangen." Wieder andere verspotteten in einer in die Zeichnung integrierten arabischen Schriftzeile aber auch die Motive der Zeitung. „Die Kulturredaktion der *Jyllands-Posten* ist ein Haufen konservativer Provokateure", hieß es da beispielsweise.

Protest regte sich jedoch nicht sofort, sondern erst auf Nachfrage von Journalisten. Fundamentalistische Imame in Kopenhagen und Århus zeigten sich entrüstet und meinten, die Karikaturen beleidigten „alle Muslime weltweit". Nun begann der Streit zu eskalieren. Im Oktober 2005 fand in Kopenhagen eine Demonstration gegen die vermeintliche dänische Islamophobie statt, die wiederum Rechtspopulisten auf den Plan rief: Dänische Muslime, die ihr religiöses Empfinden über das Grundrecht der Meinungsfreiheit stellen, seien Landesverräter, proklamierte die *Dansk Folkeparti,* die das Recht auf freie Meinungsäußerung gern nutzt, um ausländerfeindliche Propaganda loszuwerden. Imam Abu Laban, der sich im Zuge der Karikaturen selbst zum Sprecher der dänischen Muslime ernannt hatte, rief nun die Türkei, Ägypten, Syrien und Libyen dazu auf, zu intervenieren. Sie reagierten mit etlichen Protestbriefen an den dänischen liberal-konservativen Premierminister Anders Fogh Rasmussen. Dessen klare Antwort: In Dänemark nehme die Politik keinen Einfluss auf die Presse.

Im Dezember 2005 riefen die Organisation der Islamischen Konferenz und die Arabische Liga zum Boykott gegen Dänemark auf. Immer wildere Gerüchte, offensichtlich von fundamentalistischen dänischen Muslimen verbreitet, machten jetzt die Runde. Dies hatte zur Folge, dass die Jugendorganisation der pakistanischen islamistischen Partei Jamaat-e-Islami ein Kopfgeld auf die dänischen Karikaturisten aussetzte. Saudi-Arabien, Ägypten und Syrien, Länder, die selbst keine Meinungsfreiheit dulden, gerierten sich als Anwälte der „unterdrückten europäischen Muslime". Im Februar 2006 wurde der Streit zu einer handfesten Auseinandersetzung. Von Gaza bis Islamabad brannten dänische Botschaften, Vertretungen, Flaggen, und keiner hielt seinen Zorn gegen den Westen mehr zurück. Jedes Land, das im Rahmen der Berichterstattung die Karikaturen nachgedruckt hatte, wurde schließlich zur Zielscheibe. Die Protestierenden erklärten, es handele sich um eine „europaweite Provokation". Im Gazastreifen wurden die dänische und die norwegische Flagge sowie ein Foto des dänischen Ministerpräsidenten Rasmussen angezündet, und die Demonstranten forderten „Krieg gegen Dänemark, Tod den Dänen". Im Irak wurden die dort stationierten dänischen Soldaten von Islamisten für vogelfrei erklärt. Saudi-Arabien und Kuwait zogen ihre Botschafter aus Kopenhagen ab.

Die EU-Außenminister stellten sich zwar weitgehend hinter die dänische Position, wonach Regierungen nicht in die

Presse- und Meinungsfreiheit eingreifen, doch die Angst, dass sich der Flächenbrand ausweiten könne, war nicht zu übersehen. Nachdem dänische Waren in arabischen Ländern boykottiert wurden, schaltete Nestlé dort Anzeigen, in denen sich der Konzern von den Karikaturen distanzierte und darauf verwies, dass das Unternehmen kein dänischer Betrieb sei.

In London und Berlin, in Paris und Kopenhagen gingen Muslime auf die Straße. Offen oder verdeckt kam es während der Demonstrationen auch immer wieder zu Drohungen gegen alle weiteren europäischen Staaten und deren Politiker. Schließlich reiste Javier Solana als EU-Ratsvorsitzender in den Nahen Osten, um dem Islam Respekt und Anerkennung zu bezeugen. Linke wie konservative Intellektuelle aus der Europäischen Union und den USA aber beobachteten dieses Einknicken vor islamischem Extremismus sehr kritisch. Henryk M. Broder, Leon de Winter, Anne Applebaum, Jeffrey Gedmin und andere wiesen auf Folgendes hin: Im Juden- wie im Christentum hätten die Aufklärung, die Selbstkritik und der innerreligiöse Pluralismus dazu geführt, dass Karikaturen von Moses oder Jesus, vom Papst oder von Rabbinern zwar nicht immer die Gefühle der Gläubigen berücksichtigen, aber es sei klar, dass so etwas zu einer offenen Gesellschaft gehöre. Kein Christ und kein Jude würde deshalb Zeitungsgebäude anzünden oder Journalisten, Karikaturisten und Künstler bedrohen, die sich satirisch mit Religion und deren Vertretern auseinandersetzen.

Vielleicht sollte ich an dieser Stelle erwähnen, dass es auch im Judentum eigentlich verboten ist, den Menschen als Abbild Gottes oder sogar Jahwe selbst bildlich darzustellen. Und doch haben Aufklärung und Adaptionen an die moderne Welt dazu geführt, dass es heute auch jüdische Maler und Karikaturisten gibt. Es muss niemand über eine Karikatur lachen, die sich über Mohammed, Jesus oder Moses lustig macht, doch man muss akzeptieren, dass die Meinungsfreiheit und die Freiheit der Presse letztlich über einem religiösen Gebot stehen und stehen müssen.

Wohin steuert die EU?

Europa war aufgrund der eigenen Erfahrungen mit dem Terrorismus, der sich links- und rechtsextrem, aber auch nationalistisch präsentierte, auf die Folgen von 9/11 nicht gänzlich unvorbereitet. Bereits 1995 hatte sich die EU im Abkommen von Amsterdam auf die Aussage geeinigt, dass Terrorismus generell „eine Bedrohung der Demokratie" bedeute, und unterstrich schon damals die Notwendigkeit des „Kampfs gegen den Terrorismus".

Doch das Ausmaß der Angriffe auf die USA überstieg alles, was man bis dahin gekannt und erwartet hatte. Europa befand sich nach dem Fall der Mauer und des Eisernen Vorhangs infolge des Zusammenbruchs des Kommunismus gerade in einer Identitätskrise und suchte seinen neuen Platz, seinen Weg und seine Ziele in der Ära des Postkommunismus. Auf der anderen Seite waren nun neue Bündnisse und Kooperationen möglich, und der Liberalismus verhieß wieder Hoffnung auf eine gerechtere Welt.

Dann kam der 11. September 2001. Es folgten die Ereignisse in Madrid, London, den Niederlanden, der Karikaturenstreit, Bedrohungen in Deutschland, der Atomstreit mit dem Iran – und alle Hoffnung fand ein Ende. Mehr noch: Seit 2001 werden die liberalen Ideale einer eingehenden Prüfung unterzogen.

Die Bedrohung durch den radikalen Islam darf jedoch nicht zu einer Abschottung der westlichen Welt gegenüber anderen Kulturen führen. Gefördert wird eine solche Abgrenzung aber durch die Veröffentlichung von Zahlen, die dokumentieren, dass zwischen ein bis zwei Prozent der 23 Millionen Muslime, die in Europa leben, in extremistische Aktivitäten verwickelt sind. Wie viele Talentsucher oder potenzielle Islamisten es gibt, kann niemand mit Sicherheit sagen. Von den 660 Inhaftierten in Guantánamo allerdings stammten mehr als 20 aus sechs westeuropäischen Staaten, während aus den USA nur zwei Verdächtige gefangen gehalten wurden.

Ich bin der Meinung, dass eine friedliche Koexistenz der Kulturen nur auf einem gemeinsamen, für alle verbindlichen Fundament möglich ist. Die EU ist stolz auf das Erbe der Aufklärung, die demokratischen Werte sowie die Trennung von Staat und Religion, und verlangt zu Recht von ihren Mitgliedstaaten auch die Einhaltung dieser Prinzipien. Sie sollte die Akzeptanz dieser Grundsätze aber auch von allen in ihren Grenzen lebenden Bürgern einfordern. Während christlich-fundamentalistische Strömungen in den USA oder dortige Menschenrechtsverletzungen harsch kritisiert werden, ignorieren sie nämlich allzu oft, was vor ihrer eigenen Türe vor sich geht. Jene islamischen Kreise, die sich nicht auf die Grundwerte der europäischen Verfassung berufen, sondern die Gleichberechtigung von Mann und Frau missachten, Ehrenmorde zulassen oder nur für sich, aber nicht für die Gegenseite Meinungsfreiheit einfordern, sind als ideologische Gruppen und nicht als Glaubensgemeinschaften zu betrachten. Die EU muss dafür Sorge tragen, dass sich muslimische Immigranten und deren Organisationen vom Islamismus distanzieren und bereit sind, die demokratischen Prinzipien zu akzeptieren – ohne Wenn und Aber.

Die Finanzierung des Terrors

Am 24. September 2001 erklärte US-Präsident George W. Bush, dass Amerika in seinem konsequenten Vorgehen gegen Al-Qaida auch die Finanzquellen und Geldströme des Terrorismus ausfindig machen und zerschlagen werde. „Die USA", so Bush, „werden die Terroristen finanziell aushungern. Sie werden keine Gelder mehr auftreiben können, und wir werden sie gegeneinander ausspielen. Wir werden sie in ihren vermeintlich sicheren Verstecken aufspüren und sie der Justiz übergeben."

Die Vereinigten Staaten forderten in ihrer Entschlossenheit, auch die Finanzierung des Terrors nicht außer Acht zu lassen, und riefen die „Financial Action Task Force on Money Laundering" (FATF) dazu auf, sich dieser Aufgabe zu widmen. Sie ist der OECD (Organisation für wirtschaftliche Zusammenarbeit und Entwicklung) angegliedert und wurde während des G7-Gipfels in Paris 1989 gegründet. Mittlerweile gehören ihr 33 Mitglieder, darunter die OECD-Staaten sowie der Golfkooperationsrat und die Europäische Kommission an. Zentrale Aufgabe der FATF ist es, Methoden der Geldwäscher aufzudecken, Empfehlungen für wirksame Gegenmaßnahmen abzugeben und über weltweite Kampagnen solche Machenschaften anzuprangern. Die FATF verabschiedete 1990 die „Recommendations on Money Laundering", eine 40 Punkte umfassende Empfehlungsliste. Sie enthält potenzielle strafrechtliche Gegenmaßnahmen, Möglichkeiten zu umfassender polizeilicher Zusammenarbeit, Kooperationschancen im Finanz- und Bankbereich sowie Wege einer internationalen Zusammenarbeit auf politischer Ebene. Besondere Aufmerksamkeit erlangte in diesem Zusammenhang die erstmals im Juni 2000 veröffentlichte und danach jährlich aktualisierte Liste der bei der „Bekämpfung der Geldwäsche nicht kooperierenden Staaten" (Non-Cooperating Countries or Territories, den NCCTs). Da die FATF mit dem Internationalen Währungsfonds, der Weltbank, den Vereinten Nationen und zahlreichen regionalen Arbeitsgruppen kooperiert, drohten den NCCTs Sanktionen, falls sie ihre Haltung nicht ändern.

Infolge des 11. September 2001 wurde das Mandat der FATF nun um neue Empfehlungen zur Bekämpfung der Finanzierung des Terrorismus ergänzt:

1. Die Umsetzung eines internationalen Maßnahmenpakets zur Eindämmung von Geldflüssen zur Finanzierung des Terrors;

2. Eine entsprechende Gesetzgebung, in der die Finanzierung von Terrorismus eindeutig als kriminelle und strafrechtlich zu verfolgende Handlung definiert wird;

Dieser Forderung kamen sehr viele Länder rasch nach, darunter auch Saudi-Arabien.

3. Das Einfrieren von Konten inkl. Anlagen, Aktien usw. terroristischer Vereinigungen oder von Einzelpersonen, die den Terrorismus fördern;

4. Die Meldung von verdächtigen Konten oder Geldmitteln an zuständige Behörden seitens der Staaten, Unternehmen und anderer Organisationen, die im nationalen oder internationalen Rahmen tätig sind;

5. Weitere Vernetzung und Stärkung der internationalen Zusammenarbeit; vorliegende Informationen über verdächtige Gelder und bekannte Wege der Terrorfinanzierung sollten anderen Staaten zugänglich und untereinander austauschbar sein.

6. Die Registrierung und Lizenzierung von Einzelpersonen und Körperschaften, die auf dem Finanzsektor tätig sind;

7. Maßnahmen, mit deren Hilfe Banken und ähnliche Einrichtungen Informationen (beispielsweise Name, Adresse und Kontonummer) sowohl über den Absender von Transaktionen als auch über den Empfänger erhalten, weitergeben und speichern können;

8. Eine Befolgung dieser Richtlinien auch von gemeinnützigen Organisationen und Vereinen, weil sie zur Geldwäsche besonders geeignet und zugleich anfällig für solchen Missbrauch sind;

9. Die Überwachung des Grenzverkehrs, Devisenhandels oder von Geldtransporten in Bezug auf als Geldkuriere verdächtig erscheinende Personen – ganz gleich, ob es sich um eine Freihandelszone wie die EU handelt oder Grenzübergänge vorhanden sind.

Die NATO und die Bekämpfung des Terrorismus

Das nordatlantische Bündnis (North Atlantic Treaty Organization, NATO), 1949 unter dem Eindruck des expandierenden kommunistischen Macht- und Einflussbereichs gegründet, war jahrelang hauptsächlich eine Verteidigungs- und Abwehrorganisation. Mitte der 1980er übernahm sie wesentliche Funktionen bei Abrüstungsverhandlungen und war Motor bei der Annäherung von Warschauer Pakt und der westlichen Welt. Im Zuge ihrer Osterweiterung nahm die NATO 1999 und noch einmal 2004 insgesamt 10 neue Mitgliedstaaten auf. Seit Anfang des 21. Jahrhunderts unterhält sie auch Beziehungen zu Russland. Das dahinter stehende und bereits 1999 verabschiedete, strategische Konzept setzt verstärkt auf Konfliktprävention, Krisenmanagement und Abwehr von Terrorismus.

Angesichts der Terroranschläge vom 11. September sah sich die NATO jedoch zwangsläufig einem neuen Kapitel ihrer Geschichte gegenüber. Aber nicht erst der Beginn des „Kriegs gegen den Terror" und der Bekämpfung von Al-Qaida, sondern ihre unmittelbare Reaktion auf 9/11 bewies, dass die Organisation von nun an eine zentrale Rolle übernehmen würde. Sie konstatierte noch am gleichen Tag, dass die NATO einstimmig diese barbarischen Taten, die sich gegen einen ihrer Mitgliedstaaten richteten, verurteilte. „Dieses rücksichtslose Gemetzel, durch das so viele unschuldige Zivilisten zu Schaden kamen, stellt eine in keiner Weise zu rechtfertigende Gewalttat dar. Sie hat ein Ausmaß angenommen, wie es das moderne Zeitalter noch nicht gesehen hat."

Zum ersten Mal in ihrer mehr als 50-jährigen Geschichte sah sich die NATO nun mit einem Fall konfrontiert, bei dem eine gemeinsame Verteidigung gefragt war. In einer Pressemitteilung vom 12. September 2001 hieß es: „Sollte sich bewahrheiten, dass die Anschläge vom Ausland aus gegen die USA geführt wurden, so wird dies als Handlung verstanden, mittels derer Artikel 5 des Washingtoner Abkommens in Kraft treten würde (…). Die Verpflichtung zur gemeinsamen Selbstverteidigung war zuerst im Washingtoner Abkommen niedergelegt worden, aber die Umstände waren damals gänzlich andere als heute. Doch nichtsdestoweniger ist dieser Artikel heute noch immer rechtsgültig und relevant, solange unsere Welt von der Geißel des internationalen Terrorismus gepeinigt wird."

In dem besagten Artikel 5, Absatz 1 des NATO-Vertrags heißt es: „Die Parteien vereinbaren, dass ein bewaffneter Angriff gegen eine oder mehrere von ihnen als ein Angriff gegen sie alle angesehen wird (…)." In einem solchen Fall seien die Vertragspartner verpflichtet, Beistand zu leisten, „indem jeder von ihnen unverzüglich für sich und im Zusammenwirken mit den anderen Parteien die Maßnahmen, einschließlich der Anwendung von Waffengewalt, trifft, die er für erforderlich erachtet, um die Sicherheit des nordatlantischen Gebietes wiederherzustellen und zu erhalten."

Unter Berufung auf jenen Artikel 5 erklärte die NATO damit Al-Qaida gewissermaßen den Krieg. Für die USA war dies die einzig logische Konsequenz. Gleichzeitig wurde diese Haltung jedoch auch zur Ursache für das Zerwürfnis mit den europäischen Staaten, weil es hierbei schließlich auch um die aktive Beteiligung am Krieg in Afghanistan und im Irak ging. Allmählich wandelte sich die Rolle der NATO. Sie war im Begriff, sich von der seit den 1990ern bestehenden Allianz friedenssichernder Streitkräfte hin zur Trägerin einer Antiterrorarmee zu entwickeln. Einerseits musste sie einen Feldzug gegen eine nicht greifbare Macht antreten und andererseits zugleich Verteidigungsstrategien gegen jeden möglichen Angriff durch Al-Qaida und ihre Verbündeten aufstellen. Ihr Kampf gegen den internationalen Terrorismus begann im Dezember 2001. Die Verteidigungsminister der Mitgliedsländer baten die Militärbehörde der NATO (NMA), ein entsprechendes Strategiepapier zu erarbeiten, das schließlich auf der Gipfelkonferenz in Prag im

November 2002 von den Regierungen der einzelnen Staaten gebilligt und verabschiedet wurde. Unter dem Kürzel MCDAT (Military Concept for Defence against Terrorism) wurden einige zentrale Aufgaben der Allianz festgeschrieben, darunter der Antiterrorkampf durch Verteidigung, verbessertes Management, was die unmittelbaren Folgen angeht, und Strategien, die auf Offensivmaßnahmen sowie militärischer Kooperation beruhen. Aufgrund einiger Neueinschätzungen der Situation hat das MCDAT seitdem weitere Zusätze erhalten. Die NATO führte drei wesentliche militärische Operationen zur Verteidigung durch, um die Sicherheit ihrer Mitgliedstaaten zu verbessern: Zuerst fand die Aktion „Eagle Assist" statt, in deren Rahmen 13 NATO-Staaten den USA Flugzeuge zur Verfügung stellten, die als Airborne Warning and Control System (AWACS) bekannt sind. Diese AWACS-Flugkörper patrouillierten und sicherten den amerikanischen Luftraum, nachdem die USA große Teile ihrer Luftwaffe zwecks Kriegsvorbereitungen nach Afghanistan bzw. vorher in den Nahen Osten geschickt hatten. Zwischen Oktober 2001 und Mitte Mai 2002 wurden 360 Flüge der AWACS durchgeführt. Die zweite Aktion der NATO, „Display Deterrence", wurde infolge einer Bitte der Türkei um Beistand zum Schutz ihrer Bevölkerung und ihres Landes gegen islamistischen Terror gestartet. Gegen diese Operation wurde von Belgien, Deutschland und Frankreich Veto eingelegt. Die NATO aber sah die Türkei durchaus in einem Zustand der Gefährdung, und verschiedene Staaten stellten ihrem NATO-Mitglied Überwachungsflugzeuge und Raketenabwehrsysteme im Süden und Osten des Landes zur Verfügung. Die umfassendste Operation war jedoch „Active Endeavour", die am 26. Oktober 2001 begann. Involviert wurden alle ständigen Seestreitkräfte der NATO, die im Mittelmeer patrouillierten, Handelsschiffe überwachten sowie verdächtige Schiffe ausmachten und durchsuchten. Der von Al-Qaida vor der Küste des Jemen geplante und ausgeführte Anschlag auf den französischen Öltanker

„Limburg" im Oktober 2002 veranlasste die NATO, „Active Endeavour" auszuweiten und zivilen Schiffen der Mitgliedstaaten auf Anfrage Eskorten auf ihrem Weg durch die Straße von Gibraltar zur Verfügung zu stellen. Obwohl dieser Seeweg von immens hoher strategischer Bedeutung ist und ihn täglich mehr als 3 000 Handelsschiffe passieren, forderten bis März 2005 jedoch nicht mehr als 420 Schiffe die Eskorte an. Ob dies daran liegt, dass die Bedrohung nicht reell erscheint oder ob manche Schiffe lieber nicht den Kontakt zu den Alliierten der NATO suchen, weil sie selbst womöglich verdächtig sind, ist nicht auszumachen.

Des Weiteren ermöglichte „Active Endeavour" der NATO, ihre Kooperation in Sachen Sicherheit mit sieben Staaten am südlichen Mittelmeer und in Nahost zu vertiefen. Demzufolge gelang es ihr, Sicherheitsstrategien mit Algerien, Ägypten, Israel, Jordanien, Mauretanien, Marokko und Tunesien zu vereinbaren. Dieser Erfolg sei nach Aussage des 2004 amtierenden Generalsekretärs Jaap de Hoop Scheffer einzig und allein dem Charakter ihrer Organisation zuzuschreiben: „Die NATO ist die geeignete Institution, die gemeinsam getragene Antworten geben kann, die auf alle Herausforderungen zu reagieren vermag, die durch die Verbreitung von Massenvernichtungswaffen und das politische Versagen einzelner Staaten entstehen. Die NATO ist auch die Institution, in der gemeinsame Entscheidungen auch in gemeinsame Aktivitäten umgesetzt werden."

Der von bin Laden mehrfach wiederholte Wunsch oder auch die Feststellung, in Kürze Massenvernichtungswaffen zu besitzen, brachte die NATO dazu, eine von allen Mitgliedstaaten getragene Strategie zu entwickeln, wie im Falle eines Angriffs durch Al-Qaida reagiert werden solle. Zwischen dem 25. und 27. September 2002 fand im Trainingslager des russischen Ministeriums für Angelegenheiten des Bevölkerungsschutzes, außergewöhnliche Situationen und die Beseitigung von Katastrophenfolgen (EMERCON) in Noginsk ein Treffen statt.

Gemeinsam mit der „Euro-Atlantic Disaster Response Coordination Centre" (Euro-Atlantische Koordinierungszentrale für Katastrophenhilfe, EADRCC) und dem „Euro-Atlantic Disaster Response Unit" (Euro-Atlantische-Katastrophen-Reaktions-Einheit; EADRU) versuchten alle Beteiligten, ihre bestehenden Kapazitäten und Möglichkeiten untereinander abzustimmen, sollte es zu einem Angriff von Al-Qaida mit chemischen, biologischen oder radioaktiven Waffen kommen. Folgendes Szenario wurde durchgespielt: Ein Terroranschlag auf eine chemische Fabrik verursacht massenhaft Opfer (Tote und Verletzte). Die Umgebung ist kontaminiert, Kommunikations- und Infrastrukturen brechen zusammen, und es wird die Hilfe der internationalen Staatengemeinschaft benötigt. Die Erfahrungen und Lehren der NATO sowie der Staaten, die darüber hinaus im „Euro-Atlantic Partnership Council" (Euro-atlantischer Partnerschaftsrat; EAPC) zusammengeschlossen sind, sollten hierbei einbezogen werden. Neben der EAPC, zu der die Russische Föderation und zwölf weitere Staaten gehören, nahmen an diesem Manöver auch Armenien, Aserbaidschan, Weißrussland, Finnland, Moldawien, Norwegen, Polen, Schweden, die Ukraine, aber auch Österreich und Italien teil. Island, das über keine eigenen Streitkräfte verfügt, verpflichtete sich ausschließlich zu medizinischer Hilfeleistung.

Eine vergleichbar wichtige militärische Übung fand 2004 im russischen Kaliningrad statt. Diesmal wurden nationale, regionale und multinationale Vereinbarungen sowie zwischenstaatliche und innerhalb der verschiedenen Behörden existente Beziehungen überprüft, um während eines möglichen Terroranschlags gemeinsam rasch reagieren zu können. In diesem Manöver sollten bestehende Schwachstellen aufgespürt und die effektivsten Maßnahmen sowie Vorgehensweisen trainiert werden. Außerdem vereinbarten die NATO, die Russische Föderation und die EAPC weitere Übungen, um die geeignetsten Mittel zu entwickeln bzw. Regionen zu bestimmen, die dabei helfen würden, auf solche Notfälle zu reagieren. Rund 1 000 Mitarbeiter aus 22 Ländern der EAPC, internationalen Organisationen (darunter das UN-Büro zur Koordinierung humanitärer Angelegenheiten und die International Civil Defence Organization) sowie der EU nahmen an der Zusammenkunft in Kaliningrad teil. Angesichts des Umfangs und der Globalisierung der Terrorgefahr entwickelte die NATO hier eine multidimensionale Strategie, jeder nur möglichen Bedrohung ihrer Sicherheit entgegenzutreten und besondere Antiterrorkampagnen einzuleiten. Sämtliche Entscheidungen wurden von der gesamten Allianz mitgetragen.

Um den gewachsenen Anforderungen im Rahmen dieser speziellen militärischen und logistischen Aufgaben noch besser gerecht zu werden, wurde nach der Planungsphase, die auf dem NATO-Gipfeltreffen in Prag 2002 begann, am 15. Oktober 2004 offiziell die „Eingreiftruppe" der NATO (NATO Response Force; NRF) eingerichtet. Die NRF vereint Eliteeinheiten von beiden Seiten des Atlantiks und kann bereits jetzt als eine technisch bestens ausgerüstete, hochflexible Truppe bezeichnet werden. Sie ist darauf ausgerichtet, binnen weniger Tage an jedem Ort der Welt die komplette mögliche Bandbreite militärischer Operationen durchzuführen und bis zu 30 Tage lang autark im Einsatz zu bleiben. Diese Spezialarmee hat zurzeit eine Truppenstärke von 21 000 Mann und verfügt über Land-, See- und Luftstreitkräfte, die alle unter einem Kommando zusammengefasst wurden, welche durch den Nordatlantikrat (North Atlantic Council; NAC) koordiniert wird.

Der NAC ist das älteste politische Konsultations- und Beschlussgremium der NATO. Die ständige Präsenz, aber auch die stabile Anzahl von Eingreiftruppen basiert auf einem System, das die NATO-Staaten verpflichtet, der NRF in Rotation für jeweils eine Dauer von sechs Monaten Land-, Luft- und Seeeinheiten zur Verfügung zu stellen. Dem muss eine sechsmonatige Spezialausbildung vorangehen, damit die Soldaten auf ihre möglichen Aufgaben genügend vorbereitet sind. Somit verfügt die NRF über eine Bodentruppe in Brigadenstärke, die einen Einmarsch in ein beliebiges Land vornehmen könnte.

Die Seestreitmacht besteht aus der Besatzung für einen Flugzeugträger, einer Kampftruppe, die zu Lande und zur See einsetzbar ist, sowie Unterwassereinheiten. Die vierte Komponente der NRF ist die Luftwaffe, die imstande ist, 200 Kampfeinsätze pro Tag zu fliegen. Das letzte Element sind die sogenannten Spezialeinheiten für besondere Aufgaben. Die NRF ist damit eine äußerst anpassungsfähige, vielseitig einsetzbare Armee, die in der Lage ist, gezielte Operationen jeder Größenordnung durchzuführen. NATO-General James Jones, Oberbefehlshaber für Europa, erklärte: „Die Truppenharmonie gewinnt dadurch, dass die See-, Land- und Luftstreitkräfte unter einem Kommando stehen, und somit ist es uns möglich, auch über größere Distanzen hinweg zu operieren. Dies geschieht effektiver und erfolgreicher, als wenn in Notfallsituationen jeder für sich oder parallel agieren würde."

Die Attraktivität und Effizienz der NRF liegt darin, dass sie als multinationale Streitmacht nicht von einem einzigen Land dominiert wird und sich darüber hinaus die beteiligten Staaten über Strategien, Kampftechniken und Technologien austauschen und sie weiterentwickeln können. Damit werden sämtliche Parteien stets auf dem aktuellen Stand gehalten. Zudem sind all jene, die Bedenken gegenüber einer militärischen Dominanz der USA haben, in der Lage, den Einsatz der NRF mitzutragen, weil das Kommando durch politische Instanzen der NATO kontrolliert wird.

Drittens bedeutet das Verteilen von Verantwortung auch eine Entlastung für die bereits am Limit operierenden Armeen der einzelnen Mitgliedstaaten. Die NRF wurde bei Bedarf nämlich auch schon in Katastrophengebieten eingesetzt, beispielsweise nach dem verheerenden Hurrikan „Katrina", der im August 2005 die Region um New Orleans verwüstete. Angesichts der Versorgungsnotlage sowie offensichtlicher Fehler bei der Evakuierung und bei Hilfeleistungen war es zu heftiger Kritik gekommen, weil die US-Armee Tausende Nationalgardisten, die in solchen Fällen im eigenen Land einsatzbereit sind, in anderen Staaten im Kampf gegen den Terror eingesetzt hatte. Alabama, Louisiana und Florida standen ohne ausreichende Hilfe da; Ohio und Oklahoma entsandten daraufhin ihre Soldaten, und schließlich kamen auch Kräfte der NRF zum Einsatz.

General Jones erklärte, dass es bei den Aufgaben der NRF weniger um große militärische Präsenz als vielmehr um die Bereitstellung von ausgefeilter Technik und Spezialwissen durch eine dementsprechende Ausbildung der Soldaten gehe: „Die NATO wird in Zukunft nicht mehr über so große Einheiten verfügen, wie wir sie aus den Zeiten des Kalten Krieges kennen und wie sie damals notwendig waren, sondern auf bewegliche und hoch qualifizierte Truppen setzen. Diese sind in ständiger Bereitschaft und werden der Allianz dabei helfen, sich auf jede mögliche Bedrohung des 21. Jahrhunderts einzustellen und darauf angemessen zu reagieren."

Der Einsatz der NATO in Afghanistan zeigte sehr deutlich, dass ihre Mitgliedstaaten bereit sind, den „Krieg gegen den Terror" mitzutragen, und hierbei auch nicht vor militärischen Einsätzen zurückschrecken. Dennoch behält sich die NATO vor, über ihre jeweilige Beteiligung von Fall zu Fall neu zu entscheiden, auch wenn sie generell die Politik der USA unterstützt. Dies wurde bereits in den Auseinandersetzungen und Gesprächen, bevor die NATO-Truppen gemeinsam mit amerikanischen Streitkräften die Operation „Enduring Freedom" durchführten, offenkundig. „Enduring Freedom" findet in zwei Unternehmungen in Afghanistan und im Seegebiet am Horn von Afrika statt. Sie sollen unter anderem die instabile Lage der Anrainerstaaten stabilisieren helfen, auf See Piraterie und Waffenschmuggel unterbinden und generell als flankierende Maßnahme des Krieges gegen den Terror agieren.

Afghanistan ist das beste Beispiel für die Synergien internationaler Anstrengungen. Hier kooperieren 20 Staaten in verschiedensten Bereichen, auf militärischer wie auf zivilgesellschaftlicher Ebene. Sie alle verfolgen ein gemeinsames Ziel – die Taliban und das Terrornetzwerk Al-Qaida zu zerschlagen, ihr erneutes Erstarken zu verhindern und Afghanistan die Chance zu geben, sich zu einem Land zu entwickeln, das endlich im 21. Jahrhundert ankommen kann. Die Aufgaben sind wie folgt verteilt:

- Die amerikanischen Truppen mit rund 18 000 Mann konzentrieren sich auf die Suche, die Zerschlagung und Verhaftung von Taliban- und Al-Qaida-Einheiten.
- Die Armeen der NATO konzentrieren ihre Bemühungen auf die Stabilisierung der Sicherheitslage und den Wiederaufbau.
- Japan überwacht die Demobilisierung, die Entmilitarisierung und die Wiedereingliederung des Landes in die Weltgemeinschaft.

Darüber hinaus sind zahllose von NGOs (Nicht-Regierungs-Organisationen) in Afghanistan aktiv, die sowohl in den Bereichen Erziehung, Gesundheit, Soziales und Justiz als auch in Fragen der Gleichberechtigung von Frauen unglaubliche Anstrengungen unternehmen, um der durch den Krieg zerstörten Region neue Perspektiven und einen Eintritt in eine bessere Zukunft zu bieten. Seit die NATO per UN-Mandat im August 2003 die Oberhoheit über die „International Security Assistance Force" (Internationale Sicherheitsunterstützungstruppe in Afghanistan; ISAF) übernommen hat, kann das Bündnis durch diese Aufgabe auch beweisen, unter den gegebenen Umständen den neuen Sicherheitsherausforderungen gerecht zu werden. Außerdem wurde deutlich, dass die Bemühungen um Sicherheit in Europa weder auf dem alten Kontinent beginnen noch allein dort umgesetzt werden können. Die NATO muss sich frühzeitig bemühen, auch außerhalb der Staaten des europäisch-atlantischen Bündnisses dem Terror entgegenzutreten, bevor er in Europa oder in Amerika Schaden anrichten kann. Die USA äußerten zuerst Bedenken und versuchten aus machtpolitischen Erwägungen heraus und aufgrund der zögerlichen Haltung der europäischen Bündnispartner, die NATO von einer Beteiligung am Afghanistaneinsatz abzuhalten. Die US-Regierung wollte ihre Strategie für die Militäraktion nicht mit der NATO abstimmen und war der Ansicht, nur sie selbst verfüge über angemessen ausgebildete Streitkräfte für eine solche Operation.

Sobald die ISAF der NATO unterstellt worden war, ließ der Nordatlantikrat jedoch verlautbaren, es sei „(...) eine neue Bereitschaft des Bündnisses festzustellen, seine Erfahrung und seine Fachkenntnisse einzubeziehen, um nicht von der NATO angeführte militärische Operationen einzelner Bündnispartner zu unterstützen." Generalsekretär Scheffer formulierte es folgendermaßen: „Afghanistan steht auf der Prioritätenliste der NATO ganz oben. Unsere eigene Sicherheit ist eng mit der Zukunft dieses Landes verwoben, und es muss sich zu einem stabilen, sicheren Land entwickeln, in dem die Bevölkerung nun, nach Jahrzehnten des Kriegs, endlich ein neues Leben aufbauen kann."

Die Militäroperationen in Afghanistan haben sich aufgrund des Einsatzes der NATO mittlerweile sehr ausgeweitet, weil nun auch umfassende Anstrengungen im Zivilbereich unternommen werden. Durch die ISAF hilft die NATO beim Wiederaufbau des Landes. So übernahmen die einzelnen Mitgliedstaaten jeweils speziell definierte Aufgaben: Deutsche Soldaten trainieren beispielsweise unter anderem die afghanische Polizei und helfen beim Aufbau der Infrastruktur im Norden, während Italien bei der Entwicklung eines neuen Justizsystems im Krisengebiet federführend ist. Großbritannien übernahm eine leitende Funktion in der Bekämpfung des Drogenanbaus und -handels. Die USA bilden eine afghanische Nationalarmee aus, welche aus circa 14 000 Soldaten besteht. Sie umfasst erste Einheiten von vier operativ bereits einsetzbaren Regionalverbänden in Gardez, Kandahar, Herat und Mazar-e-Sharif.

Um aus dem von Krieg und Taliban zerstörten Land ein neues Afghanistan entstehen zu lassen, war und ist eine enge Zusammenarbeit der NATO mit den Staaten – vor allem im Kaukasus und Zentralasien – unumgänglich. Die nach dem Zerfall der Sowjetunion dort neu gegründeten Staaten sind für die NATO strategisch unerlässliche Partner geworden. Hier konnten NATO-Basen entstehen, Überflugvereinbarungen getroffen und eine Kooperation vereinbart werden, um flüchtige Taliban oder Drogenhandelsrouten aufzuspüren. All dies stärkte die Verbindungen zwischen der NATO und den Regionen, die während des Kalten Kriegs noch erbitterte Gegner gewesen waren. Die Tatsache, dass seit September 2004 die NATO über einen besonderen Repräsentanten für den Kaukasus und Zentralasien verfügt, stellt die Bedeutung der Region unter Beweis. Zudem unterstützen auch die zentralasiatischen Staaten die Pläne zur Bekämpfung des Terrorismus und haben einen Partnervertrag zum Antiterroreinsatz unterschrieben. Des Weiteren stellte Rumänien Infanterie und Militärpolizei sowie Transportmittel zur Verfügung. Russland und die Slowakei sandten technische Unterstützung, und aus Schweden kam eine Geheimdiensteinheit nach Afghanistan.

Man sollte nicht vergessen, dass nach jahrelangem Aufenthalt in entsprechenden Lagern mehr als eine Million afghanische Flüchtlinge endlich in ihre Heimat zurückkehren konnten. Es fanden sogar erste Wahlen statt, zu denen mehr als 6 000 Abgeordnete kandidierten. Beides sind enorme Impulse für das von Krieg und Terror verheerte Land. Viele Rückkehrer möchten ihr Land endlich wieder aufbauen. Sooft Nachrichten Terroranschläge und Infiltration der Taliban in verschiedenen Gegenden des Landes melden, wird aber deutlich, dass die Bedrohung nicht vorbei und der Prozess des Aufbaus einer neuen Ordnung in Afghanistan noch lange nicht beendet ist. Al-Qaida und die Taliban verbreiten weiterhin Angst und Schrecken und destabilisieren die Region noch immer. Junge Männer sind nach wie vor bereit, dem Ruf von Al-Qaida zu folgen, um gegen den Westen und die USA zu kämpfen. Noch immer finden Morde statt, die durch die Scharia gerechtfertigt werden, und wir sehen Frauen in Burkas, die diese nicht freiwillig anziehen. Die USA und die NATO zeigen sich bereit, so lange in Afghanistan zu bleiben, bis das Land selbst in der Lage sein wird, sich gegen Fundamentalismus, Al-Qaida und die Taliban zu verteidigen.

Aus militärischer Sicht hat die NATO seit 9/11 eine große Entwicklung durchgemacht. Die Effektivität der Einsätze wurde entscheidend optimiert. Mehr als 50 Staaten arbeiten mit der NATO in Sachen Kommunikationstechnik und Logistik zusammen. Dies ermöglicht der internationalen Streitmacht, auf höchstem Niveau zu kooperieren und zudem zivile Behörden wie auch NGOs in ihre Planungen und Aktivitäten vor Ort – wie in Afghanistan – einzubeziehen. Doch auch während notwendiger Kampfhandlungen arbeiten die multinationalen Armeen eng zusammen. So wurden beispielsweise Technologien entwickelt, die in komplexen militärischen Operationen eigene Opfer durch sogenanntes „Friendly Fire" vermeiden helfen sollen. Grundlage hierfür ist die „Allied Command Transformation" (ACT), die aufgrund einer Reform der NATO-Kommandostruktur für die Koordination und Steuerung der ständigen Modernisierung und Effizienzsteigerung der militärischen Fähigkeiten des Bündnisses zuständig ist. Das ACT überwacht und beeinflusst in diesem Zusammenhang auch die Transformation der Streitkräfte der NATO-Mitgliedstaaten. Dies umfasst auch logistische Fragen, die gerade in Staaten, die nicht der NATO angehören, das Bündnis vor schwere Aufgaben stellen. Die hier gefragten Lösungen sollen in Zukunft perfektioniert werden, um nicht nur die NATO, sondern auch die vor Ort ansässige Bevölkerung effizienter versorgen zu können.

Die Vereinten Nationen und der 11. September 2001

Unmittelbar nach den Anschlägen vom 11. September 2001 haben internationale Organisationen wie die UNO und auch andere Vereinigungen wie die EU damit begonnen, regionale Antiterrorprogramme zu etablieren, bestehende Maßnahmen zu überarbeiten, weiterzuentwickeln und sie den neuen Gegebenheiten anzupassen. Ihre Herangehensweise orientierte sich stets an der Struktur, der geografischen Lage und den zur Verfügung stehenden finanziellen Möglichkeiten eines EU-Landes oder einer europäischen Region. So konnte in der EU eine ganz andere Linie gefahren werden als beispielsweise in asiatischen Ländern, die schon allein aufgrund des dort wesentlich ausgeprägteren Islam eine andere Ausgangssituation vorfanden. In afrikanischen Ländern, in denen islamistische Zellen operierten, konnte man auch nicht so schalten und walten wie in den EU-Ländern, weil das nötige Geld und die Unterstützung fehlten. All jene Staaten, die selbst nicht mit terroristischen Gruppen kooperieren oder diese unterstützen, hatten jedoch sehr schnell erkannt, dass Al-Qaida und mit ihr vergleichbare islamistische Zellen eine globale Gefahr darstellen. Eine engere internationale wie regionale Kooperation war also vonnöten, um die Bedrohung einzudämmen.

Die Katastrophe des World Trade Center fand in Sichtweite des Hochhauses der „United Nations Organization" statt. Ich denke oft daran, dass sich vor der UNO eine Skulptur befindet, die die friedlichen Absichten der Organisation deutlich machen soll – ein Revolver mit verknotetem Lauf. Dieselbe

Stadt, in der der islamistische Terror so viele Menschenleben kostete, beherbergt also das höchste Gremium der Staatengemeinschaft, das sich seit seiner Gründung 1945, als Nachfolgeorganisation des Völkerbundes, die Sicherung des Friedens, gewaltfreie Lösungen von Konflikten und die Förderung internationaler Zusammenarbeit auf die Fahne geschrieben hat. Die Wahrung der Menschenrechte steht für sie an erster Stelle. Am 12. September 2001 verabschiedete die UNO die Resolution 1368 des Sicherheitsrats *(vgl. Anhang S. 252)* und die Resolution 56 der Generalversammlung *(vgl. Anhang S. 253)*. Darin verurteilte das Gremium den Terror, der von Islamisten ausgeht, nicht nur, sondern appellierte zugleich an die Staatengemeinschaft, in dieser Frage zusammenzustehen. Der Schmerz, die Wut und das Entsetzen der UNO über die Geschehnisse spiegeln sich in beiden Texten besonders gut wider. Selbst der libysche Staatschef Ghaddafi und der damalige kubanische Máximo Leader Fidel Castro schlossen sich, wenngleich aus eigennützigen Gründen, den klaren Worten der UN an. Zugleich wurde deutlich, dass die United Nations nun eine ganz neue Situation vorfanden; denn Friedenswahrung und Problemlösung ohne Waffengewalt schienen in diesem Konflikt kaum möglich.

Als die Vereinten Nationen in den Trümmern des Zweiten Weltkriegs entstanden, gehörten ihnen anfangs 51 Mitgliedstaaten an. 2001 waren es 191. Dies entspricht allen Staaten außer Taiwan, dem Vatikan und der Westsahara. Nicht wenige unter ihnen sind erst nach blutigen militärischen Auseinandersetzungen entstanden, bei denen Guerillas und paramilitärische Truppen gegen Kolonialmächte und inländische Armeen gekämpft hatten. Nach dem Zerfall Jugoslawiens wurde beispielsweise die Selbstständigkeit der Länder mit Krieg, Terror und Mord erkämpft. Wie also soll die Weltgemeinschaft nun Al-Qaida und anderen Terrororganisationen gegenübertreten, die für sich ebenfalls in Anspruch nehmen, einen gerechten Kampf gegen Kolonialismus und Fremdherrscher auszufechten? Wie soll sich die UNO einem Land wie dem Sudan gegenüber verhalten, das den Massenmord und die Vertreibung einer ethnischen Gruppe durch die eigene Miliz als seine ureigene Politik erachtet und jegliche Einmischung von sich weist? Es gibt auf dieser Welt auch nach dem 11. September 2001 keine Einigung darüber, wie die Definition eines Terroristen lautet. Noch immer ist es so, dass für den einen Betrachter jemand ein Terrorist ist, während der andere dieselbe Person für einen Freiheitskämpfer hält.

Der Weltsicherheitsrat

Die Haltung der UNO hatte sich, was den Terrorismus angeht, in den 1990ern verändert. In dieser Zeit erweiterte der 1945 in der Konferenz von San Francisco mit seinen Aufgaben betraute Sicherheitsrat seine Funktion. Grundsätzlich trägt er die Hauptverantwortung für die Einleitung und Durchführung von Verfahren, die zu einer friedlichen Lösung internationaler Streitigkeiten und kämpferischer Auseinandersetzungen führen sollen. Dazu sollte er alle ihm zur Verfügung stehenden Mittel ausschöpfen, um einen friedlichen Ausgleich möglichst vor Ausbruch eines Kriegs herbeizuführen. Erst wenn eine unabwendbare Friedensgefährdung der Welt oder einer Region oder eine bereits eingetretene Verletzung des Friedens vorliegen, kann der Sicherheitsrat selbst Sanktionen und sogar militärische Maßnahmen anordnen. Ansonsten besteht seine Aufgabe darin, ausschließlich Empfehlungen auszusprechen.

1990, das Jahr, in dem Saddam Hussein nach der Invasion in Kuwait durch eine erfolgreiche Militäroperation wieder in die Grenzen des Iraks zurückgedrängt worden war, entschieden die UN, für den Schutz des Friedens mehr Verantwortung zu übernehmen. Sie setzten Maßnahmen gegen jene Staaten in Gang, die sich der Verbreitung und der Unterstützung von Terrorismus schuldig gemacht hatten oder Terroristen innerhalb ihrer Grenzen Schutz boten. Der Dritte Golfkrieg, der 2003 trotz aller Sanktionen durch die UN schließlich doch noch ausbrach, war allerdings nicht durch ein entsprechendes Mandat der Weltgemeinschaft gedeckt. Der Irak hatte die Resolution 1441 zwar nicht erfüllt, dennoch setzten die UN auf weitere Verhandlungen. Somit führte das Vorgehen der USA und ihrer Verbündeten – unter anderem Großbritannien, Spanien, Italien und Polen – zu heftiger Kritik. Der Alleingang der Amerikaner rief vor allem die vehemente Opposition Frankreichs und Deutschlands auf den Plan.

Der Sicherheitsrat hatte die Bekämpfung des internationalen Terrorismus seit den 1990ern zu einem Schwerpunktthema seiner Arbeit gemacht. Ausschlaggebend dafür war unter anderem der Anschlag auf den PanAm-Flug 103 Frankfurt–London–New York über dem schottischen Lockerbie am 21. Dezember 1988. Die von Libyen aus geplante Tat riss alle 259 Passagiere und Besatzungsmitglieder sowie elf Einwohner der schottischen Ortschaft in den Tod. Auch das Attentat Al-Qaidas auf das World Trade Center 1993 schreckte die UN auf. Einen weiteren Schritt hin zu umfassenden Antiterrormaßnahmen stellte das gescheiterte Attentat auf den ägyptischen Präsidenten Hosni Mubarak 1995 dar. Der ehemalige Vizepräsident hatte 1981 nach der Ermordung Anwar as-Sadats dessen Amt als ägyptischer Präsident übernommen und die Beziehungen Ägyptens zu Israel und verschiedenen arabischen Staaten verbessert. Angesichts des wachsenden Islamismus im eigenen Land war es jedoch durchaus nicht immer einfach für ihn, seine Politik zu vertreten. Er wurde bereits mehrfach Opfer von Attentatsversuchen. Zudem begannen 1992 islamische Fundamentalisten, mit offener Gewalt gegen Touristen und ägyptische Sicherheitskräfte vorzugehen. Der Anschlag in Luxor im Jahr 1997, bei dem 70 Menschen ums Leben kamen, schadete der Wirtschaft Ägyptens schwer. Trotzdem blieb dieses Land bis heute im Kampf gegen den Terror ein stabiler Partner der USA.

Aufmerksamkeit zogen auch die Attentate auf amerikanische Botschaften in Tansania und Kenia 1998 und der im selben Jahr verübte Anschlag auf das vor dem Jemen liegende amerikanische Schiff USS Cole auf sich. Im Zuge dieser Ereignisse verschärften die UN ihre Antiterrormaßnahmen nochmals grundlegend. Die Gefahr und das Ausmaß der Bedrohung waren nun nicht mehr zu übersehen. Kritiker beklagen jedoch auch ein aus ihrer Sicht zu spätes Einsetzen der UN-Strategie.

Zeitgleich setzten zahlreiche Diskussionen um die scheinbar unterschiedliche Bewertung einzelner Terroranschläge ein. Viele Israelis fragen sich beispielsweise, warum der von Al-Qaida ausgehende Terror konsequenter bekämpft wird als der Terror radikaler palästinensischer Gruppen seit den 1970ern. Warum erhitzt der alltägliche Terror gegen Zivilisten in Israel die Gemüter der westlichen Welt nicht genauso wie der von Al-Qaida? Warum verurteilen die Medien stattdessen immer nur die massiven Militäraktionen der israelischen Regierung in den besetzten Gebieten?

Vor dem 11. September hatten sich die UN darauf beschränkt, Sanktionen gegen jene Länder zu erlassen, die den Terror unterstützten oder als Drahtzieher hinter den Anschlägen standen. In Libyen zeigten beispielsweise die verhängten Maßnahmen nach dem Attentat über Lockerbie langfristig Wirkung. Wenngleich vieles in diesem Land, angefangen von den desolaten Zuständen in Sachen Menschenrechten bis hin zu kriminellen Machenschaften in der Justiz, noch mehr als im Argen liegt – die Finanzierung und Planung von Terror kann man Libyen nun kaum noch vorwerfen.

Nachdem die Taliban die Bühne Afghanistans betreten hatten und die Welt von ihrer Haltung und Ideologie in Kenntnis setzten, blieb dem Sicherheitsrat wieder nichts weiter übrig, als im Oktober 1999 mit umfassenden Sanktionen zu reagieren, auch wenn zu diesem Zeitpunkt das Land noch nicht gänzlich unter der Herrschaft der Islamisten stand. Andere Mittel standen der UN nicht zur Verfügung. Der Weltsicherheitsrat rechtfertigte sein Vorgehen damit, dass die Taliban die Menschenrechte stetig und auf grausamste Weise verletzten, dass die Diskriminierung der Frauen ein unsägliches Maß erreicht und dass jenes Terrorregime internationale Vereinbarungen gebrochen habe. Zudem weigerten sich die Taliban, Osama bin Laden an die USA auszuliefern, und nutzten den Opiumanbau und Drogenhandel dazu, ihre Herrschaft zu finanzieren. Die Sanktionen führten dazu, dass das Vermögen der Taliban eingefroren wurde – soweit ein Zugriff darauf möglich war. Von nun an kontrollierte die ISAF den Luftverkehr und verhängte mit Ausnahme humanitärer Hilfslieferungen und muslimischer Pilgerflüge eine Sperre über den afghanischen Luftraum.

Die Resolution 1373 vom 28. September 2001 *(vgl. Anhang S. 243)* stellte daher nach den Maßstäben der UN eine Revolution dar. Seitdem sind alle Mitgliedstaaten verpflichtet, einem eigens gegründeten Antiterrorkomitee in bestimmten Abständen Berichte vorzulegen. Bleibt dies aus, so drohen dem vertragsbrüchigen Staat Sanktionen. Auf Nachfrage müssen die Länder darüber hinausgehende Informationen beschaffen oder offenlegen. Auch Syrien, der Iran oder der Sudan müssen diese Bulletins abgeben. Eingeschränkte Handlungsfähigkeit und das Unvermögen, Länder wie Syrien und Iran, die bekanntlich terroristische Organisationen, wie Hamas und Hisbollah, unterstützen, zur Rechenschaft zu ziehen, zehren am Erfolg der Arbeit des Antiterrorkomitees. Das Komitee ist Teil des umfassenden Apparats, den der Sicherheitsrat ins Leben gerufen hat. Daneben trägt ein Exekutivdirektorat dafür Sorge, dass die Antiterrorstrategie der UN mit größtmöglicher Effizienz und allen zur Verfügung stehenden Kapazitäten umgesetzt wird. Internationale, nationale und regionale Organisationen sowie Gesandte der UN bieten dabei allen Staaten, die der Resolution 1373 Folge leisten wollen, dies aber angesichts der Situation im eigenen Land nicht in dem Maße können wie sie es möchten, aktive Unterstützung vor Ort an. Diese im Rahmen der UN tätigen Institutionen versorgen das Komitee des Sicherheitsrats außerdem regelmäßig mit Informationen über die Befolgung oder auch Nichtbefolgung der aufgestellten Richtlinien.

Seit dem 11. September 2001 haben die UN immer wieder neue Staaten dazu bewegen können, die Antiterrorabkommen zu unterzeichnen. So haben sich beispielsweise dem Abkommen zur Verhinderung von Terroranschlägen, das in seinen Anfängen 1997 von nur 28 Ländern unterzeichnet worden war, mittlerweile 115 Staaten verpflichtet. Die Ratifizierung des Abkommens zur Eindämmung der Finanzierung von Terrorismus wurde 1999 von gerade einmal fünf Ländern unterschrieben. Heute sind es 117 Nationen, die ihm nicht nur zugestimmt haben, sondern auch nach den UN-Richtlinien handeln. Außerdem haben bis zum 31. März 2004 rund 100 Staaten bei der UN Interesse an technischer und logistischer Hilfe bei der Bekämpfung des Terrorismus geäußert, und es werden immer mehr.

Die Einbeziehung des Sicherheitsrats in die Bekämpfung des internationalen Terrorismus im Allgemeinen und in den Einsatz gegen Al-Qaida im Besonderen war überaus wichtig, um dem Vorwurf von Parteinahme der UN oder auch amerikanischer Dominanz zu entgehen und der UN ein gewichtiges Mandat zu geben. Die Resolution 1373 bürdete den Mitgliedstaaten allerdings auch eine enorme Verantwortung auf. Sie müssen nun ihre Anstrengungen im Kampf gegen den Terror internationalen Standards anpassen.

Der Sicherheitsrat hat sich nach dem Treffen der Außenminister am 20. Januar 2003 mit der Resolution 1456 gegen den islamistischen Terror und den Dschihad ausgesprochen und alle UN-Mitglieder aufgefordert, erstens den Richtlinien des Sicherheitsrats zur Antiterrorstrategie Folge zu leisten und zweitens ohne Einschränkung zu kooperieren. Terroristische Aktivitäten könnten niemals als Freiheitskampf gelten, sondern sind immer kriminelle und durch nichts zu rechtfertigende Handlungen. Damit wurden auch Staaten wie dem Iran, der sich vornehm zurückhielt, die Richtlinien der UN und die in der westlichen Welt vertretene Maxime von der universalen Bedeutung der Menschenrechte, noch einmal eindeutig aufgezeigt.

Die Vollversammlung der UN

Während sich im Sicherheitsrat nur 15 Mitglieder miteinander abstimmen müssen, sind in der Vollversammlung alle 191 Staaten mit einer Delegation von mindestens einer Person und maximal fünf Vertretern präsent. Hinzu kommen Körperschaften und Organisationen, die einen speziellen Beobachterstatus innehaben. Das erschwert eine einheitliche Entscheidungsfindung natürlich erheblich. Ausgehend von der Charta der Vereinten Nationen, befasst sich die Vollversammlung der UN nicht mit Themen des internationalen Friedens und der Sicherheit. Dies soll durch die Resolution 377, Uniting for Peace von 1950, gelingen: „Falls der Sicherheitsrat mangels Einstimmigkeit seiner ständigen Mitglieder es in einem Fall offenbarer Bedrohung des Friedens, eines Friedensbruchs oder einer Angriffshandlung unterlässt, seine primäre Verantwortung für die Aufrechterhaltung des internationalen Friedens und der Sicherheit auszuüben, [soll] die Generalversammlung unverzüglich die Angelegenheit beraten (…), um den Mitgliedern geeignete Empfehlungen für Kollektivmaßnahmen zu geben (…)."

Aufgrund des enormen terroristischen Ausmaßes delegierte die Vollversammlung die Fülle der anstehenden Aufgaben an Unterorgane und Ausschüsse, um eine höhere Effektivität zu gewährleisten. Eine der so entstandenen Arbeitseinheiten ist das „Office of Drug and Crime" (Amt für Drogen und Kriminalität), das Afghanistan und verschiedenen asiatischen Ländern Technik zur Verfügung stellt und beratend zur Seite steht. Das Mandat dazu vergab die UN der „Commission on Crime Prevention and Criminal Justice" (Kommission für Verbrechensverhütung und Strafrechtspflege). Bevor das Amt für Drogen und Kriminalität zur Tat schreiten konnte, musste die Vollversammlung diesem Mandat zustimmen. Innerhalb des Amts wurde 1999 eine Spezialeinheit gebildet, die sich der Terrorprävention verschrieben hat und in der Abteilung für Staatsverträge (Division of Treaty Affairs; kurz: DTA) aktiv ist.

Das DTA überwacht die Einhaltung von Verträgen zur Drogenaufsicht und Verbrechensverhütung. Es unterstützt Regierungen darin, entsprechende Verträge auszuarbeiten, um international bindende Instrumentarien zur Eindämmung und Kontrolle des Drogenhandels zu entwickeln. Verbrechensprävention wie auch der Strafvollzug sollen in die Gesetzgebung eingebunden werden und zu institutionellen Rahmen sowie internationaler Kooperation führen. Darüber hinaus ist das DTA für die Beratung von Regierungen zuständig, die anerkannte juristische Instrumentarien einführen möchten, um gegen den Terrorismus vorzugehen.

Bis zum 11. September arbeiteten das DTA wie auch das sogenannte Drogendezernat der UN vor allem im Bereich Recherche und Analyse. Danach übernahm die Abteilung zur Prävention von Terrorismus diese Aufgabe. Sie initiierte und verfolgte mit viel Nachdruck Projekte wie jenes zur „Stärkung anerkannter Regierungen gegen den Terrorismus". Auf diese Weise erhielten 61 Staaten seit Oktober 2002 bilaterale, juristische Hilfestellung, um die zentralen Bestimmungen der weltweit geltenden Antiterrorvereinbarungen in ihrem jeweiligen nationalen Rahmen umzusetzen, und 40 Länder ein oder mehrere Instrumentarien zur Terrorabwehr.

Das Amt für Drogen und Kriminalität ist auch in Bezug auf eine Intensivierung von zwischenstaatlicher Kooperation und den Informationsaustausch von Bedeutung. Nationale Behörden sollen dazu angehalten werden, bestimmte internationale Maßstäbe einzuführen und anzuwenden. So reisen im Juni 2004 beispielsweise Angehörige des UN-Drogendezernats auf Nachfrage nach Kabul, um dort Behörden und Justiz im Umgang mit Terrorismus und grenzüberschreitenden Verbrechen vor Ort zu schulen. Die Experten der UN nahmen die Gesetzgebung unter die Lupe und entwarfen auf Wunsch der afghanischen Ministerien für Justiz und Erziehung neue Gesetze zur Terrorismusbekämpfung.

Die UN verfügt demnach über Organe, die sich innerhalb der globalen Kampagne gegen den Terror und in der Terrorprävention als Berater hervorgetan haben. Sie tritt also nicht als Gesetze aufdrängender Besatzer auf, sondern bemüht sich lediglich um ein öffentliches Rechtsbewusstsein und die Entwicklung einer politischen und sozialen Ordnung. Die Abkehr vom Terrorismus mit der Hilfe solcher Programme ist unabdingbar, um Frieden zu erreichen.

Der Generalsekretär

In Artikel 7 der Charta wird nicht der Generalsekretär, sondern das Sekretariat als eines der wichtigsten Organe der UN genannt. Trotz unterschiedlicher Aufgaben bilden sie eine funktionale Einheit. Das Sekretariat besteht aus dem Generalsekretär und den sonstigen Bediensteten, die er kontrolliert und für die er verantwortlich ist.

In Artikel 99 der UN Charta ist von einer weiteren bedeutenden Aufgabe die Rede: „Der Generalsekretär kann die Aufmerksamkeit des Sicherheitsrats auf jede Angelegenheit lenken, die nach seinem Dafürhalten geeignet ist, die Wahrung des Weltfriedens und der internationalen Sicherheit zu gefährden." Dieser kleine Passus ermöglichte es dem von 1996 bis zum Jahreswechsel 2006/07 amtierenden Generalsekretär Kofi Annan, eine außerordentlich aktive Rolle in der Antiterrorkampagne der UN zu spielen. Einen Monat nach den Angriffen Al-Qaidas auf die USA etablierte Annan eine Politische Arbeitsgemeinschaft, die PWG (Policy Working Group). Sie sollte Erkenntnisse über die weltweiten Folgen des Terrorismus erfassen und dessen weitere Ausbreitung eindämmen.

Die Arbeitsgruppe kam mit einem wenig überraschenden Ergebnis zu ihm. Sie schlug eine multilaterale Strategie vor, die auf drei Grundsätzen fußte: Prävention, Ausschaltung und Kooperation. So appellierte die PWG an alle Mitglieder der internationalen Staatengemeinschaft, die zwölf internationalen, von der UN festgelegten Richtlinien und Abkommen zur Terrorabwehr einzuhalten. Die Ratifizierung dieser Vereinbarungen bedeute, eine gemeinsame Definition der Ursachen zu akzeptieren, moralisches Handeln zu gewährleisten, legales Vorgehen zu befürworten und die konkrete Unterstützung der schwächeren Staaten durch die starken Mitglieder der UN zu dulden. Was das Vorgehen in Sachen Prävention angeht, so wurde in dem Bericht darauf hingewiesen, dass sich der Anschlag vom 11. September 2001 in wesentlichen Zügen von vorherigen Attentaten unterscheidet, und zwar vor allem hinsichtlich der absoluten Vorgehensweise seiner ausführenden Einheit, ihres hohen technischen Know-how und der unauflöslichen Verpflichtung, die sie ihren Beteiligten abverlange. Die 19 Al-Qaida-Terroristen, die unter anderem für den Einsturz des WTC in New York verantwortlich waren, hätten mindestens ein Dutzend Helfer gehabt, die sie während der gesamten Zeit des Trainings und der Vorbereitung für die konzertierten Terrorangriffe auf die USA unterstützten. Sie alle hätten sich jahrelang mit dem Anschlag befasst und seien sich die ganze Zeit deutlich bewusst darüber gewesen, dass sie an diesem Tag sterben würden. Es scheine, als ob sie kein einziges Mal in ihrer Absicht und ihrer Entschlossenheit unsicher geworden wären. Sie studierten Pläne von Flughäfen, lernten fliegen, übten in Simulatoren und sammelten beispielsweise Informationen darüber, welche Flugzeuge das meiste Kerosin tanken müssen, um den größtmöglichen Schaden anzurichten.

Wie schon andere zuvor, so wies auch die PWG darauf hin, dass Terror vor allem bei bewaffneten Konflikten und bei mangelhafter Konfliktlösung auf fruchtbaren Nährboden fällt. Im Fall Afghanistan ist das Versagen der internationalen Staatengemeinschaft nach dem Abzug der Roten Armee wie eine Einladung an die Taliban zu verstehen. Die Staatengemeinschaft hätte dafür Sorge tragen müssen, dass dem Land wieder auf die Beine geholfen wird. In der Anfangszeit wäre ein internationales Hilfsprogramm für den Wiederaufbau des Landes und zur Vermeidung von Chaos, Anarchie, aber auch des Machtanstiegs der Taliban hilfreich gewesen. Leider versäumte es die Staatengemeinschaft, hier aktiv zu werden, sodass die Taliban das Machtvakuum nutzten, um ihre Position auszubauen und ein islamistisches Terrorregime zu installieren. Sorgen wegen einer ähnlichen Entwicklung im Irak sind berechtigt, denn die Islamisten selbst bezeichneten bereits 2006 den Irak enthusiastisch als „neues Afghanistan". Sie riefen alle „wahren Muslime" dazu auf, gegen die Besatzer und alle Ungläubigen mit Gewalt vorzugehen, alle, die ihnen im Weg stehen, zu töten und den Irak zu befreien. Um den Islamisten nicht das Feld zu überlassen, sind also dringend neue politische Köpfe vonnöten, die eine zukunftsweisende Politik konsequent umsetzen.

Neben der Prävention und Ausschaltung von Terrorismus sprach die PWG von Kooperation: dem Austausch von Ideen, Informationen und Know-how zwischen allen Staaten, nichtstaatlichen Organisationen, aber auch Einzelpersonen.

Der Nachfolger Kofi Annans, Ban Ki Moon – bis zu seinem Amtsantritt südkoreanischer Außenminister –, steht nun ebenfalls vor der schwierigen Aufgabe, aus der Welt einen sichereren Ort zu machen. Ob der Terrorismus allerdings jemals ganz aus der Welt geschafft werden kann, ist fraglich. Dennoch bleibt die UNO ein wichtiges Gremium, das sich der Friedenserhaltung verschrieben hat und, das möchte ich betonen, nicht der Durchsetzung humanistischer Ideale per Waffengewalt. Es sollte der internationalen Gemeinschaft auch weiterhin ein besonderes Anliegen sein, noch mehr Anstrengungen im Kampf gegen den Terrorismus zu unternehmen. Wie schon an anderer Stelle bemerkt, bringen Menschenrechtsverletzungen, politische Unfreiheit, Armut oder zumindest ein niedriger Lebensstandard, wenig Bildung und Deprivation Menschen dazu, mittels Terrors eine Lösung ihrer Probleme zu suchen. Dies bedeutet – ganz im Sinne der UN –, dass ein nachhaltiger Anstieg des Lebensstandards in allen Ländern der Welt und die friedliche Durchsetzung von Idealen wie Demokratie und Menschenrechte dem Islamismus den Boden entziehen würde.

Die Ziele sind hochgesteckt, doch wir müssen endlich erkennen, dass unsere Welt sich verändert hat – und mit ihr das Profil des Terrorismus. Ich meine, wir sollten geschlossen gegen ihn vorgehen.

Reaktionen der arabischen Welt auf 9/11

Die Antworten der arabischen Welt auf die Terrorangriffe vom 11. September 2001 fielen sehr unterschiedlich aus, obwohl natürlich die meisten eine rasche und eindeutige Verurteilung der Attacken für angeraten hielten. Nur wenige Staaten, wie zum Beispiel der Irak, damals noch unter der Herrschaft Saddam Husseins, billigten den Terror. Die damalige indonesische Präsidentin Megawati, die das viertgrößte Land der Welt und zugleich eine nahezu ausschließlich muslimische Bevölkerung regierte, bot den USA ebenfalls Hilfe und Unterstützung an, weil sowohl Armut als auch militanter Islamismus in Indonesien auf dem Vormarsch waren. Diese war zwar nicht näher definiert, doch stellte das Angebot eine eindeutige Geste dar.

Die arabischen Machthaber reagierten zunächst trotz ihres

tief verwurzelten Antiamerikanismus äußerst vorsichtig und mit Bedacht. Sie bemühten sich, Freudenkundgebungen der Bevölkerung in palästinensischen Gebieten und anderen Ländern einzudämmen.

Die Antwort auf den Einmarsch in Afghanistan fiel zunächst ebenfalls überraschend gemäßigt aus, weil etliche Staaten selbst bereits den Zorn Al-Qaidas zu spüren bekommen hatten oder sich der zunehmenden Radikalisierung der Taliban sehr bewusst wurden. Immerhin hatten jene radikalen Organisationen bereits vor dem 11. September 2001 immer wieder alle arabischen Länder an den Pranger gestellt, die mit dem Westen Bündnisse eingingen und moderate oder auch ihrer Meinung nach radikale Modernisierungen einführten, sodass sie als Ungläubige und Ketzer ins Visier der radikalen Islamisten geraten waren.

Doch bald war ihre Haltung geprägt von verletzten religiösen Gefühlen und der diffusen Empfindung, dass dem Islam nach 9/11 kein Respekt mehr entgegengebracht werde. So prallte beispielsweise das westliche Ideal der Meinungsfreiheit, die auch die Freiheit der Kunst beinhaltet, mit enormer Wucht auf das islamische Verbot, den Propheten abzubilden. Es kollidierte mit muslimischen Wertevorstellungen und religiösen Tabus. Satire und Karikaturen, die zum Nachdenken oder zur provokanten Auseinandersetzung mit der eigenen Kultur auffordern, sind im Islam nicht vorgesehen. Uneingeschränkte Aufklärung, die Trennung von Staat und Religion sowie, ganz wesentlich, der Grundsatz der Meinungsfreiheit sind dort nicht verankert. Hierin liegt vor allem ein zentraler Unterschied zwischen der westlichen und großen Teilen der arabischen Welt.

Nach den Kriegen in Afghanistan und dem Irak erhielt der schwelende Antiamerikanismus immer wieder neuen Zündstoff durch die andauernde Militärpräsenz ihrer Besatzer.

Pakistan: Partner der USA und
islamistischer Nährboden

Die Situation in Pakistan ist äußerst komplex, weil sich das Land entscheiden muss, ob es den Weg der islamischen Theokratie, repräsentiert durch Gruppen wie Lashkar-e Taiba (Armee der Gerechten) und Jaish-e Muhammad (Armee Mohammeds) einschlägt oder den Idealen von Mohammed Ali Jinnah und der Muslimliga treu bleibt, die sich seit den 1940ern für die Unabhängigkeit Pakistans und die Errichtung eines eigenen gemäßigten muslimischen Staates neben Indien einsetzen.

Nachdem 1947 der Staat Pakistan gegründet worden war, suchten Millionen indische Muslime hier ihre neue Heimat, während sich Hindus umgekehrt in Indien niederließen. Die umstrittene Grenzregion Kaschmir, auf die beide Länder Anspruch erhoben, wurde geteilt, ist aber bis heute Schauplatz von Auseinandersetzungen, Grenzzwischenfällen und bewaffneten Kämpfen. 1956 wurde Pakistan offiziell zur Islamischen Republik ernannt. Gleichzeitig kam es zu einem Reformschub, der die Einführung einer „gelenkten Demokratie" zur Folge hatte. Doch die pakistanische Regierung und die ihnen nahe stehende Bewegung Jamaat-e-Islami (Islamische Partei) benutzten die Religion, um unter dem Motto: „Wer ist wirklich Muslim?" eine Politik der Ausgrenzung zu betreiben und per Gesetz zu festigen.

In den 1970ern und 1980ern erstarkten aufgrund dieser „diktatorischen Demokratie" extremistische sunnitische Gruppen, was wiederum zu anhaltenden gewaltsamen Konflikten mit pakistanischen Schiiten führte. Sie wurden zu Ungläubigen degradiert. Die Sunniten fanden Unterstützung in Saudi-Arabien, während die Schiiten sich immer mehr dem islamistischen Iran zuwandten.

Pakistan selbst experimentierte lange Jahre mit dem Islamismus radikaler Provenienz. So darf dort auch nur ein „richtiger Muslim" – was auch immer das ist – pakistanisches

Staatsoberhaupt werden. In einer ersten Welle der Islamisierung von Justiz, Armee und Gesellschaft, wie sie in den 1980ern unter Präsident Muhammed Zia ul-Haq einsetzte, wurde nun die Scharia Basis der Justiz, und die Wirtschaft wurde islamisiert. Während sein Vorgänger, Z. A. Bhutto, sich noch an einem sozialistischen Wirtschaftsmodell orientierte, unterstand jetzt auch das Banksystem der Idee des Islam. Die Geldinstitute mussten sich der Abgabe von Almosen an Arme verpflichten und durften keinen Gewinn machen. Folglich wurde auch unter Zia ul-Haq der Islam immer mehr zu einem politischen Instrument. Presse, Fernsehen, Erziehung und Bildung unterstanden fortan islamischen Grundsätzen, und das System der Madrasas wurde eingeführt. Jene Religionsschulen, die zu einer Art Kaderschmiede des Islamismus wurden, entlassen Horden von Absolventen, die nur wenige praktische Fähigkeiten besitzen und kaum einem normalen Beruf nachgehen können. Viele aus dieser wachsenden Armee von Extremisten haben sich bereits zuerst in Afghanistan den Taliban und später Al-Qaida angeschlossen. Bis heute sind sie im Dschihad von Indien bis Russland aktiv.

All diese Entwicklungen verliefen parallel zu den afghanisch-sowjetischen Kampfhandlungen, dem iranisch-irakischen Krieg und der Etablierung der Islamischen Republik Iran. Einerseits folgten die Politiker Pakistans damit einem allgemeinen Trend im Land, andererseits wollten sie ihren islamistischen Nachbarn vorgreifen und diese nicht zu Invasionen oder Angriffen gegen den nach Meinung vieler zu lax vorgehenden pakistanischen Staat animieren. Die schleichende Islamisierung Pakistans war also auch ein vorauseilender Gehorsam.

Nachdem Generalstabschef Pervez Musharraf 1999 durch einen Putsch an die Macht gekommen war, veränderte sich die Gangart Pakistans erneut. Um seine Macht zu stabilisieren, entließ er einerseits islamistisch gesonnene Militärs aus der Armee und löste andererseits das bereits unmittelbar nach dem

Putsch suspendierte Parlament im Juni 2001 endgültig auf. Er ernannte sich selbst ganz napoleonisch zum Staatspräsidenten und richtete es sich auf Dauer im Amt ein. Gleichzeitig tat er aber nichts, um radikal-islamische Bewegungen im eigenen Land zu bekämpfen, obgleich er immer wieder betonte, Pakistan solle ein „liberaler, toleranter, fortschrittlicher, dynamischer und starker islamischer Staat" werden. Erst infolge der Ereignisse des 11. September 2001 erkannten die pakistanischen Behörden schließlich in den Madrasas ein gravierendes Sicherheitsproblem und versuchen seitdem, die um sich greifende Radikalisierung einzudämmen. In neu formulierten Satzungen verpflichten sich die Madrasas, Rechenschaft abzulegen und jährliche Berichte an die oberste Schulverwaltung zu senden. Fortan ist es ihnen untersagt, Stipendien, finanzielle Zuwendungen oder auch Sachmittelspenden gleich welcher Art aus ausländischen Quellen anzunehmen. Außerdem sind die Berufung von Lehrern und die Zulassung von Studenten nur noch mit einer gültigen Arbeits- und Aufenthaltserlaubnis des Innenministers möglich. Dies bedeutet, dass ausländische Studenten, die sich gezielt in radikal-islamischen Schulen einnisten, ausgewiesen werden können. Die pakistanische Regierung hat demnach die globale Bedeutung der terroristischen Brutstätten im eigenen Land durchaus erkannt.

Allerdings rief dieses Vorgehen in Pakistan selbst auch Zorn gegen Musharraf hervor. Demonstrationen und Proteste gegen den Präsidenten waren die Folge. Oppositionsführer Maulana Fazlur Rehman von der „Muttahida Majlis-e-Amal" (Vereinte Aktionsfront), ein Bündnis verschiedener mächtiger religiöser Vereinigungen, bezeichnete die Reformen als Angriff auf „eine zentrale Säule des Islam".

Dennoch wandelten sich damit Erziehungs- und Bildungsorgane von wesentlichen Instrumenten der Radikalisierung zu einem Element westlicher Orientierung Pakistans. Musharraf erhöhte 2005 das Budget des Bildungssektors auf 2,73 Prozent des Bruttosozialprodukts und kündigte für die kommenden Jahre eine weitere Steigerung auf 4 Prozent an. Der Maßnahmenkatalog der pakistanischen Regierung umfasste zudem auch neue wirtschaftliche und soziale Programme, um den Lebensstandard der Pakistani – vor allem in den Provinzen Belutschistan, Nordwestprovinz und Wasiristan – anzuheben. Auf diese Weise versuchte sie sich ein gewisses Maß an Loyalität zu erkaufen und damit einer weiteren Radikalisierung der Massen vorzubeugen. Dieses Reformprogramm setzte zwar bereits 1999 ein, nahm als Folge von 9/11 jedoch deutlich an Umfang zu.

Die pakistanische Geschichte zeichnet sich bis in die Gegenwart hinein durch die Gegensätze von islamischer Tradition und Modernisierung aus. So regierte beispielsweise mit Benazir Bhutto von 1988 bis 1990 und erneut 1993 bis 1996 eine Frau als Premierministerin im islamischen Pakistan. In dieser vermeintlich fortschrittlichen Zeit wurde parallel aber auch intensiv über die Einführung der Scharia diskutiert. So unterstützte auch das an Afghanistan und den Iran grenzende Pakistan jahrelang die Taliban, während gleichzeitig Tausende afghanische Flüchtlinge auf pakistanischem Boden in Camps ausharrten. Nun aber musste Musharraf beginnen, einen eindeutigen Kurs einzuschlagen, um durch die Nähe zu Al-Qaida und den Taliban nicht selbst zum Ziel der Antiterrorkoalition zu werden. Die in den 1950er-Jahren der pakistanischen Regierung nahe stehende Bewegung Jamaat-e-Islami bot Al-Qaida Hilfe und Unterstützung, sodass Pakistan für Al-Qaida-Angehörige und operative Zellen sicherer Hafen und Zufluchtsort geworden war.

Bis zum 11. September 2001 hatte sich das Land noch nicht entschieden, auf welche Seite es sich schlagen sollte. Schließlich wurde Pakistan aber auf Drängen der USA Mitglied der internationalen Antiterrorallianz und ließ im Dezember 2001 eine Vertretung der Taliban in Islamabad schließen. Durch die Annäherung an den Westen geriet der Präsident noch einmal ins Schussfeld seiner Gegner. Immerhin hatten

Tausende radikale Pakistani im Afghanistankrieg 2001 aufseiten der Taliban gekämpft, die nach ihrer Niederlage zudem nach Pakistan fliehen konnten. So war und ist die Stimmung in großen Teilen der pakistanischen Bevölkerung antiwestlich und antiamerikanisch geprägt. Wütende islamistische Proteste und Demonstrationen auf den Straßen Pakistans sind also auch heute keine Seltenheit.

Die Regierung Pakistans unternahm seit 9/11 nun große militärische Anstrengungen, um die Bedrohung durch Al-Qaida und andere Terrorgruppen einzudämmen. Sie erlaubte 2006/07 die Stationierung von mehr als 70 000 Soldaten in der Provinz Wasiristan, um radikale Stämme, die Taliban und Al-Qaida-Zellen auf pakistanischem afghanischem Boden zu verfolgen und zu zerschlagen. Außerdem wurde zeitweise bin Laden, und damit das Hauptquartier seiner Organisation, in Wasiristan vermutet. Es kam zu etlichen erbitterten und blutigen Gefechten, in deren Verlauf mehr als 100 pakistanische Soldaten starben, aber auch mehr als 300 Al-Qaida-Angehörige getötet wurden. Über die Hälfte dieser Männer stammten nicht aus Pakistan, sondern waren hauptsächlich Usbeken, die unter dem Kommando des Anführers der Islamischen Bewegung Usbekistans (IMU), Qari Tahir Yuldashev, gestanden hatten.

Pakistanische Streitkräfte waren zudem auch für die Liquidierung von Hamza Rabia verantwortlich, einem der obersten Befehlshaber von Al-Qaida. Laut pakistanischem Informationsminister, Sheikh Rashid, stellte dies einen Riesenerfolg dar: „Er [Rabia] war sehr wichtig für Al-Qaida. Er war wahrscheinlich Nummer Drei oder Fünf."

Trotz des bemerkenswerten militärischen Engagements bleibt Pakistan für die Taliban und Kämpfer von Al-Qaida attraktiv. Solange große Teile der pakistanischen Bevölkerung nicht hinter der Politik ihres Staatsoberhauptes stehen, bietet das Land genug Unterschlupf und Trainingsmöglichkeiten für Terroristen. Viele Hinweise deuten außerdem darauf, dass die

Regierung aus Furcht vor Spannungen, die sich in einem Bürgerkrieg entladen könnten, dort wegschaut, wo es im eigenen Land unangenehm für sie werden könnte. Gesprächsaufnahmen zwischen zwei gefangen genommenen Afghanen und drei Pakistani konnten bezeugen, dass die jungen Attentäter im pakistanischen Karatschi rekrutiert und ausgebildet worden waren, bevor sie auf ihre Mission nach Afghanistan geschickt wurden. „Ich denke, dass es in Pakistan eine Art Fabrik für diese Attentäter gibt", kritisierte Asadullah Khaled, Gouverneur der Provinz Kandahar. Diese Bemerkung wurde mit vergleichbaren Einschätzungen vom afghanischen Präsidenten Karzai ergänzt, woraufhin Präsident Musharraf süffisant entgegnete: „Präsident Karzai ist völlig im Unklaren, was in seinem eigenen Land geschieht!"

Die pakistanische Provinz Wasiristan, so das Urteil von Beobachtern, gerate trotz anfänglicher militärischer Erfolge der Regierung Schritt für Schritt wieder in die Hände radikal-islamischer Kräfte. Die islamistischen Kämpfer erhalten monatlich einen Lohn von rund 15 000 Rupien, und ihre Kommandanten verfügen über finanzielle Mittel in Millionenhöhe, die sie für Waffen und Munition, Kommunikationstechnik und militärische Fahrzeuge ausgeben können.

Ein Ereignis ist meiner Meinung nach besonders interessant und spricht Bände über die zwei Gesichter der pakistanischen Politik und des Geheimdienstes in Sachen Islamismus: Im Januar 2002 kam es zur Entführung und Ermordung des amerikanisch-jüdischen Journalisten Daniel Pearl, ein Schicksal, das genug Stoff für eine 2007 angelaufene Verfilmung bot. Der 1963 geborene Chef des Südasienbüros des *Wall Street Journal* hatte im Januar 2002 in Pakistan zum Fall des „Schuhbombers" Richard Reid recherchiert, eines Briten, der auf einem Flug in die USA versucht hatte, Sprengstoff in seinen Schuhsohlen zur Explosion zu bringen. Darüber hinaus sammelte Pearl Material über militante islamistische Gruppen und forschte nach dem

Verbleib von Angehörigen Al-Qaidas, die nach Pakistan geflohen waren. Am 23. Januar 2002 wurde er auf dem Weg zu einem Interview im pakistanischen Karatschi entführt. Seine Frau war zu diesem Zeitpunkt im fünften Monat schwanger. Leute, die in Pakistan mit ihm Kontakt hatten, bemerkten, dass er während dieser letzten Recherchen auch Verbindungen zwischen den Geheimdiensten und dem Terrorismus habe aufdecken wollen.

Gefangen gehalten wurde Pearl in einem Verschlag in den Außenbezirken Karatschis. Bald bekannte sich die bis dahin unbekannte „Nationale Bewegung zur Wiederherstellung der pakistanischen Souveränität" zu der Entführung. Sie warfen Pearl zunächst vor, Mitglied des amerikanischen Geheimdiensts zu sein, später als israelischer Spion zu agieren. Er war Jude und damit grundsätzlich verdächtig. Die Gruppe ließ per E-Mail verlauten, sie protestiere mit dieser Geiselnahme gegen die Behandlung von inhaftierten afghanischen Taliban und Angehörigen von Al-Qaida in den USA. Knapp einen Monat nach seiner Entführung, am 21. Februar 2002, wurde die Ermordung von Daniel Pearl offiziell bestätigt. Auf einem den pakistanischen Behörden zugespielten Video ist zu sehen, wie Pearl nach anhaltenden Beleidigungen und unter unglaublicher Pein vor laufender Kamera schließlich die Kehle durchgeschnitten wurde.

Die Ermittlungen in diesem Mordfall führten letztlich zu Sheikh Omar Saaed. Er hatte bereits wegen einer fehlgeschlagenen Geiselnahme fünf Jahre in indischen Gefängnissen gesessen, aus denen er durch die Entführung eines indischen Passagierflugzeugs 1999 freigepresst werden konnte. Im Juli 2002 wurde er wegen Mordes an Daniel Pearl zum Tode, seine drei Helfer zu einer lebenslänglichen Haftstrafe verurteilt.

In diesem Zusammenhang sollte das 2003 erschienene Buch des französischen Philosophen Bernard-Henri Lévy „Wer hat Daniel Pearl ermordet?" erwähnt werden. Da ihn die Ermordung des amerikanischen Journalisten in ihrer Grausamkeit erschreckte und die Berichterstattung vor allem europäischer Medien nicht zufriedenstellte, begab sich Lévy nach Pakistan und forschte selbst nach Ursachen, Hintergründen und Hintermännern des Mordes. Lévy blieb ein ganzes Jahr in Pakistan. Nachdem er von dort zurückgekehrt war, gab er der französischen Wochenzeitschrift *Le Nouvel Observateur* ein Interview: „Nichts ist wichtiger, als den Motor des Bösen auseinanderzunehmen und die Motive eines Besessenen wie die eines Osama bin Laden zu verstehen – eines jungen Moslems, der sich Einflüssen der westlichen Kultur aussetzte und sich in Reaktion darauf dem radikalsten religiösen Eifer verschrieben hat, den man sich vorstellen kann. Sind vielleicht die neuen führenden Dschihadleute seine Kinder, die aus dem Aufeinanderprallen von islamischer und westlicher Kultur, von Finsternis und Aufklärung geboren sind? Sheikh Omars Erziehung ist europäisch, aber trotzdem will er, dass seine Frau die Burka trägt. Er wurde zum Chef der Taliban und auserwählten Sohn bin Ladens.

Ich habe entdeckt, dass Daniel Pearl und Omar zur selben Zeit dasselbe Buch von Samuel Huntington gelesen haben. Für Pearl provozierte das Aufeinandertreffen der Zivilisationen einen möglichen Crash, den man verhindern müsse, weil er ansonsten die Welt in den Abgrund reißen würde. Für Omar war das Gegenteil richtig, für ihn ist der von Huntington beschriebene Verlauf der Dinge der Weg der Wahrheit. Für ihn bedeuten die Worte Huntingtons, so wie für bin Laden, die islamische Verheißung des Kulturkriegs.

Ein Ort in Karatschi namens Binori Town ist das geistige Zentrum der Sunniten, eine gigantische Schule für Islamstudien, aus der die Spitzenpolitiker der Taliban kommen, ein heiliger Ort, den Ungläubige nicht betreten dürfen. Durch einen Zufall bin ich doch hineingekommen und habe dort bewaffnete Terroristen gesehen, Waffenlager, unterirdische Tunnel, Tonstudios und ein Krankenhaus, in dem wahrscheinlich bin Laden nach seiner Flucht aus Afghanistan gepflegt wurde. Das ist eine militärische Ausbildungsstätte für Terror, nur fünfhundert Meter vom amerikanischen Konsulat entfernt (…). Ich konnte mir vorher den Charakter, die Dimensionen und die Macht der finanziellen Netzwerke von Al-Qaida nicht vorstellen. Im Gegensatz zu dem, was man gläubigen Moslems erzählt, hat bin Laden sein Vermögen nicht seinen Idealen geopfert. Nein, er ist sogar noch reicher davon geworden, weil der Dschihad ein gutes Geschäft ist, eine Mafia, ein weltumspannendes Netzwerk, um Geld zu erpressen. Geldwäsche in Dubai, Beteiligung am Drogenhandel in Afghanistan, Betrug, Spekulationen, der Erwerb von Short Options an den Börsen von London und New York am Vorabend des 11. September 2001 (…). Bin Laden hat ja Recht, wenn er in einem Interview in Pakistan am 28. September 2001 erklärte, dass Al-Qaida reich ist an jungen, modernen, gebildeten Menschen, Menschen, die mit den Schlupflöchern des westlichen Finanzsystems vertraut sind. Mit Ländern wie Nordkorea, Pakistan oder Elementen wie Al-Qaida verglichen, sehen die Waffen eines Saddam Hussein wie altes Spielzeug aus. Ich habe in Pakistan immer wieder gehört, was ich schon vor zehn Jahren in Khartum, der Hauptstadt des Sudan, vernommen habe, dass der Islam, natürlich der fundamentalistische Islam, den Kommunismus als Weltdogma ablösen wird."

Allerdings vertraue Lévy darauf, dass der humanistische und damit „echte" Islam, in der muslimischen Welt noch die Oberhand habe. Es stelle sich jedoch die Frage: Wie lange noch? Lévys Aussagen erinnern stark an den Iran der 1970er-Jahre. Auch der Schah war damals Verbündeter der Amerikaner und des gesamten Westens. Ihm folgte jedoch eine islamische Revolution, und heute muss die Welt mit Präsident Achmadinedschad umgehen lernen.

Im November 2007 starteten militante Islamisten eine neue Offensive gegen die Regierung Pakistans. Zahlreicher und schlagkräftiger denn je starteten sie eine Propaganda-Offensive gegen Musharraf und die pakistanische Armee. Fast täglich zündeten sie Sprengsätze oder entführten staatliche Einsatzkräfte. Musharraf sah sich schließlich gezwungen, die Verfassung außer Kraft zu setzen und den Notstand auszurufen. Dies rief wiederum seine Gegner aus der politischen Opposition auf den Plan. Rigoros ließ er Hunderte Kritiker verhaften und den Obersten Richter entlassen, noch bevor dieser darüber urteilen konnte, ob Musharraf weiterhin Staats- und Armeechef zugleich sein dürfe.

So kämpft der sicherlich nicht unumstrittene Machthaber Musharraf an zwei Fronten um seine Macht. Sollte er stürzen und das Land dasselbe Schicksal ereilen wie den Iran, würde es sich in diesem Fall um ein viel größeres Land handeln, das die Atombombe jedoch bereits besitzt.

Saudi-Arabien: widersprüchliche Signale

Saudi-Arabien spielt in der arabischen und muslimischen Welt eine zentrale Rolle. Durch seine Größe, den exorbitanten Reichtum der Oberschicht und durch seine geografische Lage verfügt das Land über unvergleichliche Macht und einen enormen Einfluss. Im Zusammenhang mit Al-Qaida und dem Aufstieg Osama bin Ladens kam es in der Vergangenheit zu geheimen, für bin Laden aber durchaus günstigen Absprachen zwischen ihm und politisch Verantwortlichen im Königreich.

Um die Situation in Saudi-Arabien zu verstehen, ist es wichtig, den Status des Wahhabismus und vor allem dessen ideologische Grundfesten in die Betrachtung mit einzubeziehen *(vgl. S. 37–41)*. Der Staat war völlig heterogen und wurde von einer Vielzahl rivalisierender Stämme beherrscht. So ging die königliche Familie ein Bündnis mit verschiedenen Geistlichen ein, in dem sich alle gegenseitig verpflichteten, einander zu unterstützen und nichts zu tun, was dem anderen schade. Jene Beziehung zwischen Saudis und geistlichen Wahhabiten begann mit dem Wirken von Scheich Mohammed Ibn Abdul Wahhab Ibn Sulaiman Ibn Ali Ibn Mohammed Ibn Ahmad Ibn Raschid al-Tamimi (1703–1792) zwischen 1744 und 1745. Al-Wahhab gelang es sehr rasch, ein Bündnis mit dem ortsansässigen Stammesfürsten, Emir Muhammed ibn Saud, einzugehen, der religiöse und geistliche Bündnispartner benötigte, um seine ehrgeizigen Pläne zur Einführung eines radikalen Islam durchsetzen zu können. Als Dank für die Hilfe war ibn Saud einverstanden, al-Wahhab Asyl zu gewähren. Dieser blieb in Diriya, und die beiden Partner schmiedeten weitere konspirative Pläne. So überzeugte al-Wahhab ibn Saud, das bis dahin existierende Steuersystem, das der Scharia diametral entgegensetzt war, wieder abzuschaffen. Stattdessen sollte er sich auf seine Eroberungen und die damit verbundenen Beutezüge konzentrieren. Dies würde seinen Ruhm, sein Ansehen und den Reichtum mehren, ohne die Scharia zu verletzen. Durch diesen cleveren Schachzug gewann al-Wahhab die Gunst der Einwohner Diriyas, und ibn Saud sicherte dem neuen Religionsführer Gefolgschaft zu. Um dieses neue Bündnis zwischen dem saudischen Königshaus und den Geistlichen der Stämme und Untertanen zu festigen, standen von nun an eine stringente islamische Erziehung und die Einhaltung des Wahhabismus im Mittelpunkt. Die Stellung der Geistlichen wurde nahezu unantastbar. Die Entdeckung von Erdölvorkommen in saudischer Erde versetzte das Königshaus in die Lage, ein weitreichendes Bildungsprogramm in Islamkunde einzuführen, ohne dabei auf die Kosten achten zu müssen. Moscheen wurden gebaut, Koranschulen und Islamhochschulen eröffnet. All diese Einrichtungen werden seither von den Ulama (Religionsgelehrten des Islam) kontrolliert und geleitet. Sie wachen streng darüber, dass die grundlegende arabische Lehre des Tauhid von jeglichen Einflüssen, Reformen und ketzerischem Gedankengut frei bleibt – und fester Bestandteil saudischer Politik ist. Als Geistliche seien nur sie in der Lage, die Einhaltung des Tauhid zu garantieren. Neben ihnen habe die Bevölkerung nur noch dem saudischen Herrscher bedingungslosen Gehorsam entgegenzubringen.

Aufgrund dieser dort wichtigen Glaubensrichtung erscheint das saudische Königreich vielen Journalisten und auch Wissenschaftlern als Paradoxon. Im Wahhabismus wird einerseits der militante Dschihad gepredigt. Andererseits hat sich Saudi-Arabien als verlässlicher Bündnispartner der USA erwiesen und so die Stationierung US-amerikanischer Truppen in seinem Land zugelassen, obwohl nach wahhabitischer Auffassung Nichtmuslime, die den Fuß auf arabischen Boden setzen, diesen entweihen.

Diese Gratwanderung zwischen Westorientierung und strengem Wahhabismus zeigt sich ebenso an den saudischen Schulen, wie auch am Lehrplan der King-Fahd-Universität für Erdöl und Mineralstoffe. An dieser technischen Hochschule ist Englisch die Unterrichtssprache. Die Studenten sind jedoch verpflichtet, 10–15 Prozent ihres gesamten Stundenplans mit islamischen und arabischen Studien zu belegen.

Hinzu kommt, dass Saudi-Arabien nicht nur politische Probleme hat. Die Leistungen des staatlichen Sozialsystems verschlechtern sich stetig, weil immer mehr bedürftige Menschen von öffentlichen Geldern abhängig sind. Somit wachsen Unmut und Ablehnung gegen das Königshaus, sodass einzelne extreme regionale Stämme und Sekten, aber auch eine steigende Zahl radikal-islamistischer Gruppen an Zulauf gewinnen. Einigkeit in diesem nach wie vor fragmentierten Staat herrscht nur innerhalb der Stämme und in einzelnen Regionen, meist allerdings auch nur darüber, dass sich das politische System des Landes verändern müsse. Doch diese Forderung stößt bei den saudischen Herrschern auf keine Gegenliebe. Bislang stimmte niemand aus der saudischen Elite grundlegenden Reformen zu.

Diese innenpolitische Zwiespältigkeiten und Zerwürfnisse führten besonders im Zuge des 11. September zu einem weiteren saudischen Paradoxon: Einerseits übt der Wahhabismus einen enormen Einfluss auf die saudische Innen- wie Außenpolitik aus, sodass zum Zwecke des Dschihad beispielsweise die Hamas in den palästinensischen Gebieten finanziell unterstützt wird. Im November 2004 veröffentlichte eine abtrünnige Gruppe von Geistlichen eine *Fatwa* (islamisches Rechtsgutachten), in der sie ihre Unterstützung für all jene Kräfte des Dschihad im Irak unterstrichen, die gegen die US-Besatzung kämpften. Dies sei ihre religiöse Pflicht und gehe konform mit dem Wahhabismus. Unter den Geistlichen dieser Gruppe befanden sich prominente sunnitische Gelehrte, beispielsweise Awad al-Qarni, Salman al-Awdah und Safar al-Hawali. Ihre *Fatwa* folgte der Erklärung des Klerikers Nasser bin Hamed Al Fahad, der im Mai 2004 die Forderung Al-Qaidas nach eigenen Massenvernichtungswaffen als gerechtfertigt bewertet hatte.

Andererseits versuchte das saudische Regime entgegen dem politischen Taktieren, das im eigenen Land nötig war, nach dem 11. September, die Skepsis der USA und vieler anderer Staaten gegenüber seinem Antiterrorkampf immer wieder zu zerstreuen. Diese Skepsis beruht unter anderem darauf, dass 15 der 19 Attentäter von 9/11 saudi-arabischer Nationalität waren. Es entwickelte eine saudische Militärstrategie, die sich mit besonderer Effektivität gegen Terrorzellen im eigenen Land wandte. Die unbarmherzige Verfolgung von aktiven Terrorzellen führte zur Liquidation nahezu aller gesuchten Terroristen im Königreich. Mittels gezielter Durchsuchungen und Überwachungen durch den saudischen Geheimdienst gelang es im Juni 2004, eine beträchtliche Zahl von Al-Qaida-Zellen auszuheben. Großmufti Scheich Abd al-Aziz al-Shaykh gab zur Unterstützung dieser staatlichen Antiterrorstrategie aufgrund der traditionellen Verbindung der wahhabitischen Geistlichen mit der saudischen Königsfamilie im Herbst 2004 sogar eine *Fatwa* heraus, in der er Terrorakte verurteilte und die Bürger des Landes dazu aufrief, den Behörden all jene zu nennen, von denen man glaube oder wisse, dass sie Terrorakte planen. James

A. Russell schrieb dazu: „Es wird für das saudische Regime immer schwieriger, solche Abtrünnigen ins Gefängnis zu stecken, wie sie es in den vergangenen Jahrzehnten praktiziert haben."
Das Königreich bemühte sich, allen Befürchtungen, der saudische Staat sei vielleicht doch in den Terrorismus islamistischer Prägung verstrickt, entgegenzuwirken. Bereits im Oktober 2001 hatten die Saudis verkündet, den Beschluss des UN-Sicherheitsrats 1373 zu implementieren und darüber hinaus mögliche Geldzahlungen an Terrororganisationen genau zu überprüfen. Daraufhin sandte man eine Delegation der „Financial Action Task Force" (FATF) nach Saudi Arabien, um dort eine spezielle Einheit innerhalb des saudischen Sicherheitsdiensts respektive des Innenministeriums zu errichten. Diese Institutionen sollen mögliche Geldströme in Richtung Terrorzellen und Terrororganisationen aufspüren oder sie von vornherein verhindern. Inwieweit dies gelingt, bleibt fraglich.
Im Februar 2005 war Saudi-Arabien Gastgeber einer großen Antiterrorkonferenz. Schulen, Universitäten und andere öffentliche Einrichtungen in allen Teilen des Landes erklärten sich im Verlauf der Tagung, an der internationale Gäste teilnahmen, bereit, an einer konzertierten Aufklärungsaktion gegen den Terrorismus mitzuwirken. Offizielle Vertreter des Landes zeigten sich während der Konferenz mehr als zuversichtlich, dass auch weitere im eigenen Land durchgeführte Maßnahmen positive Auswirkungen haben würden. Probleme wurden jedoch deutlich, als es um die Definition von Terror ging: Delegierte aus dem Iran und Syrien, die Terror aktiv unterstützen und finanzieren, wie z.B. Vertreter der Hisbollah oder der Hamas, hatten in dieser Frage ganz andere Vorstellungen als beispielsweise die deutschen Gesandten. So wurde am Ende zwar eine „Deklaration von Riad" verabschiedet, in der Gewalt und Terrorismus verurteilt wurden, in der Bestimmung wesentlicher Inhalte konnte jedoch keine Einigkeit erzielt werden.

Südostasien und der Islamismus

Südostasien wird eher selten mit dem radikalen Islam und Terrorismus in Verbindung gebracht. Diese Region der Welt wird meist im Zusammenhang mit Schönheit und Harmonie von Land und Leuten genannt. Landschaftlich reizvolle Gebiete, bevölkert von friedliebenden Buddhisten, sind die Gründe. Tatsache ist jedoch, dass der radikale Islamismus auch bereits in jedem einzelnen Land dieser Region Einzug gehalten hat und zunehmend Handlungsbedarf besteht, um gegen die Bedrohung, die von ihm ausgeht, einzuschreiten.

Die weltweit tätigen islamistischen Gruppen, die teilweise schon vor dem 11. September 2001 in Südostasien operierten, unterscheiden sich in vielerlei Hinsicht von den lokalen oder in einzelnen Staaten ansässigen islamistischen Zellen. Die in der Region selbst entstandenen Verbände, wie zum Beispiel die thailändische „Pattani United Liberation Organization", die philippinische „Moro Islamic Liberation Front" und auch verschiedene islamische Organisationen in Indonesien, wie das „Free Aceh Movement" zeigten in Bezug auf ihre Ideologie und Zielrichtung Ähnlichkeiten mit afrikanischen Freiheitskämpfern in der Endphase der Kolonialisierung. Die meisten dieser südostasiatischen islamistischen Vereinigungen waren bis zum 11. September 2001 überwiegend national oder regional geprägt und hatten mit dem groß angelegten radikalen Islam à la Al-Qaida weniger zu tun. Da sie keine Dachorganisation hatten, kaum oder selten zusammenarbeiteten und verschiedenste Ziele vertraten, war es schwer gewesen, diese unterschiedlichen Strömungen unter einem Namen zusammenzufassen. Das Einzige, was sie einte, war das Streben nach Unabhängigkeit und Befreiung von den sogenannten Ungläubigen. Erst nach 9/11 wandten sich diese Gruppen verstärkt einer islamistischen Agenda und radikalen Ideen zu.

Der Aufstieg Al-Qaidas veränderte die Situation in Südostasien grundlegend. Seit etwa 15 Jahren bemühte sich bin Ladens Terrororganisation bereits, Kooperationen und Verbindungen zu lokalen Islamisten zu etablieren, um die Region gezielt zu vereinnahmen. Südostasien schien aufgrund bereits bestehender muslimischer Wohlfahrtseinrichtungen, schlecht kontrollierbarer Behörden, lose regulierter Banken, die nach islamischen Prinzipien operieren, weitreichender Erfahrungen mit Geldwäsche und einer Aufbruchstimmung im Lande, die für Unternehmungen ihrer Art günstig war, besonders attraktiv zu sein. Darüber hinaus agierten von dieser Region aus einige weltweit aufgestellte kriminelle Organisationen, die jeden Auftrag übernahmen, der Gewinn versprach. Islamisches Gedankengut fiel in diesen Gebieten außerdem fast immer auf fruchtbaren Boden. Vor allem Indonesien – der größte muslimische Staat – macht diesen Teil der Welt für radikale Islamisten zu einer idealen Basis. Doch auch Thailand steht als neuer Einflussbereich ganz oben auf der Liste von Al-Qaida. In einem Report des FBI wurde beispielsweise festgestellt, dass der thailändische, Al-Qaida nahestehende Terrorist Riduan Isamuddin vor seiner Verhaftung im August 2003 für „etliche kleinere Bombenattentate in Bars, Cafés und Nachtclubs verantwortlich gewesen war, die von westlichen Touristen in Thailand, Malaysia, Singapur, auf den Philippinen und in Indonesien frequentiert wurden".

Zachary Abuza, einer der führenden Experten für Islamismus in Südostasien, bezeichnete für den betroffenen geografischen Raum in Asien sogar bereits das Jahr 1999 als Wendepunkt zur islamistischen Radikalisierung. Dieser war anfangs jedoch ausschließlich innerhalb der eigenen Region sichtbar und begriff sich noch nicht als Teil des globalen Dschihad. Damals kam es auf den indonesischen Molukken zu gewaltsamen Ausschreitungen zwischen Christen und Muslimen. Kurze Zeit später folgten Unruhen auf der Insel Sulawesi, und auch heute noch ist die christliche Minderheit auf den Molukken von Terror bedroht.

Der ehemalige indonesische Präsident General Suharto hatte zudem 1975/76 Osttimor an Indonesien angliedern lassen. Seither finden dort teilweise blutige Kämpfe statt, die 1999 schließlich darin gipfelten, dass das indonesische Militär ein Votum für die Unabhängigkeit dieser unruhigen Region mit einer brutalen Gewaltwelle beantwortete. Die Unabhängigkeit Osttimors wurde am 20. Mai 2002 anerkannt.

Auch andere Inseln wurden 1999 von Ausschreitungen in eine politische Krise gestürzt. In Irian Jaya kam es beispielsweise zwischen Einwanderern aus Java und den Papuas zu harten Auseinandersetzungen. Dies hatte eine einseitige Unabhängigkeitserklärung Irian Jayas im Jahr 2000 und Anfang 2002 ein Autonomiegesetz für das nunmehr Papua genannte Gebiet zur Folge. So entstanden zwei voneinander getrennte Regionen. Ruhe kehrte dadurch jedoch nicht ein.

All diese Ereignisse führten zu einem Erstarken der „Jemaah Islamiah" (Islamische Gemeinschaft), der in der Region zu dieser Zeit bedeutendsten Terrororganisation. Durch die vielen Unruhen gewann sie nicht nur an Ansehen, sondern konnte auch neue Mitglieder rekrutieren. Sie operierte gezielt auf den indonesischen Inseln, die mehrheitlich von Muslimen bewohnt werden, um dort ihre Aktivisten in Camps zu schulen, so wie Al-Qaida Afghanistan zum Stützpunkt ihrer Trainingslager gemacht hatte. In Indonesien entstanden also Zentren, in denen südostasiatische Islamisten ihre Techniken zur Ausübung von Terror verfeinern konnten.

Um ihrer und der Bedrohung durch Al-Qaida Herr zu werden, verschärften die Regierungen der jeweiligen Staaten die Gesetze und nahmen den Kampf gegen den Terror auf.

Indonesien: Jemaah Islamiah und
Free Aceh Movement

Die Wurzeln von Jemaah Islamiah wurden bereits in den späten 1960ern gelegt. Abu Baskar Bashir und Abdullah Sungkar, die wichtigsten Drahtzieher der Organisation, suchten nach einem Weg, die indonesische Bewegung „Darul Islam" (Wohnsitz des Islam) in Südostasien zu etablieren und einen islamischen Staat zu gründen. Gemeinsam errichteten sie 1973 in Zentraljava eine Islamschule, in deren Umfeld im Laufe der 1970er-Jahre Jemaah Islamiah ins Leben gerufen wurde.

Bashir und Sungkar verfassten einen Traktat mit dem Titel: „Die jüngste Krise Indonesiens: Ursachen und Lösungen". In einer unglaublich brutalen, antisemitischen und rassistischen Sprache richteten sich die Islamisten darin gegen Holländer, Japaner, Chinesen und allgemein gegen Christen. Sie führten die frühere Unterdrückung durch die Kolonialmächte ausschließlich darauf zurück, dass es im Land keine islamischen Kräfte als Gegengewicht gegeben habe. Die Lösung aller Probleme liege für einen Muslim in einem den Regeln der Scharia unterworfenen islamistischen Staat. Für dieses Ziel lohne es sich sogar zu sterben.

Jemaah Islamiah steht säkularen Tendenzen, geschweige denn einem säkularen Staatswesen wie auch grundlegenden demokratischen Rechten ablehnend gegenüber. Ihr Ideal ist ein Regierungssystem mit festgeschriebenen, absoluten und damit unveränderlichen Strukturen – legitimiert durch die Religion und aufrechtzuerhalten durch abschreckende Strafen.

Sungkar starb 1999. Daraufhin übernahm Bashir die alleinige Führung der Organisation. Die USA und Australien, der Nachbar Südostasiens, der bei den Bombenanschlägen der Jemaah Islamiah im Jahr 2002 auf Bali 88 Todesopfer zu beklagen hatte, bedrängen Indonesien seit Jahren, eine intensivere Suche nach Bashir einzuleiten.

Jemaah Islamiah begründet ihren Terror mit der Verletzung islamischer Moralprinzipen, mit einer auch im Zusammenhang mit dem florierenden Tourismus um sich greifenden zu lockeren Sexualmoral, zu hohem Alkoholkonsum, unerlaubten Vergnügungen, unangemessener Kleidung der Fremden sowie mangelnde religiöse Disziplin der in der Region lebenden Muslime.

Jemaah Islamiah ist eindeutig der extremste Vertreter der islamistischen Ideologie. Die Gruppe wurde zwar in Indonesien gegründet, aber es existieren auch Zellen in Singapur, auf den Philippinen, in Malaysia, Thailand und Kambodscha. So verhafteten beispielsweise die kambodschanischen Behörden im Mai 2003 einen Ägypter, zwei Thailänder und einen einheimischen Bürger, die verdächtigt wurden, Mitglieder von Jemaah Islamiah zu sein, und von denen angenommen wurde, dass sie einen Anschlag auf die Regierung des Landes planten. Außerdem äußerten die Behörden den Verdacht, Jemaah Islamiah unterhalte eine islamistische Schule, finanziert von der in Saudi-Arabien operierenden NGO „Umm al-Qura". Die verdächtige Einrichtung in einem Vorort der Hauptstadt Phnom Penh war anscheinend in Wirklichkeit eine Art Briefkastenfirma, um Gelder aus Saudi-Arabien nach Kambodscha zu schleusen. Sie und zwei weitere Zweigstellen wurden geschlossen, 28 Koranlehrer, die nicht kambodschanische Staatsanghörige waren, ausgewiesen. An diesem Einzelfall zeigt sich sehr gut, dass Jemaah Islamiah vor allem darauf bedacht ist, ihren Einfluss weit über Indonesien hinaus geltend zu machen. Solcherlei Pläne äußerte auch Wan Min bin Wan Mat, ein in Malaysia inhaftierter Anhänger von Jemaah Islamiah, während eines Verhörs. Mit der Etablierung eines islamistischen Staats in Indonesien werde die Ausbreitung des wahren Islam begonnen. Malaysia, Thailand, Singapur und die Philippinen seien die nächsten Ziele.

Die Struktur von Jemaah Islamiah ist paramilitärisch und aufgebaut in einzelne Distrikte (Mantiqis) und Unterdistrikte (Wakalahs). Rohan Gunaratna, Autor des Buchs „Inside Al Qaeda", nimmt eine Untergliederung in vier operative Zellen an:

- Mantiqi 1 ist für Malaysia, Singapur und Thailand zuständig.
- Mantiqi 2 deckt weitestgehend Indonesien ab.
- Mantiqi 3 agiert im Süden der Philippinen, in Brunei, Ost-Malaysia sowie auf Kalimantan und Sulawesi.
- Mantiqi 4 wiederum ist in Australien und Westpapua aktiv.

Untergliedert sind die Mantiqis ganz militärisch in Brigaden, Bataillone, Kompanien, Züge und Mannschaften. Die älteren unter den Kommandeuren verfügen zumeist über Erfahrung aus Kämpfen oder Trainingslagern in Afghanistan. Abu Baskar Bashir und Abdullah Sungkar selbst verbrachten gemeinsam mit ihren Anhängern in den 1980ern und 1990ern einige Zeit in den mit saudischen Geldern finanzierten afghanischen Trainingscamps der Mudschaheddin. Dort trafen sie auch mit deren Anführer Abdul Rasul Sayyaf zusammen. Diese gesammelten Eindrücke und Begegnungen hinterließen ihre Spuren. Bashir, Sungkar und ihre Anhänger wurden in ihrem dschihadistischen Eifer bestärkt und lernten zu töten.

Selbstverständlich bestehen auch zwischen der Jemaah Islamiah und Al-Qaida Verbindungen, wenngleich es sich um zwei eigenständig operierende Terrorgruppen handelt, die lediglich dieselben Ziele verfolgen.

Allerdings kämpfen sie mit unterschiedlichen Mitteln: Al-Qaida setzt eher auf Anschläge mit Selbstmordattentätern, während Jemaah Islamiah sich darauf spezialisierte, Bomben zu legen. Der ersten Bombenserie auf Bali lag ein ausgeklügeltes System mehrerer Sprengsätze zugrunde, die in bestimmten Zeitabständen gezündet wurden. Die Erste explodierte vor einer Bar, die Zweite in einem Lkw vor einem beliebten Club und die Dritte in der Nähe des amerikanischen Konsulats. Unter den Toten waren viele Australier, die Indonesien bis dahin nur als nahe gelegenes friedliches Reiseziel gekannt hatten.

In manchen Fällen können sich diese methodischen Unterschiede aber auch verwischen. So schickte Jemaah Islamiah auf Bali auch zweimal Selbstmordattentäter los, und Al-Qaida raste im Jahr 2000 mit einem kleinen mit Sprengstoff gefüllten Schnellboot gegen die USS Cole, einen Zerstörer, vor der jemenitischen Küste. Dieser Anschlag kostete 17 amerikanischen Seeleuten das Leben und sollte den USA beweisen, dass sich ihre Bürger und die Angehörigen des Militärs nirgends sicher fühlen könnten.

Die Bedrohung, die von Jemaah Islamiah ausgeht, besteht nicht nur in deren tödlicher und skrupelloser Schlagkraft, sondern auch in deren Fähigkeit, Angehörige ganz unterschiedlicher sozialer Schichten anzusprechen. Es sind wieder einmal nicht nur Unterprivilegierte, die sich hier dem Dschihad verschreiben. Vielmehr gelingt es Jemaah Islamiah, in hoher Zahl Männer aus der gebildeten Mittelklasse Indonesiens, Malaysias und Singapurs an sich zu binden. Diese radikalen Islamisten ähneln vom Profil her fatal den Attentätern vom 11. September. Um solche Mitglieder zu rekrutieren, hat Jemaah Islamiah sogar eigens ein gezielt zugeschnittenes Programm entwickelt. Drahtzieher sind Abu Jibril und Nurjaman Riduan Bin Isomuddin (auch als Hambali bekannt), einer von Bashirs Stellvertretern. Hambali war lange Zeit in Südostasien operierender Agent für Al-Qaida. Auf der Suche nach Gleichgesinnten legen die beiden Männer besonderen Wert auf Studenten und Lehrende von der Technischen Universität Malaysia (UTM). In Singapur hingegen halten sie Ausschau nach Repräsentanten aus der Mittelklasse, die in einem attraktiven Job arbeiten. Ausgebildete Techniker und Intellektuelle, die sich in den Dienst des Dschihad stellen, sind besser einsetzbar und fallen nicht so auf wie radikale Islamisten aus der Unterschicht.

Nach Meinung von Jemaah Islamiah seien Terroranschläge in der gesamten Region unvermeidlich, um ihrem Ziel näher zu kommen. So mehrten sich seit 2000 ihre Attentate allmählich. Im Dezember des Jahres wurde der Indonesier Fathur Rohman al-Ghozi auf den Philippinen verhaftet und angeklagt, in Manila eine Bombe gelegt zu haben, die 22 Menschen das Leben kostete. Im Dezember 2001 wurden 13 Kämpfer der Jemaah Islamiah beschuldigt, eine Bombenserie in Singapur, Malaysia und Indonesien geplant zu haben. Diese Terrororganisation war auch für die verheerenden Anschläge im Touristenparadies Bali verantwortlich und führte 2003 in Jakarta ein Attentat auf ein Hotel aus; hinzu kamen weitere weniger spektakuläre Anschläge.

Indonesien hatte sich bis zum Attentat auf Bali im Oktober 2002 noch defensiv verhalten. Nun aber waren westliche Touristen gestorben und die Regierung musste Stellung beziehen. Sie realisierte, dass radikale Islamisten nicht alleine den Westen, die USA und ihre Alliierten, sondern ohne Gnade auch sogenannte Abtrünnige und Ungläubige aus der eigenen Region ins Visier nahmen, und schloss sich dem Kampf gegen den Terror an.

Die Motive der Islamisten liegen auf der Hand: Indonesien ist als größter muslimischer Staat der Welt in vielerlei Hinsicht das Sorgenkind in Südostasien. Aufgrund seiner Geschichte, der Zersplitterung in Zehntausende Inseln, der politischen Struktur und seiner labilen wirtschaftlichen Lage bietet er für Extremisten einen geeigneten Nährboden.

Das indonesische Inselreich verfügt über die viertgrößte Population der Erde. Hier leben rund 230 Millionen Einwohner, zusammengesetzt aus rund 360 Ethnien mit mehr als 250 Sprachen. Mehr als 90 Prozent von ihnen sind Muslime. Obgleich Indonesien ein föderalistischer Staat ist, wurde jahrzehntelang versucht, zentrale Maßnahmen durchzusetzen.

So schwelte beispielsweise in der Provinz Aceh auf Sumatra ein Konflikt, der sich von anderen ethnisch begründeten und innerislamischen Auseinandersetzungen, die das Inselreich Indonesien im Laufe der Jahrzehnte erschütterten, unterscheidet. Die Bevölkerung von Aceh hatte sich immer geweigert, sich der portugiesischen Kolonialmacht zu beugen, und hielt stets am Islam fest. Im Gegensatz zur Bevölkerung auf Osttimor, die ihren eigenen Kampf ausfocht und sich nicht als Teil eines bestehenden Landes begriff, zeigten sich die Menschen in Aceh auch nach dem Rückzug der Kolonialmächte loyal und unterstützten die Politik Indonesiens. Dennoch entstand mit der Zeit auch hier eine Separatistenbewegung. Laut Professor Jacques Bertrand von der Universität Toronto lag das vor allem an den Folgen der „Neuen Ordnung". Nachdem Indonesien endlich unabhängig geworden war, richtete die indonesische Regierung ein zentrales Machtzentrum ein, um eine gemeinsame nationale Identität im Inselstaat etablieren zu können. Diese sogenannte „Neue Ordnung" beruhte von 1967 bis 1998 unter dem amtierenden Präsidenten General Suharto auf einem sehr autoritären Präsidialregime, die zu einer streng hierarchischen Regierung und Bürokratie führte. Korruption und Affären waren an der Tagesordnung. Die politische Freiheit der Bürger wurde eingeschränkt und die wirtschaftliche Entwicklung rasant beschleunigt, um dem Kommunismus den Boden zu entziehen. Die natürlichen Ressourcen und Gasvorkommen der Provinz Aceh spielten dabei eine wichtige Rolle.

Mit dem Gefühl, ausgebeutet zu werden, wuchs die Unzufriedenheit der Einwohner von Aceh. Sie wurden selbstbewusster und forderten mehr Eigenständigkeit und Unabhängigkeit. Die verschiedenen Religionen, die in Indonesien beheimatet waren, partizipierten daran gleichermaßen. Der Ruf nach einem eigenen islamischen Staat in Aceh wurde durch die rigide Haltung der zentralen indonesischen Regierung immer lauter. Die Menschen dort erinnerten zudem an ihren Enthusiasmus, mit dem sie einst gegen die holländischen Truppen und damit für die indonesische Unabhängigkeit gekämpft hatten. Allein auf Aceh seien damals rund 10 000 Männer gestorben.

Seit Anfang der 1950er forderten die Bewohner von Aceh

bereits mehr Autonomie innerhalb des indonesischen Verbundes. Nach einem Aufstand 1959 erhielt die Provinz einen teilautonomen Status, was dazu führte, dass das islamische Recht partiell offizielles Gesetz wurde. Daraufhin flauten die Kämpfe gegen die Zentralregierung zunächst über Jahre wieder ab.

Im Oktober 1976, während der zentralistischen Herrschaft der „Neuen Ordnung" Indonesiens, trat die „Bewegung zur Befreiung der indonesischen Provinz Aceh", auch bekannt unter der Bezeichnung „Aceh Sumatra National Liberation Front" (ASNLF oder „Gerakam Aceh Merdeka"; kurz GAM), dann zum ersten Mal als Organisation in Erscheinung. Ihr führender Kopf, Hassan di Tiro, ist Nachkomme eines hochrangigen Geistlichen und Mitglied der königlichen Familie, die einst vor allem bei der Befreiung aus der niederländischen Kolonialherrschaft im Jahr 1949 eine zentrale Rolle gespielt hatte. 1950 ging Tiro in die USA, um zu studieren. Nach dem mysteriösen Tod seines Bruders, kam er 1974 in seine Heimat Aceh zurück und überlebte nur knapp einen ebenfalls nicht geklärten Flugzeugabsturz.

Nach dem Rücktritt Suhartos 1998, nachdem er mehr als drei Dekaden die Geschicke des Landes gelenkt hatte, wurde die Zentralregierung geschwächt und viele ethnische Gruppen begannen nun ihren Kampf um Unabhängigkeit von dem Inselreich. Suharto und sein Vorgänger Sukarno hatten aufgrund ihres selbstherrlichen Führungsstils versäumt, Nachfolger aufzubauen. Demzufolge spitzten sich 1999 auch die Spannungen zwischen der zentralen Obrigkeit und der Provinz Aceh noch einmal zu, nachdem Friedensverhandlungen mit Repräsentanten des „Free Aceh Movement" gescheitert waren. 2003 verhängte die Regierung schließlich den Ausnahmezustand und begann eine neue Offensive gegen die Rebellen. Diesen Kämpfen fielen seit Mitte der 1970er bereits rund 12 000 Menschen zum Opfer.

Nach dem verheerenden Tsunami 2004, der gerade in Aceh viele Menschenleben forderte, gelangten tagelang keine Hilfsleistungen dorthin. Die Menschen fühlten sich erneut im Stich gelassen oder zu Bürgern zweiter Klasse degradiert. Die indonesische Regierung hatte Aceh für internationale Hilfsorganisationen und Journalisten gesperrt – immerhin herrschte Kriegsrecht. Erst einige Tage nach der Flutkatastrophe hob die Zentralmacht auf internationalen Druck die Beschränkungen auf. Wie sich später jedoch herausstellte, wurden in Aceh vielerlei Hilfsmittel dafür verwandt, neue Islamschulen einzurichten. Wenig Geld floss dagegen in den Wohnungsbau oder kam Krankenhäusern zugute.

Im April 2005 gelang endlich der Durchbruch: Die indonesische Regierung und die Separatistenbewegung auf Aceh vereinbarten in der dritten Runde ihrer Friedensgespräche in Helsinki eine Teilautonomie. In einer gemeinsamen Erklärung sprachen die Verhandlungspartner von einer „breit angelegten und dauerhaften Lösung" für die Provinz.

Suhartos Regierung war stets hart und entschlossen gegen militante islamische Gruppen vorgegangen und hatte alle verpflichtet, die Doktrin der Pancasila anzunehmen. Durch sie war die Gleichstellung der fünf in Indonesien praktizierten Religionen (Buddhismus, Katholizismus, Protestantismus, Hinduismus und Islam) garantiert. Die Islamisten aber stemmten sich gegen diese Doktrin. Das wurde nicht nur in den Autonomiebestrebungen, sondern auch in der konsequenten Islamisierung und der Verfolgung von Christen auf den Molukken deutlich.

Die Regierung hatte radikale Islamisten zwar nie dulden wollen, tat aber die Gefahr, die von ihnen ausgeht, allzu lange als Randerscheinung ab. So konnten seit Ende des Suharto-Regimes aufgrund der instabilen Situation militante islamische Gruppen bis heute einen massiven Zulauf verzeichnen. Pancasila scheint zu einer Ideologie zu werden.

Die Islamisten versprechen den Menschen in dieser politisch wie wirtschaftlich unsicheren Situation, ihre Interessen zu vertreten und die Korruption zu bekämpfen. Vor allem nach dem Tsunami und dem Ausbleiben der Touristen infolge der Anschläge von Bali schließen sich viele neue Anhänger islamistischen Gruppen an. Sie glauben ihren Heilslehren, verhelfen ihnen zu mehr Gewicht und lassen sich von radikalen Losungen einlullen. Viele meinen, dass die islamistischen Vereinigungen inmitten eines undurchschaubaren, korrupten Filzes immer noch die ehrlichsten sind.

Die größten radikal-islamischen Gruppen in Indonesien waren, neben der immer noch aktiven Jemaah Islamiah, die im Oktober 2002 offiziell per muslimischer *Fatwa* aufgelöste „Laskar Dschihad" und die „Islamic Defenders Front". Sie bedrohten schon mehrfach amerikanische Einrichtungen und andere westliche Ziele. Laskar Dschihad war im Jahr 2000 entstanden. Sein Gründer, Umar Jafar Thalib, streute bewusst das Gerücht, dass sich die Muslime auf den Molukken von einer christlichen Republik, die dort etabliert werden solle, bedroht fühlen müssten. Auf diese Weise konnte er dort wie auch auf dem benachbarten Sulawesi das Gleichgewicht der Religionen völlig aus der Balance bringen und die Christen von der Inselgruppe vertreiben.

Die Islamisierung im Inselstaat ist deutlich zu spüren; die radikalen Kräfte werden stärker. Im April 2005 gelang es der islamischen „Partei für Justiz und Wohlstand" 200 000 Indonesier dazu aufzurufen, vor der amerikanischen Botschaft in Jakarta gegen die Politik der USA und den „Krieg gegen den Terror" zu protestieren. Die Partei konnte ihr Wahlergebnis von 1,5 Prozent im Jahr 1999 auf rund 7,5 Prozent im Jahr 2004 vervielfachen. Dieser alarmierende Trend bringt die indonesische Regierung in eine schwierige Lage: Zum einen ist sie bemüht, den Westen zufriedenzustellen und den Terror im Land unter Kontrolle zu bekommen. Zum andern muss sie sich aber auch mit den islamistischen Kräften arrangieren, um Unruhen zu vermeiden. Die Islamisten hingegen wollen das demokratische System bewusst erschüttern und die Verunsicherung der indonesischen Bevölkerung nutzen, um ihren Einfluss zu verstärken. So fiel auch nach dem 11. September die Bekämpfung des Terrors in Indonesien sehr zaghaft aus. Die Präsidentin Megawati Sukarnoputri, die 2001 ihr Amt antrat, sagte zwar bereits wenige Tage nach den Anschlägen den USA ihre Unterstützung zu. Ein Kommentator aus den *Southeast Asian Affairs* warf ihr 2004 allerdings eine zu große Furcht und Rücksichtnahme auf ihre Regierungspartner vor: „Megawatis Außenpolitik ist nur durch die Forderung der Koalition verständlich. Sie kann nicht auf sich allein gestellt regieren, sondern muss sowohl mit den Islamisten als auch mit dem Militär kooperieren. Sie muss Zugeständnisse machen und sich (…) anpassen, um überleben zu können. Sie ist letztlich mehr daran interessiert, den Status quo zu erhalten, als wirkliche Reformen auf den Weg zu bringen – und das ist Ausdruck einer schwachen Regierung."

Auch Präsident Susilo Bambang Yudhoyono, der 2004 gewählt wurde, unternahm einerseits zahlreiche Anstrengungen, um des militanten Islamismus Herr zu werden. Doch die Schwäche der Zentralregierung und ständig neue Terroranschläge lassen jegliche Bemühungen ins Leere laufen. Schließlich versetzte ein Edikt des indonesischen Ulama-Rats (MUI) dem Pluralismus wie auch dem Liberalismus einen heftigen Schlag. Ma'ruf Amin, Vorsitzender der Kommission zur Verhängung der *Fatwa,* hatte sich gegen zwei progressive Gruppen gewandt, die er als nicht islamisch genug diskreditierte: „Liberal Islam Network" (JIL) und „Muhammadiyah Youth Intellectuals Network" (JIMM). Dem indonesischen Ulama-Rat zufolge sollten die beiden Organisationen nicht länger als Repräsentanten des indonesischen Islam anerkannt werden. Ihre Ansichten seien pure Häresie, konstatierte Amin. Das Edikt schloss mit dem Nachsatz, dass Muslimen fortan untersagt sei, sich Gebeten anzuschließen, die von Nichtmuslimen gesprochen werden.

Indonesien kämpft als Vielvölkerstaat mit vielen Problemen innerhalb der eigenen Grenzen und muss doch versuchen, die Radikalisierung nicht durch eine kompromisslose Politik oder durch hartes Vorgehen des Militärs noch weiter zu befördern. Im Rahmen einer umfassenden Antiterrorgesetzgebung definierte das Land terroristische Taten in ihren unterschiedlichen Formen und baute die Macht der Polizei wie auch der Justiz aus. Dazu gehören die Verlängerung der Untersuchungshaft und die Zulassung elektronischer Beweismittel wie E-Mails vor Gericht.

Nach dem zweiten Attentat auf der Insel Bali im Oktober 2005 wollte sich das indonesische Militär (TNI) an der Bekämpfung des Terrors beteiligen und seine Befugnisse, die nach dem Rücktritt Suhartos und der damit verbundenen Reform der indonesischen Machtstruktur eingeschränkt worden waren, wieder entsprechend ausdehnen. Dieser Schritt fand durchaus seine Befürworter. Denn vielleicht gelänge es Sicherheitsoffizieren, Informationen über den Aufenthalt von Terroristen oder Einzelheiten über geplante Anschläge zu ermitteln. Denn die mangelnde Koordination aller Sicherheitsorgane machte es den Terroristen auch weiterhin leicht, Bomben zu platzieren. Solch ein weitgehender Schritt zur Einbindung der Armee in sicherheitspolitische Aufgaben würde jedoch eine Reform der Gesetzgebung notwendig machen. Außerdem müsste die Regierung zur konsequenten Bekämpfung des Terrors erst einmal damit beginnen, der Korruption in der eigenen politischen Elite Einhalt zu gebieten. Zudem stellen die neuen Bestimmungen zur Bildung die religiöse Lehre in den Mittelpunkt und verhindern dadurch, dass Pluralismus und eine Erziehung frei von Indoktrination möglich ist. Das Bild vom toleranten multikulturellen Indonesien stimmt nicht mehr.

Auch dieser Inselstaat steht vor schweren Aufgaben und braucht im Kampf gegen den Terror durchaus internationale Unterstützung. Im Juni 2007 begegneten sich auf der in den vergangenen Jahren von Bombenanschlägen erschütterten Insel Bali Juden, Buddhisten und Muslime aus aller Welt. Sie trafen sich unter der Schirmherrschaft des ehemaligen indonesischen Ministerpräsidenten Abdurraham Wahid, einem äußerst moderaten Kleriker, auf der „Anti-Teheran-Konferenz". Er widersetzte sich damit öffentlich jeder Holocaust-Leugnung und forderte zum Dialog mit der westlichen und auch der jüdischen Welt auf. Sol Teichmann, Holocaust-Überlebender, eröffnete die Konferenz mit dem Appell: „Wir sollten versuchen, das Leben zu verbessern, anstatt es zu zerstören." Ob diese Stimme in Indonesien vernommen wurde, ist unklar.

Die Philippinen: Moro Islamic Liberation Front, Abu Sayyaf und die Reaktion der philippinischen Regierung

Wie Indonesien spielen im südostasiatischen Raum die Philippinen im „Krieg gegen den Terror" eine zentrale Rolle. Seit den 1990ern war die Provinz Mindanao eine Hauptbasis der Jemaah Islamiah, weil es der Zentralregierung damals nicht gelang, die Grenzen entsprechend abzusichern. So konnten die Dschihadisten Attentäter problemlos über die Grenzen schleusen sowie ungehindert Geld- und Waffenschmuggel betreiben. Bereits seit Jahrzehnten führen die Philippinen einen scheinbar endlosen – und vor allem auch blutigen – Feldzug gegen den islamistischen Terrorismus.

Nur etwa 5 Prozent der 89 Millionen Bewohner der Inselgruppe gehören dem Islam an. Zwei zentrale Bewegungen bilden das Sprachrohr für alle Islamisten unter ihnen: die „Moro Islamic Liberation Front" (MILF) und die weitaus bekanntere Gruppe der „Abu Sayyaf" (Der Schwertträger).

Die MILF ging aus der Moro National Liberation Front hervor; sie warf der Zentralregierung in Manila eine Besserstellung der Christen und die Etablierung einer Zweiklassengesellschaft vor, in der Muslime angeblich aus bestimmten Ämtern entfernt und diskriminiert würden. Als in den 1950er-Jahren mehr und mehr junge Menschen, die an der Al-Azhar Universität in Kairo studiert hatten, zu ihnen stießen, war eine zunehmend fundamentalistischere Haltung der Moro National Liberation Front festzustellen. Fasziniert von der ägyptischen Muslimbruderschaft und Sayyid Qutb entwickelte sich innerhalb der Gruppe ein radikaler Flügel, sodass es 1984 schließlich zu einer Spaltung kam: das „Moro Islamic Liberation Movement" (MILF) entstand unter der Führung von Salamat Hashim. Die neu entstandene Gruppierung zeigte sich militanter und glaubensnäher als die Moro National Liberation Front. Im Januar 1987 akzeptierte die MNLF das Angebot der Regierung aus Manila, eine Teilautonomie zu gewähren. Das 1996 geschlossene Friedensabkommen mit der philippinischen Regierung führte somit schließlich zur Einrichtung der Autonomen Region des muslimischen Mindanao.

Die MILF lehnte dagegen bereits das Abkommen von 1987 vehement ab. Schnell entwickelte sie sich zur größten islamistischen Separatistenorganisation der Philippinen. Seither operiert sie vor allem auf dem südlichen Teil der Inselgruppe. Vorrangig jüngere Muslime sehnen sich hier nach einer modernen islamischen Gesellschaft. Die radikalen Muslime in Moro hingegen führen ihren Dschihad gegen die Regierung in Manila, den sie als Fortsetzung ihres Kampfs gegen die Spanier oder die Christen verstehen. Denn der Islam hatte sich bereits kurz bevor die spanischen Flotten im 16. Jahrhundert die südphilippinischen Inseln eroberten, dort ausgebreitet.

Erklärtes Ziel jener Muslime ist nun, ähnlich wie bei den indonesischen Dschihadisten, ausgehend von den Philippinen eine ganze Region zu islamisieren und unter die Scharia zu stellen. Dazu gehören die früheren Sultanate Cebu, Jolo und Brunei. Auf diese Weise soll rund um die Sulusee und die Südphilippinen ein neuer islamischer Staat entstehen, dessen Machtgebiet noch auf malaiische Gebiete wie Sarawak und Sabah ausgedehnt werden könne.

Hashim, der Gründer des radikalen Flügels der MILF, reiste mit seinen Anhängern Ende der 1980er-Jahre nach Afghanistan und Pakistan, um dort nicht nur den Islam zu studierten, sondern auch in Trainingslagern der Mudschaheddin und Al-Qaidas ausgebildet zu werden. Bemerkenswert ist, wie rasch die MILF Verbindungen zu Al-Qaida auf- und ausbaute. Dies lag daran, dass auch Osama bin Laden die Entscheidung der MNLF, mit der Regierung in Manila zu verhandeln, uneingeschränkt ablehnte. Er entsandte seinen Schwager Mohammed Jammal Khalifa in die Moro-Region, und so wurden die Bande zwischen den beiden Gruppen noch enger geknüpft.

Zur Beschwichtigung skeptischer Beobachter behauptet die MILF immer wieder, Khalifa sei nicht mehr als ein Philanthrop und garantiert kein militanter Islamist. Außerdem pflege man auch keine Kontakte zur Jemaah Islamiah, obgleich zu vermuten ist, dass in deren Trainingscamps MILF-Kämpfer ausgebildet werden. Das Moro Islamic Liberation Movement schwor auch offiziell dem Terrorismus ab, um nicht durch die UN als Terrororganisation eingestuft zu werden. Zur Bekräftigung dieser Kundgebung verkündete die Bewegung 2003 einen unilateralen Waffenstillstand. Einer der ehemaligen Anführer der MILF, Eid Kabalu, prahlte damit, der Regierung eine Liste mit 50 Namen islamischer Terroristen überreicht zu haben, die sich in Mindanao verbergen. Unter den Genannten befand sich Dulmatin, ein Indonesier, auf den 10 Millionen Dollar Kopfgeld ausgesetzt waren, und Azahari Husin, der sich lieber selbst tötete als gefangen genommen zu werden. Doch trotz weiterer Friedensverhandlungen griffen im Januar 2005 MILF-Kämpfer in Maguindanao erneut Regierungstruppen an. Dies kostete nach offiziellen Angaben mindestens 23 Menschen das Leben.

Die Zahl der aktiven MILF-Anhänger wird auf 12 000 geschätzt, während 1998 die Gruppe selbst angab, aus 90 000

„gut bewaffneten" Männern zu bestehen. Zachary Abuza konstatierte in seiner Analyse der MILF im 20. Jahr ihres Bestehens, dass die Einheit der Bewegung ins Wanken gerate. Zwischen der älteren und der jüngeren Generation bilde sich eine immer größere Kluft: Die jüngeren Aktivisten seien weitaus militanter als die Gründerväter, weil sie bereits an islamischen Schulen ausgebildet wurden. Angetrieben von Fanatismus und Enttäuschung, dass nach mehr als 20 Jahren Kampf noch nichts erreicht worden sei, kritisieren sie die Bereitschaft der MILF, einen in ihren Augen faulen Kompromiss der Teilautonomie anzunehmen, aufs Schärfste. Dies sei nicht das von ihnen ersehnte Kalifat. Folglich suchen die jüngeren MILF-Anhänger ganz selbstverständlich Anschluss an die Jemaah Islamiah, die ein weitaus radikaleres Mantra als die „alte" MILF vertreten.

Abu Sayyaf entstand ebenfalls in der Region Mindanao und trat erstmals 1991 unter Führung von Abdurajak Abubakar Janjalani in Erscheinung. Ihre Grundlage ist der Wahhabismus saudischer Prägung. Janjalani hatte in Saudi-Arabien und Libyen studiert und in den 1980er-Jahren ein Training als Mudschahid in Pakistan und Afghanistan absolviert. Janjalani, der wohl aller Wahrscheinlichkeit nach in Afghanistan bin Laden getroffen hatte, kam 1990 zurück auf die Philippinen und etablierte dort die Abu Sayyaf, indem er enttäuschte und zornige Aktivisten der Moro National Liberation Front um sich scharte. Janjalani behauptete, die MNLF sei mehr an Geld interessiert als am wahren Dschihad. Sein Ziel aber sei, zunächst einmal die Christen aus dem Süden der Philippinen durch Gewaltakte zu vertreiben. 1992 kam es somit erstmals zu Entführungen, Bomben- und Granatenangriffen. 1995 erregte die Gruppe durch einen seegestützten Angriff auf die mehrheitlich von Christen bewohnte Stadt Ipil auf Mindanao internationale Aufmerksamkeit. Mehr als 200 bewaffnete Terroristen waren an dieser Operation beteiligt. Das wirtschaftliche Zentrum der

Stadt wurde zerstört, die Banken ausgeraubt und viele Einwohner getötet. Die Terroristen flohen mit Geiseln in die Wälder und ermordeten sie dort größtenteils.

Nachdem Abu Sayyaf erst einmal etabliert war, wurden Verbindungen zum Moro Islamic Liberation Movement, zu Jemaah Islamiah und Al-Qaida aufgebaut. Die meisten Kämpfer aller genannten Gruppen werden in einem Trainingslager ausgebildet, das von der internationalen islamischen Wohlfahrtsorganisation „Darul Imam Shafi'ie" unterhalten wird, die von einem Schwager bin Ladens mitbegründet wurde.

Janjalani starb 1998 während eines Schusswechsels mit philippinischen Sicherheitskräften. Daraufhin spaltete sich die Bewegung in verschiedene Gruppen. Informationen der philippinischen Armee zufolge übernahm der Bruder des Getöteten, Khadaffy Janjalani, die Führung der Hauptgruppe. Abu Sayyaf versuchte sich nun auch in der Geiselnahme von US-Bürgern und bemühte sich um Anbindung an Al-Qaida und Jemaah Islamiah. Im Jahr 2000 ließ sich Janjalanis Bewegung in der Islamistischen Internationale feiern, nachdem sie 58 Studenten gekidnappt hatte. Ein Jahr später erpresste sie mit einer erneuten Entführung von 21 Studenten 20 Millionen Dollar Lösegeld von Libyen.

Zachary Abuza verweist in seiner Analyse darauf, dass die MILF und Abu Sayyaf ein sehr zwiespältiges Verhältnis zueinander hätten. Auf der einen Seite betrachtet die Moro Islamic Liberation Front die Mitglieder der Abu Sayyaf als eine „Gruppe unislamischer Verbrecher", auf der anderen Seite begrüßt sie die Existenz von Abu Sayyaf, weil auf diese Weise die philippinische Armee nicht weiß, wo sie mit der Bekämpfung radikaler Organisationen anfangen soll. Außerdem kann man sich so verschiedene Terroranschläge gegenseitig in die Schuhe schieben, ohne die alleinige Verantwortung dafür übernehmen zu müssen.

Ein Bombenanschlag in Zamboanga im Oktober 2002 hat,

soweit man weiß, die Beziehungen zwischen Jemaah Islamiah und Abu Sayyaf verstärkt, denn kurz danach wurden weitere Aktivisten der Jemaah Islamiah zur Ausbildung in Trainingslager der Abu Sayyaf geschickt. Das Attentat war von Kämpfern der Abu Sayyaf und zwei indonesischen Angehörigen des Jemaah Islamiah gemeinsam ausgeführt worden. Drei Menschen wurden getötet, darunter ein US-Soldat einer Spezialeinheit.

2004 wurden mit Khair Malzam Mundus und Jordan Mamso Abdullah zwei Geldgeber des islamistischen Terrorismus verhaftet, und es wurde über deren Verbindungen ein weiteres Mal deutlich, dass Abu Sayyaf sich bereits auf vielfältige Weise eng mit Al-Qaida verlinkt hat. Somit ist Abu Sayyaf nicht länger eine Gruppe ohne feste Ideologie, sondern folgt der radikalen Interpretation des Islam und damit Al-Qaida.

Die Philippinen gehören zu den ärmeren Staaten Südostasiens. Daher nahmen sie auch gern die monetäre Hilfe an, die die USA dem Inselstaat im Kampf gegen den Terror bereitstellte. Es blieb jedoch nicht nur bei Finanzhilfen. Die USA sandten auch Spezialeinheiten zur Unterstützung der philippinischen Streitkräfte. Im Rahmen der „Operation Balikatan" beteiligten sie sich mit 660 Mann in der umkämpften Region Mindanao an einem gemeinsamen amerikanisch-philippinischen Einsatz gegen Abu Sayyaf. Darüber hinaus stellten die USA der Regierung in Manila rund 30 000 M-16-Gewehre, acht Hubschrauber für Truppentransporte, ein Schnellboot, ein Patrouillenboot und Nachtsichtgeräte zur Verfügung. Alles in allem war diese Militärhilfe laut Informationen der *International Herald Tribune* vom 28. Januar 2002 „Teil eines 100-Millionen-Dollar-Hilfspakets für das philippinische Militär, um die Schlagkraft der philippinischen Streitkräfte zu verbessern". Denn Gerüchten zufolge seien sie ungenügend ausgebildet worden und ihre Ausrüstung veraltet oder einfach schadhaft gewesen, was sich wiederum auf die Moral der Truppe niedergeschlagen habe.

Präsidentin Arroyo erließ unmittelbar nach dem 11. September ein eigenes Antiterrorprogramm nach dem Muster westlicher Staaten. Es umfasst unter anderem auch eine enge Zusammenarbeit mit den USA und der amerikanischen Armee. Im Gegenzug stellt die philippinische Regierung ihren gesamten Luftraum und auch Luftwaffenstützpunkte wie die Clark Air Base zur Verfügung. Arroyo ergriff zudem verschiedene Maßnahmen, um Terroristen an der Geldwäsche zu hindern und strafrechtlich zu verfolgen.

Der Feldzug gegen die islamistischen Kämpfer – und vor allem gegen Jemaah Islamiah – zeigt jedoch kaum Wirkung. Im Vergleich mit der Verfolgung und Verhaftung von Dschihadisten in Singapur, Malaysia und Indonesien gelang es auf den Philippinen bislang nur selten, Anhänger und Aktivisten der Jemaah Islamiah festzunehmen. Am 15. Januar 2002 wurde einer der führenden Köpfe des Islamismus, Fathur Rahman al Ghozi, der für eine Bombenserie in Manila im Jahr 2000 verantwortlich war, von den philippinischen Behörden überführt und von einem Gericht zu zwölf Jahren Haft verurteilt. Al Ghozi gilt als Sprengstoffexperte, ist nach eigenen Angaben in einem Lager an der afghanisch-pakistanischen Grenze ausgebildet worden und soll in die Vorbereitung von Anschlägen in Singapur verwickelt gewesen sein. Leider konnte er sich der Haft durch eine spektakuläre Flucht entziehen, was bei Jemaah Islamiah für Hohn und Spott sorgte. Die Antiterrorkoalition reagierte mit Besorgnis und Kritik an der philippinischen Regierung. Daraufhin erließ Arroyo ein neues Antiterrorgesetz, das jedoch von der Opposition scharf verurteilt wurde. Sie warf der Regierung vor, sie nutze den Kampf gegen den Islamismus, um demokratische Rechte zu unterminieren und den Sicherheitskräften eine derartige Machtfülle zuzugestehen, dass diese nun sogar mit dem Segen der Regierung außerhalb des Gesetzes operieren könnten. Ein Kommentator in der führenden philippinischen Zeitung *The Manila Times* schrieb am

7. Oktober 2005: „Terrorismus scheint ein bequemer Anlass zu sein, um sich seitens der Regierungskoalition ihrer politischen Gegner entledigen zu können und den unruhigen Rest der Bevölkerung zum Stillschweigen zu verdammen. Anstatt dem extremistischen Terror ein Ende zu bereiten, scheint die Antiterrorstrategie darin erfolgreich zu sein, den Terroristen weiteren Boden zu bereiten."

Terror im buddhistischen Thailand

Thailand ist ein zu mehr als 90 Prozent von Buddhisten bewohntes Land. Die restliche Bevölkerung setzt sich aus etwa 5 Prozent Muslimen und 5 Prozent Christen zusammen. Die thailändische Regierung blickt auf eine lange Geschichte der Auseinandersetzung mit Terroristen, Aufständischen und Flüchtlingen zurück. Während der vietnamesischen Besatzung Kambodschas unterstützte Thailand die Kambodschaner, die vor den Roten Khmer geflohen oder am Aufstand gegen die kommunistischen Machthaber beteiligt waren. Erst 1993 konnte das letzte Flüchtlingslager für Kambodschaner geschlossen werden. Heute engagiert sich Thailand an der Seite von Aufständischen gegen die Militärjunta in Myanmar (Birma). Dies aber ruft wieder andere Feinde auf den Plan.

Vor allem in Südthailand brodelt es. Verschiedene, hauptsächlich muslimische Separatistenbewegungen, die seit den 1960ern in Erscheinung getreten sind, versuchen ihre gegen das buddhistische Thailand gerichteten Unabhängigkeitsbestrebungen seit den 1970er- und 1980er-Jahren fast täglich mit Gewalt durchzusetzen. Die größte der insgesamt rund fünf bedeutenden Separatistenbewegungen im Süden Thailands ist die „Pattani United Liberation Organization". Sie entstand 1968 und steht ideologisch zwischen der „National Revolutionary Front" (Barisan Revolusi Nasional-Coordinate, BRN), die nationale und sozialistische Aspekte zu vereinen sucht, und der eher traditionell-gemäßigten „Islamic National Pattani Liberation Front" (Gerakan Mujahidin Islam Pattani; BNPP), die mittlerweile nahezu bedeutungslos geworden ist.

Die Pattani United Liberation Organization ist eine nationalistische, ethnische Vereinigung, die den Koran benutzt, um Gewaltanwendung zu rechtfertigen. Ursprünglich stammt diese islamistische Widerstandsbewegung aus Indien, wo ihr Gründer Tengku Bira Kotanila studierte. Als er jedoch den Eindruck gewann, seine in Malaysia stationierte Organisation agiere nicht effektiv genug, rekrutierte er junge Männer, die in Malaysia und im Nahen Osten Islamschulen und Universitäten besucht hatten. Die Anführer der Organisation ließen sich zwecks freier Ausübung ihrer Ideologie im saudi-arabischen Mekka nieder, während das militärische und logistische Hauptquartier pragmatisch im malaiischen Tumpat angesiedelt wurden. In der Ideologie der Pattani United Liberation Organization spielen ethnische Herkunft und Religion eine zentrale Rolle. Folglich wird ein besonderes Augenmerk auf den Islam und die malaiische Zugehörigkeit der Mitglieder gelegt.

Die Pattani United Liberation Organization verfügt zwar durchaus über einen gewaltbereiten Kern an Mitgliedern, doch es ist ihr militärischer Flügel, die „Pattani United Liberation Army", der für Anschläge und Gewalt zuständig ist. Seit 2004 ist in den südthailändischen Provinzen eine eklatante Zunahme an Gewalt festzustellen, der mehr als 1 500 Menschen zum Opfer fielen. Insbesondere die vorwiegend muslimischen Provinzen Narathiwat, Pattani und Yala wurden von Terror und Morden erschüttert. So wurde ein Imam vor seiner Moschee erschossen, und Kautschukarbeiter wagten sich nachts nicht mehr auf die Plantagen, nachdem dort mehrere ihrer Kollegen niedergeschossen worden waren.

In den Monaten nach den ersten Anschlägen hatten Polizei und Militär versucht, mit einer nationalen thailändischen Propagandakampagne die muslimischen Thai-Malaien für sich zu gewinnen. Dies scheiterte aufgrund der zugleich brutalen Vorgehensweise der Sicherheitskräfte. Es sind sogar Fälle bekannt, bei denen an die Leichen geköpfter Buddhisten Zettel geheftet waren, auf denen die Täter verkündeten, dass dies ein Racheakt für Übergriffe der Sicherheitskräfte sei.

Am 7. November 2004, wenige Stunden nach dem Besuch des Ministerpräsidenten Shinawatra in Narathiwat, kam es fast parallel zu Anschlägen auf rund 20 verschiedene Einrichtungen der Zentralregierung. Betroffen waren Polizeistationen, Straßenkontrollpunkte und Schulen.

Am 29. Juli 2005 verhängte die Regierung schließlich den Ausnahmezustand in Südthailand und verlängerte diesen im Oktober um weitere drei Monate. Viele schreiben diese Eskalation der harten Hand des früheren Ministerpräsidenten Thaksin Shinawatra zu. Ihm wurde Versagen in diesem Konflikt vorgeworfen. Ende Juni 2006 richtete sich eine weitere Anschlagsserie gegen 46 Einrichtungen von Polizei, Regierung und Wirtschaft. Anfang August 2006 explodierten fast 100 Bomben in Südthailand, Ende August folgten abermals 22 Anschläge in der südöstlichen Provinz.

Nach dem Militärputsch gegen Thaksin Shinawatra – im September 2006 – erwartete die Bevölkerung, dass sich die Lage im muslimischen Süden nun entspannen würde. Doch schon wenige Tage nach dem Sturz kam es zu neuen Attentaten.

Alle Hoffnung lag nun auf dem amtierenden Premierminister General Surayud Chulanont und seinem Stellvertreter, dem muslimischen General und Anführer der Putschisten Sonthi Boonyaratglin. Unmittelbar nach seiner Ernennung im Oktober 2006 bekräftigte Chulanont, dass er einen Dialog suche und alles unternehmen werde, um mit den Separatisten zu verhandeln. Dabei wolle er auch die Empfehlungen der Nationalen Versöhnungskommission berücksichtigen und erwäge sogar die Einführung der Scharia. Im November 2006 entschuldigte sich Surayud Chulanont während einer Reise nach Pattani für das harte Vorgehen der thailändischen Armee unter der Regierung von Shinawatra. Er bedauerte dabei ausdrücklich auch den Tod von 78 thailändischen Muslimen, die im Oktober 2004 während eines Gefangenentransports in einem Lkw erstickt waren. Sonthi Boonyaratglin schickte als Armeechef Truppen in die Unruhegebiete und hoffte, ebenfalls mit friedlichen Mitteln, zu einer stabilisierenden Lösung zu gelangen. Zentrale Prinzipien sollten hierbei sein: Khao Tueng (Nähe zu den Menschen aufbauen), Khao Jai (Verständnis zeigen) und Pattana (Entwicklung und Fortschritt befördern). Der General betonte, dass er politische Vorgehensweisen bei der Lösung des Problems im Süden anstrebe und nicht auf Gewalt setze. Chulanont besuchte anschließend gemeinsam mit Kronprinz Maha Vajiralongkorn die Region und bemerkte: „(…) dieses lang anhaltende und für uns alle untragbare Problem ist bereits chronisch. Sollte diese Wunde nicht angemessen behandelt werden, so wird sich ein bösartiger Tumor entwickeln, der nicht mehr geheilt werden kann."

Lange Zeit wurde angenommen, es seien ausschließlich malaiische und indonesische Islamisten und Militante, die die jungen muslimischen Thais indoktrinierten, um Spannungen zwischen dem mehrheitlich buddhistischen Thailand und beispielsweise Indonesien als muslimischem Verbündeten zu erzeugen. Weil die Verbindung zwischen thailändischen Muslimen und militanten islamistischen Gruppen noch relativ neu ist, wurde immer wieder abgewinkt, es seien doch „nur" radikale Separatisten, die im Süden Angst und Schrecken verbreiteten. Thailand-Experten verweisen darauf, dass der Süden des Landes, in dem auch Al-Qaida-Ableger und Propagandisten anzutreffen sind, als Unruheherd jedoch lange Zeit unterschätzt wurde. Denn hier würden sich zunehmend internationale und einheimische Dschihadisten tummeln. Die thailändische Zentralregierung musste also in zunehmendem Maße erkennen, dass die islamistische Gefahr nun auch ihr buddhistisches Land bedroht. Die Attentate auf der Insel Bali 2002 und 2005 führten zu einer Islamisierung des Terrors in Südostasien und inspirierten in schrecklicher Weise auch die Extremisten in Thailand.

Nach 9/11 hatte General Surayud Chulanont, Mitglied des „Privy Council", der den König berät, bereits mehrfach geäußert, dass der thailändische militärische Nachrichtendienst eine „kleine Zahl" von Al-Qaida-Aktivisten im eigenen Land unter Beobachtung habe. Die Gefangennahme von Hambali, einem ihrer obersten Anführer, im thailändischen Ayuttaya lieferte den letzten Beweis dafür, dass Al-Qaida durchaus daran interessiert ist, auch thailändisches Gebiet zu erobern und es als weitere Basis oder auch für operative Einsätze zu nutzen. Auch die Jemaah Islamiah nimmt zunehmend Einfluss auf Thailand. Die „International Crisis Group", die weltweit Expertisen zu gewalttätigen Konflikten erstellt, konstatierte: „Jemaah Islamiah versucht (…), die anderen Gruppen nicht von der eigenen Ideologie zu überzeugen, sondern ist daran interessiert, ihre Attentate und die Selbstmordanschläge effektiver werden zu lassen." Nach demselben Muster verfährt sie wohl auch in Südthailand. So sprach beispielsweise das Zünden einer Autobombe am 17. Februar 2005 in Sungai Kolok, einer kleinen Grenzstadt zu Malaysia, aufgrund der technischen Raffinesse des Anschlags, ganz klar gegen thailändische Separatisten und für die Urheberschaft von Jemaah Islamiah. Nach zwei unmittelbar aufeinanderfolgenden Bombenanschlägen auf einem Markt in Sungai Kolok, bei denen ein Malaysier und elf Thais verletzt wurden, verwies Hambali während des vom amerikanischen Sicherheitsdienst geführten Verhörs darauf, dass sich thailändische Extremisten sowieso geweigert hätten, Touristenorte und Sehenswürdigkeiten zum Ziel ihrer Anschläge zu machen. Inländische Separatisten wollten nie Gäste im Land, sondern staatliche Einrichtungen treffen.

Der erste Anschlag, der sich gezielt gegen Touristen in Südthailand richtete, fand Mitte September 2006 statt. Sechs Bomben explodierten in dem Ort Hat Yai fast zeitgleich vor Kaufhäusern, Cafés und einem Hotel. Vier Menschen wurden getötet und mehr als 70 verletzt.

Experten warnen vor einer weiteren Eskalation der Lage, und es ist durchaus anzunehmen, dass die Zentralregierung nach und nach die Kontrolle über das Geschehen im Süden des Landes verliert. Der Politologe Dana Dillon von der „Heritage Foundation" in Washington betonte, dass der Angriff auf Touristen eindeutig beweise, „dass der Krieg definitiv ausgeweitet wird". Thailand musste erkennen, dass es neuer Unternehmungen bedarf, um den Islamismus nachhaltig zu bekämpfen. Im Gegensatz zu Indonesien und den Philippinen, die sich im Zuge des 11. September der Antiterrorkoalition angeschlossen hatten, sah Thailand dazu in der unmittelbaren Zeit nach 9/11 noch keine Veranlassung. Dies hat sich inzwischen geändert. Mittels einer neuen Gesetzgebung führte das Land erste politische Maßnahmen wie beispielsweise die Überprüfung von Passagierdaten im Flugverkehr ein und gründete zur Bekämpfung von Geldwäschedelikten eine neue Behörde. Ihre Möglichkeiten erwiesen sich jedoch als äußerst begrenzt, weil die Summen, die über Thailand in Umlauf gebracht werden, in der Regel nicht hoch genug sind, um die gesetzlichen Schranken der Kontrolle zu erreichen. 2004 entwickelte die Zentralregierung das „National Coordinating Centre for Combating Terrorism and Transnational Crimes" (Nationales Koordinierungszentrum zur Bekämpfung von Terrorismus und grenzüberschreitenden Verbrechen; NCC-CTTC). Die Einrichtung befasst sich mit Terrorismus, mit dem Handel mit illegalen Drogen, internationalen Wirtschaftsverbrechen, Internetkriminalität, Waffenschmuggel, Seepiraterie und ebenfalls mit Geldwäsche. Berichte über mögliche Verdächtige und anstehende Operationen werden an die Sicherheitsbehörden sowie andere, vergleichbare nationale und internationale Sicherheitsdienste und Kontrollbehörden weitergegeben, die dann in Abstimmung mit der Regierung handeln müssen.

Gerade bei vielen potenziell labilen Zentralregierungen in Südostasien sollte eine Zusammenarbeit mit ausländischen Geheimdiensten und Antiterrorexperten stattfinden. Die Attentate auf Bali und der anhaltende Terror in Südthailand zeigen ebenso wie die Unberechenbarkeit und die Ausweitung von Jemaah Islamiah, wie gefährlich der globalisierte islamistische Terrorismus ist. Er hat nicht allein die Symbole westlicher Macht im Visier, sondern auch Regionen, die westliche Touristen bislang als Inseln des Friedens schätzten.

Teil IV

Reale Chancen des Friedens

Fluch oder Segen?

Nach dem Sechstagekrieg im Jahr 1967 schrieb ein bekannter israelischer Journalist und Historiker, Shabtai Tevet, ein Buch mit dem Titel „Der Fluch des Segens". In Israel avancierte es zum Bestseller. Der Autor stellte den unglaublichen militärischen Sieg des kleinen Staates Israel über seine Nachbarländer als Glücksfall und zugleich als Bürde dar – was er schon mit der Wahl des Titels auf den Punkt brachte. Dieser Sieg war nämlich ein Sieg in einem Krieg, den die damalige israelische Bevölkerung anfänglich sehr gefürchtet hatte.

Es war ein Sieg, für den ein hoher Preis gezahlt werden musste, der aber, wie es die Israelis damals empfanden, die Bedrohung durch die Nachbarn eindämmte und sogar Teile ihres biblischen Erbes wieder in die Hände des jüdischen Volkes zurückbrachte.

So sahen es im damaligen Freudentaumel nicht nur die orthodoxen Juden. Viele erkannten darin ein Geschenk Gottes, auf das man nicht mehr zu hoffen gewagt hatte. Denn nach jahrelanger Fremdherrschaft, schließlich durch die britische Besatzung und die darauf folgende Teilung Palästinas durch die UN im Jahr 1947 hatte sich die jüdische Bevölkerung bereits damit abgefunden, auf die Hälfte des Landes verzichten zu müssen, die viele als ihre eigentliche historische Heimat betrachteten. Diese 50 Prozent des Landes umfassen fast alle Gegenden, in denen sich in biblischen Zeiten das jüdische Leben abspielte und in denen sich fast alle heiligen Stätten des Judentums befinden. Hätten die Araber Palästinas und die gesamte arabische Welt damals den UN-Beschluss von 1947 akzeptiert, hätten sie in der Hälfte des Landes, die ihnen zugesprochen worden war, einen palästinensischen Staat gründen und vielleicht mit ihrem neuen Nachbarn Israel in Frieden leben können. Dann wäre der Verzicht der Juden auf das biblische Kernland endgültig gewesen. Das für die jüdische Bevölkerung so glückliche Ende des Sechstagekrieges versetzte darum viele Israelis, wenn auch nur kurzzeitig, in eine geradezu euphorische Stimmung. Für viele, besonders für gläubige Juden, bedeutete dieser Ausgang eine Rückkehr in die glorreichen Zeiten ihrer legendären biblischen Königreiche. Nur die wenigsten sahen wie Shabtai Tevet in den Ergebnissen des Sechstagekrieges auch den Kern der – gelinde gesagt – großen Schwierigkeiten, die auf Israel zukommen sollten.

Unmittelbar nach Eintritt der Waffenruhe am 12. Juni 1967 glaubten die meisten Israelis vielmehr, an der Schwelle des Friedens mit den arabischen Nachbarn zu stehen. Die Regierung gab bekannt, die eroberten Gebiete lediglich als Unterpfand für den Frieden halten zu wollen. In einer berühmten, wenn auch von vielen als arrogant gewerteten Erklärung verkündete der damalige Verteidigungsminister General Moshe Dayan, Israel warte nun auf einen Anruf aus den Nachbarstaaten. Damit war gemeint, dass die israelische Regierung keine einseitigen Schritte unternehmen und sich z. B. auch ohne Gegenleistung aus den besetzten Regionen zurückziehen würde. Die Nachbarländer warfen Israel jedoch unilaterale Absichten vor, die nur Israels eigenem Vorteil dienten.

Die Antwort auf Dayans Erklärung kam aus der sudanesischen Hauptstadt Khartum, in der am 1. September 1967 ein Gipfeltreffen aller arabischen Staaten stattfand. Diese Reaktion ist unter dem Titel „Die drei Verneinungen" bekannt geworden. Die gesamte arabische Welt verpflichtete sich öffentlich und einstimmig,

- den Staat Israel nicht anzuerkennen,
- mit ihm keine Verhandlungen zu führen und
- mit ihm keinen Frieden zu schließen.

Daraufhin erklärten extreme jüdische Kräfte die eroberten Regionen als befreite Gebiete des jüdischen Volkes und unternahmen fortan alles, um sie auch künftig als Bestandteil der jüdischen Heimat beizubehalten. Im Klartext war dies die Geburtsstunde der Siedlungsbewegung. Um die jüdischen Siedler zu unterstützen und vor allem um sie zu verteidigen, führte kein Weg an einer offensiven Besatzungspolitik vorbei. Im Grunde genommen ist diese Strategie bis heute die Realität und das bestimmende Element in den israelisch-palästinensischen Beziehungen geblieben. Sie prägt den Alltag und behindert in vielerlei Hinsicht die Friedensbemühungen.

1974 brach als Ergebnis des Yom-Kippur-Krieges, der im Jahr zuvor stattfand, die Regierung unter Golda Meir und Moshe Dayan auseinander. Nachfolger wurden Yitzhak Rabin und Shimon Peres, die 1992 ein zweites Mal antraten. In der Regierungszeit des Pragmatikers Rabin, der als Oberbefehlshaber des Sechstagekrieges und damit als Nationalheld gefeiert wurde, diente Shimon Peres als zweiter Mann. Er war Chef des Verteidigungsministeriums, des wichtigsten und einflussreichsten Ministeriums der israelischen Regierung, und kümmerte sich somit unmittelbar um die Verwaltung der besetzten Gebiete. Peres galt als der Falke der Regierung, der mit allen Mitteln die Siedlungsbewegung unterstützt und gefördert hat. Er wurde damals privat gefragt, wie es mit all den Siedlungen auf palästinensischem (damals jordanischem), ägyptischem und syrischem Boden weitergehen solle, wenn ein Wunder geschehen und die arabischen Nachbarn bereit sein würden, den

Staat Israel anzuerkennen und mit ihm Frieden zu schließen. Darauf erwiderte Shimon Peres spontan: „Dann haben wir ein Problem." Derselbe Shimon Peres war jedoch 18 Jahre später, in der zweiten Rabin-Peres-Regierung, Träger des Friedensbanners in der Arbeitspartei. Und es war auch derselbe Peres, der zum beharrlichen Befürworter der Oslogespräche mit der PLO (1993–1999) wurde. Dies beweist die tief greifende Entwicklung nicht nur eines einzigen Mannes, sondern spiegelt auch die Veränderung der allgemeinen Stimmung innerhalb einer kriegsmüden israelischen Bevölkerung wider. Peres musste ihrem Sehnen nach Frieden und Ruhe Rechnung tragen. Die Haltung zu Krieg und Frieden, zu Konzessionen und Kompromissen war nie statisch gewesen, sondern entwickelte sich stets dynamisch.

Das ägyptische Wunder

Die erste Rabin-Peres-Regierung verlor 1977 die Wahlen. Zum ersten Mal seit der Unabhängigkeit des Staates Israel wurde die Regierung vom rechten Lager übernommen.

Der als Hardliner bekannte Menachem Begin, Spitzenpolitiker der Likud-Partei und von den eifrigsten Nationalisten unterstützt, verkündete in seiner feierlichen Antrittsrede zunächst den Anfang eines großen Aufschwungs in der Entwicklung der Siedlungsbewegung. Doch ausgerechnet er und sein gerade neu hinzugewonnener Freund aus der Arbeitspartei, General Moshe Dayan, begrüßten später die Friedensinitiative des ägyptischen Präsidenten Anwar as-Sadat. Begin verzichtete auf alle in Ägypten eroberten Gebiete, räumte die Siedlungen dort und schloss mit Sadat einen zwar kalten, aber immerhin dauerhaften Frieden.

Zwei Überlegungen drängten ihn dazu, trotz aller Bedingungen, die Sadat im Voraus gestellt hatte, diese Schritte zu unternehmen: Einerseits wollte Begin mit dem größten und wichtigsten arabischen Staat Frieden schließen, um als erster israelischer Regierungschef, dem dies mit einem arabischen Nachbarland gelang, in die Geschichte einzugehen. Die Bedingungen aber, die er letzten Endes dafür akzeptierte, wichen von denen ab, die er sich anfangs vorgestellt hatte. Er war zunächst von einem Kompromiss zwischen ihm und dem ägyptischen Präsidenten ausgegangen, laut dem er nur einen Teil der eroberten ägyptischen Gebiete hätte zurückgeben müssen. Doch die israelische Bevölkerung drängte ihre eigene Regierung zu weitgehenden Zugeständnissen dem ägyptischen Kontrahenten gegenüber. Sie war von Sadats Besuch in Israel begeistert gewesen und glaubte an den Friedenswillen des ägyptischen Präsidenten. Ihm war es vor allem gelungen, die israelische Bevölkerung von seinem Engagement für Ruhe und Sicherheit entlang der ägyptischen Grenze zu überzeugen.

Andererseits hoffte Begin insgeheim, dass ein Friedensschluss, der die Ägypter umfassend zufriedenstellte, auch deren Zustimmung oder sogar Unterstützung bei der Erhaltung des Westjordanlandes sichern würde. Begin war ein zutiefst ehrlicher, ideologisch gefestigter Staatsmann; ein Mann mit einer Vision, ein Idealist. Für ihn gab es keinen Zweifel daran, dass es im Westjordanland – wie übrigens auch im Gazastreifen – um das Eigentum des jüdischen Volkes ging. Diese Gebiete, in denen sich die gesamte biblische Geschichte des jüdischen Volkes abgespielt hatte, bildeten nach seiner Auffassung das Herz der Nation und ihrer Vergangenheit. Es ging nicht nur um ein Vaterland, das man behalten und verteidigen musste, sondern auch um eine göttliche Verheißung. Auf dieses 3000 Jahre alte Erbe des jüdischen Volkes würde er niemals verzichten. Also hoffte er, dass Ägypten sich mit der Herrschaft Israels über das Westjordanland und den Gazastreifen abfinden würde, wenn er dem ägyptischen Staatsoberhaupt als Führungsspitze der arabischen Welt alle Gebiete zurückgibt und sämtlichen Forderungen nachkommt.

Schon während der Verhandlungen im Laufe des Jahres 1978 sah dies aber eher nach reinem Wunschdenken aus. Zunächst einmal hatte Sadat Begins Auffassung korrigieren müssen, dass Ägypten aufgrund seiner Jahrtausende langen Geschichte und eigenen historischen Identität kein typisches bzw. echt arabisches Land sei. Ägypten begreife sich sehr wohl als Bestandteil der arabisch-muslimischen Welt und werde immer mit den anderen Arabern solidarisch bleiben. Die Tatsache, dass Sadat Pionierarbeit leistete und ohne Absprache mit seinen arabischen Brüdern bereit war, einen separaten Frieden mit Israel zu schließen, sei zwar ein bedeutender politischer Schritt – von der großen Gefahr, die er persönlich in Kauf nahm, ganz zu schweigen – aber die Palästinenser ganz im Stich zu lassen würde für ihn zu weit gehen. In seinem Friedensschluss mit Israel müsse also zumindest auf die Palästinenser Rücksicht genommen und auch etwas für sie erreicht werden. Somit rief Begin als Ergebnis der Verhandlungen das Konzept der palästinensischen Autonomie im Westjordanland und im Gazastreifen ins Leben.

Auf dieser Basis schlossen 1979 Israelis und Ägypter Frieden, sodass Anfang der 1980er-Jahre die besetzten ägyptischen Gebiete wie auch die dort befindlichen israelischen Siedlungen gänzlich geräumt wurden. Die beiden Länder nahmen diplomatische Beziehungen auf und entwickelten weitere Kooperationen, z. B. im Flugverkehr und im Tourismus. Andere wirtschaftliche Verbindungen kamen bisher jedoch relativ selten zustande.

Die Palästinenser ehrlich wahrnehmen

Mit den Palästinensern gelangen währenddessen keinerlei Fortschritte. Da sich die Israelis nicht direkt mit ihnen verständigen wollten, hatten sie das Prinzip der palästinensischen Autonomie erst mit den Ägyptern auszuhandeln versucht, die ihrerseits im Namen der Palästinenser sprachen. Die Vorstellungen von einer

Einigung waren jedoch derartig unterschiedlich, dass die Gespräche nach kurzer Zeit ins Stocken gerieten. Im Laufe der Jahrzehnte verschlechterte sich daher auch das Verhältnis der zwei Nachbarstaaten Israel und Ägypten wieder zusehends, sodass der anfängliche Enthusiasmus schließlich einem eiskalten Frieden wich. Doch wenigstens herrschte ab jetzt Frieden. Krieg, Unruhen oder Terroranschläge entlang der ägyptisch-israelischen Grenze gab es seit Sadats Besuch in Jerusalem immerhin nie wieder. Das „palästinensische Problem" existierte zwar nach wie vor, allerdings konnte nun niemand Begins ersten Schritt eines einmal in Gang gesetzten, entscheidenden Prozesses hin zur Anerkennung des palästinensischen Volkes und dessen politischer Rechte sowie der Verwirklichung der ihm zugesprochenen Autonomie wieder rückgängig machen.

Dennoch brach Anfang 1987 die erste Intifada (Aufstand der Palästinenser) aus, und die Likud-Partei verlor 1992 die Macht zugunsten einer zweiten Rabin-Peres-Regierung. Diese unternahm einen neuen Versuch, um den Durchbruch im Konflikt mit den Palästinensern zu erreichen: Zum ersten Mal sprach die Staatsführung von einer Anerkennung der PLO und von der Absicht, mit ihr direkt Verhandlungen zu führen. Ziel war es, nach Beendigung der Besatzung mit einem von Israel unabhängigen Palästinenserstaat Frieden zu schließen. Allerdings bestand im Vergleich zu den Gesprächen zwischen Israel und Ägypten 14 Jahre zuvor ein wesentlicher Unterschied: Die Verhandlungen mit Ägypten verliefen auf klassische Art und Weise: Man legte alle Probleme und Meinungsverschiedenheiten offen auf den Verhandlungstisch und diskutierte so lange, bis man eine endgültige Lösung aller Probleme gefunden hatte. Auf diese Weise endeten auch 1994 die Debatten mit Jordanien mit einem positiven Ergebnis. Die Palästinenser und Israelis aber bewerteten ihre Probleme damals als zu vielschichtig, heikel und brisant, um sie alle auf einmal lösen zu können. Sie waren der Ansicht, die unterschiedlichen Interessen seien derartig miteinander verflochten, dass ein Versuch, alle Probleme auf einmal lösen zu wollen, zum sofortigen Scheitern führen würde. Über das grundsätzliche Prozedere wurde dann 1993 im Vorfeld der Verhandlungen in Oslo gemeinsam entschieden: Es sollte zwar ein Friedensprozess angestoßen, dieser aber etappenweise vorangebracht werden. Schritt für Schritt müsse erst das tief sitzende Misstrauen oder manches Mal auch der Hass zwischen Israelis und Palästinensern abgebaut werden, bevor das Risiko eingegangen werden könne, die gravierendsten und sensibelsten Probleme anzugehen. Dazu gehörten unter anderem die Frage nach dem Status und der Zukunft der Stadt Jerusalem, die beide Seiten als Hauptstadt beanspruchen, das Problem der palästinensischen Flüchtlinge und deren potenzielle Rückkehr, die Räumung der Siedlungen sowie der Verlauf der endgültigen Grenze zwischen den beiden Staaten.

Beide Verhandlungspartner einigten sich darauf, in den palästinensischen Gebieten mit der bereits zugesprochenen Selbstverwaltung zu beginnen. Auch diese müsste ihrer Meinung nach stufenweise in die Tat umgesetzt werden. Beginnen sollte sie im Gazastreifen, um dann sehr vorsichtig und behutsam um eine Stadt nach der anderen im Westjordanland erweitert zu werden.

Eine bittere Enttäuschung

Der Osloer Friedensprozess brach nach der Ermordung Rabins 1995 in sich zusammen. Sein Interimsnachfolger Peres konnte den durch ein Stocken der Verhandlungen und von tief greifender politischer Skepsis so grundlegend angegriffenen Prozess auch nicht mehr retten. Es ist bis heute fraglich, ob Rabin selbst, wäre er am Leben und damit Regierungschef geblieben, das Scheitern von Oslo hätte verhindern können. Doch dies sind reine Spekulationen. Tatsache ist, dass sich die Situation nach dem Mord an Rabin nochmals drastisch verschlechterte. Auch Peres'

Nachfolger, Benjamin Netanjahu, verhandelte zwar weiter mit Arafat, doch im Grunde war er nicht mehr willens, den Osloprozess zu retten. Seine Anhänger, seine Wähler und ein wachsender Teil der übrigen israelischen Bevölkerung entwickelten außerdem eine immer stärker werdende Ablehnung gegenüber den Verhandlungen. Dass die einst so vielversprechenden Pläne scheiterten, lag vor allem am gegenseitigen Misstrauen. Es war den Israelis und Palästinensern auch im Verlauf der Verhandlungen und der schrittweisen Annäherung nicht gelungen, die skeptische Haltung dem anderen gegenüber abzulegen. Im Gegenteil: Das Misstrauen wuchs, und daran hatten beide Seiten Schuld.

Der israelische Durchschnittsbürger, der 1993 den Osloer Prozess zwar willig, aber doch mit ein wenig Argwohn akzeptiert hatte, erwartete vor allem das Ende seiner Angst vor Angriffen und Anschlägen. Die inneren und äußeren Spannungen, die Israel seit den Gründungstagen begleiteten, sollten endlich der Vergangenheit angehören. Die jüdische Bevölkerung strebte nicht unbedingt und nicht sofort einen echten, dauerhaften Frieden an. Denn sie hielt es für unrealistisch zu glauben, dass eine den Friedensschlüssen mit Ägypten und Jordanien vergleichbare Situation so schnell herzustellen sei. Die Israelis haben seit 1948 sowieso keine genaue Vorstellung mehr davon, wie Frieden in ihrem Land aussehen und was er langfristig bedeuten könnte. Seit Ausrufung ihrer Unabhängigkeit leben sie im permanenten Kriegszustand und müssen sich häufig gegen Guerilla- und Terrorangriffe verteidigen. Daher steht für jeden Israeli vor allem der Wunsch nach Sicherheit im eigenen Lande an oberster Stelle. Die Mehrheit unter ihnen erhofft sich von einem Friedensprozess erst einmal einen echten Waffenstillstand sowie die Beendigung jeglicher Angriffe auf Israel und seine Bürger, auch seitens unabhängiger terroristischer Gruppierungen. Wenn es dann zu einem tatsächlichen, sicheren und langfristigen Frieden wie im Nachkriegseuropa kommen würde, wäre das für alle wie der Himmel auf Erden. Doch trotz intensiver Verhandlungen im Rahmen des Osloer Friedensprozesses, trotz Arafats Rückkehr aus dem tunesischen Exil und der Einrichtung einer palästinensischen Autonomiebehörde konnten sich die Israelis nie frei von der Angst vor überraschenden Terrorangriffen fühlen. Ob die palästinensische Autonomiebehörde die Anschläge, die sie sicherlich nicht selbst initiierte, entweder nicht verhindern wollte oder nicht verhindern konnte, interessierte den durchschnittlichen Israeli nicht. Solche Attentate bedeuteten für ihn, dass es keinen echten Frieden gab oder dass lediglich Heuchelei hinter allen Versprechungen steckte.

Für die palästinensische Bevölkerung war der Friedensprozess eine gute, schnell und sicher befahrbare Straße hin zu einem Besatzungsende, der Räumung der Siedlungen und der Errichtung eines unabhängigen Palästinenserstaats. Dennoch hat es die Rabin-Peres-Regierung nie gewagt, vor der letzten Stufe des Osloer Prozesses auch nur eine einzige Siedlung tatsächlich räumen zu lassen. Obwohl sie es selbst nicht veranlasste und sich sogar bemühte, es zu verhindern, wurden Siedlungen weiter ausgebaut. Besonders auffallend war diese Haltung beispielsweise im Frühjahr 1994 nach dem Massaker, das ein Vertreter jüdischer Fanatiker während des muslimischen Gebets in der Grabhöhle der Patriarchen in Hebron angerichtet hatte. Die gesamte israelische Bevölkerung war entsetzt, und doch brachte die Rabin-Regierung nicht den Mut auf, diese fanatische Gruppe von Siedlern aus der von 150 000 Palästinensern bewohnten Stadt Hebron zu evakuieren.

Viele Araber sahen also in den Siedlungen, die ihnen überall im Westjordanland ins Auge sprangen, ihrerseits einen Beweis dafür, dass die Friedenserklärungen der israelischen Regierung nicht ehrlich gemeint waren. Für die Israelis wiederum waren die andauernden Terroranschläge der Beweis für die Unaufrichtigkeit der palästinensischen Friedensbestrebungen. Und so wuchs das Misstrauen auf beiden Seiten, anstatt allmählich abgebaut zu werden.

Von der Enttäuschung zur Verzweiflung

Anfang 1999 keimte mit dem Wahlsieg des Kandidaten der Arbeitspartei, Ehud Barak, neue Hoffnung auf. Drei Jahre Netanjahu-Regierung hatten die ersten Ergebnisse der Osloer Gespräche fast zunichtegemacht – und Barak versprach einen neuen dynamischen Anlauf für die Friedensverhandlungen. Allerdings wollte er das Verfahren des Osloer Prozesses nicht wiederbeleben. Er betrachtete die Vereinbarung der schrittweisen Annäherung als gescheitert und plädierte für ein Vorgehen anderer Art. Im Grunde genommen dachte Barak an klassische Friedensverhandlungen, so wie sie seinerzeit zwischen Israel, Ägypten und Jordanien geführt worden waren. Alle Probleme und ungeklärten Fragen sollten offen dargelegt und von Anfang an nur eine genau definierte und damit endgültige Friedenslösung angestrebt werden. Dieser Prozess scheiterte aber im Jahr 2000 ebenfalls. Die Palästinenser warfen Barak vor, sein Verhalten sei Ausdruck diktatorischer Verhandlungsführung. Barak beschuldigte Arafat im Gegenzug der Unehrlichkeit und Sturheit.

Mit dem Scheitern der Verhandlungen stand der Nahe Osten nun vor einem unübersehbaren Scherbenhaufen. Im September 2000 brach die zweite Intifada aus, und im Januar 2001 wurde Barak mit Pauken und Trompeten abgewählt. An die Macht kam der Mann, der ähnlich wie Begin als Hardliner bekannt war: Ariel Sharon.

Drei Jahre lang hielt die zweite Intifada an. Die weitere Entwicklung in dieser politischen Situation war vollkommen blockiert. Die Israelis litten unter fürchterlichen Terroranschlägen und den daraus entstehenden großen wirtschaftlichen Problemen. Es war die schlimmste Zeit seit der Staatsgründung Israels. Demgegenüber litten die Palästinenser unter den Gegenmaßnahmen des israelischen Militärs und den daraus folgenden Einschränkungen in allen Bereichen ihres Alltags, die viele Menschen ins Elend trieben. Auf beiden Seiten wuchsen Hoffnungslosigkeit, Misstrauen – und Hass.

Im Jahr 2003, nachdem auch der Krieg im Irak für Israel nicht die erhoffte Ruhe in der Region und damit neue Friedensperspektiven eröffnet hatte, erhöhte sich der Druck der israelischen Bevölkerung auf die eigene Regierung. Zwar wusste niemand, wie eine neue Politik aussehen sollte, um diese Situation meistern zu können, doch alle sehnten sich danach.

Sharons angebliche Kehrtwende

Anfang 2004 übernahm Ariel Sharon schließlich das Notprojekt seines politischen Gegners aus der Arbeitspartei, Amram Mitznah. Noch ein Jahr zuvor hatte er dessen Vorschlag als inakzeptabel abgelehnt. Dieser nämlich sah den einseitigen Abzug aus einem kleinen Teil der besetzten Gebiete vor. Nun sollte der Gazastreifen gänzlich geräumt werden. Mit den Palästinensern wollte Sharon darüber allerdings keineswegs verhandeln. Sein Vorwand war zunächst, Arafat sei kein glaubwürdiger Gesprächspartner. Dessen Nachfolger, Mahmud Abbas, hielt er dann für zu schwach, um auch langfristig auf die Abkommen setzen zu können, die geschlossen würden, da Abbas keinen Rückhalt in der eigenen Bevölkerung habe.

Nach dem Abzug aus Gaza im August 2005 wurde Regierungschef Ariel Sharon klar, dass er zwar die Mehrheit der Bevölkerung hinter sich hatte, die Unterstützung in den eigenen Reihen aber verlor. Die Likud-Partei, die er selbst als einer der Gründerväter aus der Taufe gehoben hatte, war gespalten. Ein Teil der Abgeordneten befürwortete die Politik des Parteivorsitzenden Sharon, wenn auch teilweise aus opportunistischen Gründen: Sie wussten, dass die Bevölkerung den Abzug guthieß. Andere Abgeordnete widersetzten sich dem Regierungschef aus ideologischen Gründen oder weil sie sich um die Stimmen der Siedler sorgten.

Sharon entschied sich für die Gründung einer neuen Partei. Er würde, so seine Idee, einen Teil der Likud-Abgeordneten und deren Wähler mit sich nehmen, aber auch Anhänger der Mitte des politischen Spektrums gewinnen. Intern wurde dies als Urknall, d. h. als „big bang" in der israelischen Politik bezeichnet. Entstehen sollte eine neue politische Ordnung.

Das Projekt schien anfangs vielversprechend zu sein: Meinungsumfragen garantierten der neuen Partei „Kadima" („Vorwärts") 45 der 120 Mandate im Parlament. Erfolgsvoraussagen dieser Größenordnung sind in Israel eine Seltenheit. Die Zersplitterung der politischen Szene ist so groß, dass noch nie eine Partei alleine die absolute Mehrheit erreichen konnte. Schon der Gewinn eines Drittels der Mandate wird als durchschlagender Erfolg betrachtet. Wie sollte jedoch das politische Programm der neuen, bereits durch den Namen in die Zukunft gerichteten Partei aussehen? Was versprach sie der Bevölkerung? All das konnte von niemandem seriös beantwortet werden, denn Sharon war dafür bekannt, sich in der Öffentlichkeit nur sehr zurückhaltend zu äußern. Wenn er Verlautbarungen abgab, blieben diese meist eher nebulös.

Trotzdem war er ein Mann, dem die israelische Bevölkerung nach dem Abzug aus dem Gazastreifen vertraute. Sie unterstützte diesen ersten Schritt in die richtige Richtung und atmete auf. Endlich bewegte sich wieder etwas. Voller Optimismus gingen die Israelis davon aus, dass Sharon auch die übrigen besetzten Gebiete räumen würde, um die anscheinend positive Entwicklung voranzutreiben und der Zermürbung der eigenen Bevölkerung etwas entgegenzusetzen. Ob das mit den Palästinensern gemeinsam geschehen könnte oder als unilateraler Schritt, war angesichts der Situation mittlerweile nebensächlich. Die jüdische Bevölkerung wollte sich endlich klar von den Palästinensern abgrenzen, die Besatzung beenden und befürwortete mehrheitlich ein Ende der Siedlungsbewegung – selbst wenn sie sich danach hinter einem Sicherheitszaun verschanzen müsste, um sich vor Terrorangriffen zu schützen. Unter diesen neuen Umständen könnte der Frieden mit den Palästinensern auch etwas später kommen.

Doch Sharon hatte nichts dergleichen im Sinn. In einem Fernsehinterview des Privatsenders „Channel 10" beantwortete er die Frage, ob er sich nach den Wahlen auch aus dem Westjordanland einseitig zurückziehen werde, sogar mit einem klaren „Nein". Seine engsten Berater sicherten den Siedlern in der israelischen Presse vielmehr zu, dass die Räumung des Gazastreifens helfen sollte, die Siedlungsbewegung im Westjordanland noch weiter voranzutreiben.

Die Mehrheit der Israelis nahm diese deutlichen Hinweise allerdings nicht wahr. Es hieß immer wieder, Sharons Äußerungen seien lediglich taktischer Art. Man vertraute darauf, dass er, wie so oft in der Vergangenheit, am Ende das Gegenteil des Gesagten in die Tat umsetzen werde.

Endlich ein Pragmatiker am Steuer

Nach den Wahlen im Frühjahr 2006 entstand im April eine neue Koalition unter der Führung des neuen Ministerpräsidenten Ehud Olmert. Seine Regierung bestand hauptsächlich aus Pragmatikern, vielen vernünftigen Leuten und wenigen Extremisten. Olmert, der mit Sharon die Likud-Partei verlassen hatte und zur Kadima übergetreten war, zählte seinerzeit keineswegs zu Sharons populärsten Spitzenpolitikern. In der Likud-Partei ist er sogar äußerst unbeliebt gewesen und hätte kaum Chancen gehabt, bei einer Wiederwahl erneut in das Parlament einzuziehen. Er stand Sharon jedoch persönlich sehr nahe. Als dieser im Januar 2003 nach den gewonnenen Parlamentswahlen eine neue Regierung bildete, überließ er Olmert das Amt des Stellvertretenden Ministerpräsidenten, der damit betraut war, ihn offiziell, z. B. während einer Reise ins

Ausland, zu vertreten. Olmert akzeptierte diesen Status, wurde aber in den Medien belächelt, weil niemand diesen Titel ernst nahm und man auch nicht erwartete, dass Sharon jemals auf lange Zeit verhindert sein würde. Als er jedoch drei Jahre später, im Januar 2006, wegen einer schweren Erkrankung mit einem Mal aus dem öffentlichen Leben ausschied, wurde aus dem unpopulären Politiker, der zuvor nicht einmal das angestrebte Finanzministerium übernehmen durfte, automatisch ein Regierungschef.

In seiner Jugend war Ehud Olmert ein militanter Rechter, der sich mit der Zeit zum Realisten und Pragmatiker entwickelt hatte. Am 4. Dezember 2003 veröffentlichte die größte israelische Tageszeitung *Yedioth Ahronot* ein Interview, in dem er als damaliger Wirtschaftsminister der Likud-Regierung zum ersten Mal und als Erster seiner Partei von einem einseitigen Abzugsplan für die besetzten Gebiete sprach. Er bezog sich dabei nicht ausschließlich auf den Gazastreifen. Allerdings musste er diesen Plan mit der traditionellen Ideologie seiner Partei in Einklang bringen, schließlich waren für den Likud die besetzten Regionen „befreite jüdische Gebiete", in denen Siedlungen gebaut wurden, damit die Israelis sie nie wieder verlassen müssen. Wie erklärte er also seine plötzliche Bereitschaft für einen einseitigen Abzugsplan?

Die Begründung war rein patriotischer Art: Jene Gebiete, so Olmert, könne die israelische Regierung nicht ewig unter einem Besatzungsregime halten. Irgendwann müsse man sie samt ihrer großen palästinensischen Bevölkerung annektieren. Und weil Israel diese rund 3,5 Millionen Palästinenser nicht vertreiben könne und wolle, müsse man ihnen darüber hinaus die israelische Staatsangehörigkeit anbieten. Damit aber bestehe fast die Hälfte der Bevölkerung aus nichtjüdischen Bürgern, die angesichts der rasanten demografischen Entwicklung der muslimischen Einwohner innerhalb kurzer Zeit die Mehrheit bilden würden. Langfristig würde dies das Ende der Idee von

Israel als jüdischem Staat bedeuten. Es bleibe also nur die eine Möglichkeit übrig, die Gebiete einseitig zu räumen. Nachdem Olmert meinte, dass Israel sich zur Aufrechterhaltung des jüdischen Staates keine allzu große Minderheit nichtjüdischer israelischer Bürgern leisten könne, fragte der das besagte Interview führende Journalist, wie groß eine solche Minderheit seiner Meinung nach eigentlich sein dürfe. Die Antwort, die Olmert dann gab, hatte für die Israelis ein ganz bestimmtes Gewicht. Hätte er z. B. beliebig gesagt, sie könne einen Bevölkerungsanteil von 15 Prozent oder 25 Prozent ausmachen, so hätte seine Aussage keine Aufmerksamkeit erregt. Olmert hat aber ausgerechnet 20 Prozent genannt und dieser Anteil hat für die Israelis eine ganz klare Bedeutung: 20 Prozent nichtjüdischer israelischer Bürger gab es in Israel vor dem Sechstagekrieg, also bevor Israel die palästinensischen Gebiete erobert hat. Genauso groß wäre ihr Bevölkerungsanteil heute, wenn Israel auf alle – wirklich alle – Gebiete verzichten würde. Da Olmert, der die Bedeutung dieser Zahl genau kannte, sich ausgerechnet darauf bezog, verstand jeder israelische Leser seines Interviews, er sei der Meinung, man müsse sich von allen Gebieten trennen, einschließlich Ost-Jerusalems. Er würde also sogar eine neue Aufteilung der Stadt Jerusalem in Kauf nehmen. Als Olmert zweieinhalb Jahre später an der Spitze der neuen Kadima-Partei den Wahlkampf führte, wurde in seiner Wahlpropaganda in der Tat so gut wie nur ein einziges Anliegen thematisiert: Die einseitige Räumung aller besetzten Gebiete. Er war sich dessen bewusst, dass er ausschließlich mit diesem Thema die Wahlen würde gewinnen können. Olmerts Bereitschaft zum Gebieteverzicht ging folglich viel weiter als die des früheren Regierungschefs Sharon.

Im März 2006 gewann Ehud Olmert zwar die Wahlen, doch gut abgeschnitten hatte er aufgrund gravierender Fehler während des Wahlkampfes nicht. Anstatt der ursprünglich erwarteten 45 Mandate konnte Kadima nur 29 der 120 Parlamentsabgeordneten stellen. Auch die Arbeitspartei hatte schlechte Ergebnisse erzielt, bildete jedoch mit Kadima eine Koalition. Sie einigten sich darauf, zunächst Verhandlungen mit den Palästinensern zu führen. Erst wenn diese scheitern würden, wollten sie die Gebiete einseitig räumen.

Der Aufstieg der Extremisten

Sobald die neue Olmert-Regierung im Sattel saß, entwickelten sich die Dinge anders als erwartet. Immer häufiger kam es zu Angriffen aus dem geräumten Gazastreifen. Seit 2005 wurden israelische Städte und Dörfer entlang der Grenzgebiete mit Tausenden sogenannter „Kassam"-Raketen beschossen. Für die Israelis, die den Druck, unter dem die palästinensische Bevölkerung im Gazastreifen stand und bis heute steht, weder verstanden noch wahrnahmen, war und ist das Phänomen des Raketenbeschusses aus dem geräumten Gebiet unverständlich. Die Palästinenser, meinen sie, hätten seit Ende der Besatzung keinen Grund mehr, Israel zu bombardieren. Schließlich liege es in ihrem Interesse, Israel dazu zu bewegen, weitere besetzte Gebiete zu räumen. Dies aber könne ihnen doch nur gelingen, wenn die Mehrheit der Israelis davon überzeugt ist, dass ihnen solche Räumungen Sicherheit, Ruhe und inneren Frieden bringen. Wenn die Palästinenser aber aus Gaza heraus Israel bombardieren und damit das Gefühl der Sicherheit trotz des Abzugs abnimmt, dann lautet die Schlussfolgerung für viele Israelis: Die Gebiete dürfen nicht geräumt werden.

Auch der Angriff der radikalislamistischen Hisbollah aus dem Libanon im Jahr 2006 machte weitere einseitige Abzugspläne zunichte. Wie fünf Jahre später im Fall Gaza, hatte die israelische Regierung hier bereits 2000 die Besatzung beendet und den Südlibanon geräumt. Seitdem hatte die dort herrschende fundamentalistisch-islamistische, schiitische Hisbollah-Bewegung damit begonnen, einen neuen Krieg gegen Israel vorzubereiten. Schon seit Beginn der Revolution im Iran 1979 wird sie von den Ayatollahs aus Qom und Teheran unterstützt, finanziert, bewaffnet und ideologisch geformt, um den Südlibanon für die Ayatollahs zu einem Vorposten des radikalen Schiismus und einem Stützpunkt gegen Israel zu machen. Die israelische Regierung verschloss vor dieser neuen Gefahr jedoch die Augen, so dass der Angriff der Hisbollah am 12. Juli 2006 Israel völlig überraschend traf. Trotz aller Bemühungen der israelischen Luftwaffe im Laufe der darauffolgenden 33 Tage des Libanonkrieges konnte der intensive Beschuss ihres Landes nicht verhindert und die entführten Soldaten nicht zurückgeholt werden. Die Hisbollah wurde von den israelischen Streitkräften oder zumindest deren Spitze unterschätzt.

Die Befehlshaber der Armee waren davon ausgegangen, dass die Hisbollah-Milizen nichts anderes als terroristische Untergrundgruppen seien. Durch die massive Unterstützung des Irans jedoch hatten sie sich im Laufe der Jahre zu einer logistisch gut ausgestatteten Macht entwickelt, auf die die israelische Armee nicht vorbereitet war. In den Jahren des Ministerpräsidenten Sharon und unter Führung des Oberbefehlshabers und späteren Verteidigungsministers Shaul Mofaz war die Armee vor allem in eine Besatzungspolizei transformiert worden. Mit Ausnahme der Luftwaffe und der Marine konzentrierten sich die Streitkräfte nur noch auf die Bekämpfung der verschiedenen palästinensischen Terroristengruppierungen und auf die Verteidigung der israelischen Siedlungen in den palästinensischen Gebieten. Selbst die Ausbildung der Armee für den Kriegsfall wurde zum Großteil vernachlässigt. Natürlich wusste der Generalstabschef zur Zeit des Libanonkrieges und ehemalige Befehlshaber der Luftwaffe, General Dan Haluz, dass der Zustand der Armee unbefriedigend war. Die Hisbollah völlig unterschätzend glaubte er jedoch, mit „seiner" Luftwaffe alleine den Krieg innerhalb kurzer Zeit und mit großer

Überlegenheit gewinnen zu können. Als Israel im Jahr 2000 den besetzten Südlibanon einseitig räumte, hieß es, nun werde entlang der libanesischen Grenze Ruhe und Sicherheit herrschen. Für den Fall, dass diese Einschätzung enttäuscht werden sollte, habe Israel ja immer die Möglichkeit und Mittel zur Verfügung, im Südlibanon umgehend „Ordnung" zu schaffen. Das hat sich nun als Illusion erwiesen. Für die israelische Bevölkerung war dies eine einschneidende Erfahrung. Nach der einseitigen Räumung des Südlibanon fand dann 2005 die einseitige Räumung des Gazastreifens statt. In beiden Fällen ging die israelische Bevölkerung davon aus, dass mit dem Ende der Besatzung Ruhe und Sicherheit Einzug halten würden. In beiden Fällen war sie davon überzeugt, dass die israelische Armee anlässlich eventueller Angriffe aus dem geräumten Gebiet die Möglichkeit haben würde, die Aggressoren mit wenig Mühe zu überwältigen. In beiden Fällen hat sich dies aber als Fehleinschätzung herausgestellt. Die israelische Armee konnte weder die Hisbollah im Südlibanon überwältigen noch konnte sie den Raketenbeschuss aus dem Gazastreifen durch Gewaltanwendung stoppen.

Auf diese Weise gewann die israelische Bevölkerung den Eindruck, dass ganz gleich, wo sie Gebiete räumte und die Besatzung beendete, sie stets dafür bestraft werde. Es schien, als sei jeder Rückzug mit einer neuen Bedrohung aus eben diesen Regionen verbunden. Somit wurde jeder einseitige Abzugsplan des Ministerpräsidenten Olmert, für den er seinerzeit gewählt worden war, zunichtegemacht.

Was blieb übrig? In einem erstaunlichen Interview mit der israelischen Tageszeitung *Haaretz* kurz nach dem Libanonkrieg gab Olmert auf die Frage, was nun seine Agenda sei, die kurze Antwort: „Ich habe keine." Der Libanonkrieg war für ihn verheerend gewesen. Aufgrund offensichtlicher Führungsschwächen von Politik und Militär hielt die Bevölkerung die Olmert-Regierung nun für ein Kabinett der Versager. Sie fürchteten vor allem, dass nach diesen Erfahrungen die Feinde des Staates Israel noch einmal den Mut aufbringen könnten, innerhalb kurzer Zeit erneut einen Krieg zu entfachen, um einen noch größeren Sieg über Israel zu erzielen. Also müsse man sich fortan effizienter auf mögliche Angriffe vorbereiten. Dass die Olmert-Regierung dazu jedoch nicht in der Lage sei, habe sie im Sommer 2006 bewiesen. Ergo: Eine neue Regierung musste her. Diese sollte sich nach mehrheitlicher Meinung der Israelis aus dem rechten Lager zusammensetzen. Denn wenn Israel tatsächlich wieder vor einem neuen Krieg stehe, werde schließlich eine Falkenregierung benötigt, die eine klare Sprache spricht und ohne Wenn und Aber bereit ist, den Feind im Kampf zu zerschmettern. Viele vergaßen dabei jedoch, dass in der Vergangenheit alle für Israel erfolgreichen Kriege vom linken Lager geführt worden waren. Bisher hatte nur im ersten Libanonkrieg 1982 eine rechte Regierung das Sagen. Und dieser wurde zum größten Misserfolg in der Geschichte der israelischen Kriegsführung. Das menschliche Gedächtnis aber ist sehr kurz und selektiv, so dass nach Meinungsumfragen in den Jahren 2006 bis 2008 nun das rechte Lager und hier vor allem Benjamin Netanjahu von einer Mehrheit der Israelis favorisiert wurde. Ministerpräsident Olmert und einige seiner engen Mitarbeiter mussten sich hingegen mit Korruptionsvorwürfen auseinandersetzen, wodurch ihr Ansehen weiter der Erosion freigegeben wurde. Die Ergebnisse des Untersuchungsausschusses unter dem Vorsitz des Richters Winograd – der den Entscheidungsprozess, der zum Libanonkrieg geführt hatte, ebenso analysierte wie die gesamte Kriegsführung – steigerte all diesen sich zusammenballenden Unmut über die Regierung Olmerts noch einmal. Es wurden gravierende Versäumnisse und Fehler der Verantwortlichen festgestellt, die in einem Bericht im Frühjahr 2008 abschließend zu lesen waren. Das Gefühl der Israelis, dass die Regierung dilettantisch gehandelt und Soldaten wie Zivilisten gefährdet hatte, erwies sich nun als

Tatsache. Es kam zu großen Demonstrationen, und die Regierung wurde zum Rücktritt gedrängt. Dieser Forderung kamen zunächst jedoch nur einzelne Minister nach. Der Druck seitens der Bevölkerung wie auch der Politiker aus der eigenen Partei wurde für Olmert erst mit dem erneuten, gegen ihn erhobenen Korruptionsverdacht unerträglich. Ab Juli 2008 fungierte er faktisch nur noch als Chef einer Übergangsregierung.

Verhandlungen zum Schein

Im Dezember 2006 nahm Ehud Olmert Friedensverhandlungen mit der palästinensischen Regierung unter Präsident Mahmud Abbas auf. Fast zwei Jahre nach Beginn der Verhandlungen lagen immer noch keine Ergebnisse vor, und gegen Ende der Amtszeit Olmerts sah es so aus, als werde es auch keine Ergebnisse mehr geben. Der Hauptgrund für die festgefahrene Situation sind die Sicherheitsprobleme, die Israel mit den Palästinensern alleine nicht lösen kann. Und solange diese Probleme nicht gelöst werden, wird die israelische Bevölkerung keine Regierung in rein theoretisch aussehenden Friedensverhandlungen unterstützen.

Im Frühjahr 2008 „entdeckte" Ehud Olmert überraschend einen möglichen Partner für Friedensgespräche, nämlich den Erzfeind im Nordosten des Landes, Syrien. Nicht dass Verhandlungen mit Syrien eine unerhört neue Idee gewesen wären. In den letzten Jahren lag der Wunsch der Syrer, Friedensverhandlungen mit Israel aufzunehmen, auf der Hand, wurde aber von Ministerpräsident Sharon und seinem Nachfolger Olmert abgelehnt. Allerdings gab es im Laufe der 1990er-Jahre und im Jahr 2000 Friedensverhandlungen zwischen Israel und Syrien, die jedoch gescheitert sind. Syrien verlangte stets den Rückzug Israels auf die Linie, die vor dem Sechstagekrieg 1967 die faktische Grenze zwischen Israel und Syrien dargestellt hatte. Die israelischen Ministerpräsidenten Rabin, Peres, Netanjahu und Barak, die damals einer nach dem anderen die Geheimverhandlungen mit den Syrern führten, waren prinzipiell bereit, unter bestimmten Umständen die Golanhöhen an Syrien zurückzugeben. Auf jene Gebiete, die jenseits der international anerkannten Grenze liegen, wollten sie jedoch nicht verzichten. Einen Streitpunkt bildet vor allem eine Hunderte von Quadratmetern große Fläche, die aufgrund der dort vorhandenen Wasservorräte eine besondere Bedeutung hat. Syrien war es in den Jahren 1950 und 1951 gelungen, diese Gebiete zu erobern, welche dann 1967 mit den gesamten Golanhöhen verloren wurden. Syrien wird seit Jahrzehnten von einem radikalen, ultra-nationalistischen Regime regiert. Dennoch haben sich die Syrer 1991 nach der irakischen Invasion in Kuwait – wenn auch widerwillig – der westlichen Allianz gegen den Irak angeschlossen. Heute jedoch gilt Syrien als eng mit dem Iran verbunden und damit als Unterstützer der Hisbollah im Südlibanon sowie als Gegner der USA. Darüber hinaus hat der radikale Flügel der Hamas sein Hauptquartier in Damaskus aufgeschlagen. Diese Beziehungspflege entstand jedoch nicht aus Überzeugung, sondern eher aus einer Notlage heraus. Syrien, seit seiner Unabhängigkeit die meiste Zeit eine Militärdiktatur, verhält sich wie eine ge- und verschlossene Gesellschaft. Seine Beziehungen mit der Außenwelt waren immer zurückhaltend und argwöhnisch. Reibereien gab es besonders mit dem Westen, aber auch oft mit den arabischen „Bruderstaaten". In den letzten Jahrzehnten war der Libanon der prominenteste Zankapfel zwischen Syrien und der Außenwelt. Syrien hat den Libanon niemals als unabhängigen Staat anerkannt. Es betrachtet ihn als Teil Syriens und versuchte mehrfach, ihn zu beherrschen oder zumindest zu beeinflussen. Oft mischte sich Syrien in interne libanesische Angelegenheiten ein und dies nicht nur einmal mittels Gewaltanwendung. Diese Haltung Syriens dem Libanon gegenüber hat zu Spannungen und Rei-

bereien mit allen Ländern geführt, die Interesse an einem unabhängigen Libanon haben. Dazu gehören die Arabische Liga,
der auch der Libanon angehört, also die gesamte arabische
Welt, die ehemalige Kolonialmacht Frankreich, die immer
noch empfindsam den Libanon hütet, und die Vereinigten
Staaten, die sich der Herrschaft eines Kunden der Sowjetunion, der Syrien in der Vergangenheit gewesen ist, über eine mit
dem Westen verbundene relative Demokratie widersetzten.
Die verbrecherischen Methoden, die Syrien im Libanon
wiederholt angewandt hat, haben die Amerikaner letzten Endes dazu veranlasst, Syrien zum Teil der „Achse des Bösen" zu
erklären. All diese, an einem unabhängigen Libanon interes-
sierten Staaten, Israel eingeschlossen, haben Syrien in die Isolation gedrängt.

Im Jahr 2003, als die Amerikaner die Diktatur Saddam
Husseins beseitigten, fürchtete Syrien, das nächste Opfer der
sich bereits an seiner Grenze befindlichen Amerikaner zu werden. Infolgedessen versuchte Syrien im Geheimen, in Israel zu
sondieren, in der Hoffnung auf eine Bereitschaft Israels zur
Aufnahme von Friedensverhandlungen, die eine amerikanische Invasion erschweren würden. Israel lehnte Syriens Angebot ab. So blieb Syrien isoliert und weiterhin von den Amerikanern bedroht, die die Syrer nun überdies der Unterstützung
antiamerikanischer Terroristen im Irak beschuldigten. Unter
solchen Umständen wundert es nicht, dass Syrien sich mit den
Verbündeten zusammentat, die es finden konnte: allen voran
der Iran, die schiitische fundamentalistische südlibanesische
Hisbollah-Bewegung und die fundamentalistische palästinensische Hamas-Bewegung. Dass diese Allianzen nur Notallian-
zen sind, ist verständlich, wenn man die Interessen Syriens in
Betracht zieht. Die Syrer sind keine Iraner, sondern Araber und
überdies große arabische Patrioten. Sie sind keine Schiiten wie
die Iraner oder die Hisbollah, sondern Sunniten, die eine historische Feindschaft gegen die Schiiten hegen. Syrien ist zwar

eine Diktatur, sogar eine grausame Diktatur, jedoch kein Gottesstaat. Sollten die Iraner, die Schiiten und die Fundamentalisten in dem sich heute in der islamischen Welt abspielenden Machtkampf die Oberhand gewinnen, so würde dies das Ende des heutigen syrischen Regimes bedeuten. Folglich liegt es im Interesse Syriens, Alternativen zu seiner heutigen Isolation und zu seinen heutigen dubiosen Allianzen zu finden. Diese Alternativen sind natürlich die sunnitische arabische Welt, viel mehr aber noch der Westen und vor allem die Vereinigten Staaten. Im Laufe des Jahres 2008 deutete Syrien mehrfach seine Bereitschaft an, im Libanon Kompromisse zu akzeptieren. Und so haben die Syrer nach langen Blockaden die Wahl eines neuen libanesischen Präsidenten ermöglicht. Als Geste den Franzosen gegenüber, die den syrischen Präsidenten zum Mittelmeergipfel am 12. und 13. Juli 2008 nach Paris eingeladen hatten, versprach der syrische Präsident Bashar el-Assad, diplomatische Beziehungen mit dem Libanon aufzunehmen. Und tatsächlich empfing Präsident Assad am 13. August 2008 den neuen libanesischen Präsidenten Michel Suleiman in Damaskus. Die beiden Staatsoberhäupter verkündeten feierlich die Aufnahme diplomatischer Beziehungen. Damit hat Syrien zum ersten Mal seit der Unabhängigkeit der beiden Staaten im Jahr 1943 den Staat Libanon anerkannt. Dies bedeutet eine historische Wende im syrischen Verhalten dem Libanon gegenüber und stellt die Europäer zufrieden. Was aber für Syrien der Schlüssel zu einer erwünschten Wende in seiner Politik und seinen Allianzen sein müsste, wäre eine neue Politik der Amerikaner dem syrischen Staat gegenüber. Wer von Syrien umworben wird, sind also die Vereinigten Staaten, deren Zuwendung dann auch die der Europäer und der arabischen Staaten mit sich bringen soll. Und der Weg nach Amerika, so meinen die Syrer, führt durch Israel, oder zumindest können Friedensverhandlungen mit Israel den Weg dahin ebnen.

Nachdem Olmert sich aus seinen eigenen Überlegungen

heraus Anfang 2008 dafür entschieden hat, mithilfe türkischer Vermittler indirekte Verhandlungen mit Syrien aufzunehmen, äußerte der syrische Präsident vor der Öffentlichkeit ganz klar seine Absichten. Am 12. Juli 2008 veröffentlichte die französische Zeitung *Le Figaro* ein Interview mit Assad, in dem er sagte, er erwarte von Friedensverhandlungen mit Israel keine sofortigen Ergebnisse, weil er ohne amerikanische Vermittlung keine Fortschritte erwarten könne. Da Bush diese Friedensverhandlungen nur widerwillig akzeptiert hat und nicht selber daran teilnehmen will, müsse man, so Assad, auf den nächsten amerikanischen Präsidenten warten. Assad meint damit, dass er eine Rolle Amerikas in den Verhandlungen wünscht, wie die, die der amerikanische Präsident Carter in den 1970er-Jahren als Vermittler zwischen Israel und Ägypten übernommen hat. Damals waren die Amerikaner nicht nur aktive Vermittler, sondern haben den Ägyptern auch politisch und wirtschaftlich den Rücken gestärkt. Erst dann konnte Ägypten sich endgültig von der Bevormundung der Sowjetunion lösen. Im Fall Syrien könnte man dies so verstehen, dass erst wenn die Amerikaner sich ernsthaft engagieren und Syrien tatkräftig unterstützen, Syrien sich vom Iran, von der Hisbollah und dergleichen wird lösen können.

Keine Kriege ohne syrische Unterstützung

Auch für die Israelis wäre ein Frieden mit Syrien von Vorteil. Ohne syrische Unterstützung würde die Hisbollah im Südlibanon kaum noch eine Bedrohung für Israel darstellen. Ebenso würde der radikale Flügel der Hamas in Gaza ohne Drahtzieher in Damaskus geschwächt werden. Dies könnte wiederum die Verhandlungen mit den Palästinensern erheblich erleichtern. Ohne seine Verbindungen zu Syrien würde auch der Iran nicht mehr dieselbe Gefahr ausstrahlen, weil er an der israelischen

Grenze keinen Stützpunkt mehr hätte und somit nur noch weit von Israel entfernt agieren könnte. Ein Frieden mit Syrien würde fast automatisch auch den Frieden mit dem Libanon mit sich bringen. Mit der Mehrheit der libanesischen Bevölkerung – mit Christen, Drusen und heute selbst mit den Sunniten – hat Israel keinerlei Probleme. Mit ihnen hat es in der jüngsten Vergangenheit gute, wenn auch inoffizielle, Beziehungen gepflegt. Allerdings war immer die Schwäche des Libanon die Ursache seines Problems mit Israel. Er stand immer unter dem Druck mächtiger radikaler Elemente in der arabischen Welt, so z. B. Nassers Ägypten oder Syrien und in den letzten Jahren auch die schiitischen Fundamentalisten, d. h. die von Syrien und dem Iran unterstützte Hisbollah. Wenn der einschüchternde Nachbar Syrien den Weg zum Frieden mit Israel geht, wird dieser auch für den Libanon frei gemacht. Die libanesische Regierung wird sich freuen, sich den unmittelbaren Nachbarn Israels – Ägypten und Jordanien und dann auch Syrien – in einer friedlichen Koexistenz mit Israel anzuschließen. Damit würde Israel zum ersten Mal in seiner Geschichte mit keinem seiner direkten Nachbarn mehr im Kriegszustand leben.

Wie schon oft erwähnt, gilt für die Israelis die Frage der Sicherheit als Hauptproblem. Wenn die Israelis Hemmungen hinsichtlich eines Verzichts auf die Golanhöhen zeigen, so hat das mit den Erinnerungen und Erfahrungen von vor dem Krieg im Jahr 1967 zu tun. Vor der Eroberung der Golanhöhen durch Israel im Sechstagekrieg galten diese Höhen als ständige Gefahrenquelle und Bedrohung für Israel. Von den Höhen herab konnten die Syrer einen Großteil des sich unter ihnen im Tal ausbreitenden Galiläa beobachten und nicht selten bequem beschießen. Instinktiv fürchten die Israelis, dass die Rückgabe der Golanhöhen eine Rückkehr zu der vor dem Krieg 1967 herrschenden Situation sein könnte. Zur Beschwichtigung dieser Ängste muss ein Friedensvertrag mit Syrien weitgehende Sicherheitsgarantien für Israel enthalten. Das heißt, dass über die

Normalisierung der Beziehungen zwischen den beiden Ländern hinaus die rückerstatteten Golanhöhen entmilitarisiert bleiben müssen. Dies ist auch bis heute mit den im Rahmen des Friedensvertrags von 1979 zurückgegebenen ägyptischen Gebieten der Fall. Die Kontrolle des entmilitarisierten Gebietes wird internationalen Beobachtern obliegen müssen, wobei anfänglich und vorübergehend israelische Beobachtungspositionen auf dem Golan beibehalten werden sollen. All dies scheint, auch für die Syrer, realisierbar zu sein. Und die Israelis können von dem Frieden mit Syrien und vor allem von der Idee der Rückgabe der Golanhöhen überzeugt werden: Jegliche israelische Regierung, die einen Friedensvertrag mit Syrien unterzeichnet, wird sich bemühen, ihren Bürgern zu erklären, dass ohne Kriegszustand mit Syrien kein Krieg gegen Israel mehr entfesselt werden kann. Und man wird erklären, dass es auch keinen Raketenkrieg gegen Israel mehr geben wird, weil die Hauptbesitzer der Raketen an den Grenzen Israels die Syrer und deren Klientel, die Hisbollah, sind.

Die Gefahr lauert auch in der Ferne

Wahrscheinlich aber wird auch all dies die Israelis nicht vollkommen beschwichtigen können. Ihre Befürchtung erstreckt sich weit über die unmittelbaren Nachbarn hinaus. Sie fühlen sich von der islamischen Welt insgesamt bedroht und in den letzten Jahren ganz besonders von einem neuen, besonders gefährlichen, aufsteigenden Feind – vom Iran unter Ahmadinedschad. Dieser träumt nicht nur von einem neuen islamischen Eroberungszug, durch den die schiitische Minderheitsströmung im Islam die Oberhand über die sunnitische Mehrheit gewinnen soll. Der Iran nährt auch die Jahrtausende alten, imperialen Träume Persiens von einer Herrschaft über die gesamte Region. Im Klartext bedeutet das, dass Mahmud Ahmadinedschad, wenn er schon nicht unmittelbar über seine Nachbarstaaten herrschen kann, so doch zumindest den Haupteinfluss auf sie ausüben will. Sollte der Iran sein Ziel erreichen, würde er über 57 Prozent aller Erdölreserven verfügen und damit in der Lage sein, die ganze Welt zu erpressen und in Geiselhaft zu halten. Und genau dazu braucht der Iran Atomwaffen. Israel ist für das iranische Regime zwar eine – wenn auch lästige – Nebensächlichkeit, aber dass die Ayatollahs den jüdischen Staat hassen und seine Vernichtung prophezeien, steht außer Frage. Der iranische Präsident bedient sich radikaler anti-israelischer Rhetorik und nutzt die Holocaust-Leugnung als Mittel zum Zweck der Volksverhetzung. In der Regel sind Holocaust-Leugner keine objektiven Historiker, sondern zählen zu den gehässigsten Antisemiten. Im besten Fall sind sie der Meinung, dass Hitler nicht genug Juden ermordet hat. In der arabischen Welt werden vor lauter Hass gegen Israel oft solche den Holocaust bestreitenden Thesen geäußert. Deren Prediger sind auch Hitlers Bewunderer. Holocaust-Leugnung wird also von Ahmadinedschad instrumentalisiert, um auch auf diesem Weg den iranischen Einfluss in der islamischen Welt zu stärken. Genau deshalb aber sind auch Saudi-Arabien und andere arabische Länder dazu bereit, mit Israel den Frieden zu schließen. Zwar haben sie ihre Meinung über Israel wahrscheinlich nicht geändert, aber sie verstehen, dass die echte Gefahr im Osten lauert, im Iran. Um sich ernsthaft gegen den Iran verteidigen zu können, benötigen sie Ruhe in ihrem Hinterhof, Ruhe zwischen Israel und seinen Nachbarn. Und auch das ist für die arabische Welt wie für Israel der Grund ihres Bestrebens, Syrien vom Iran zu trennen. Dass die Bush-Regierung die Trennung zwischen Syrien und dem Iran nicht auch als amerikanisches Interesse begreift, ist vielen im Nahen Osten ein Rätsel. Diese Politik wird jedoch die Bush-Regierung wahrscheinlich nicht überleben.

Keinen begrenzten, separaten Frieden

Als der ägyptische Präsident Sadat 1977 Israel die Hand reichte und den Frieden anbot, betonte er in jedem Gespräch und in jeder Rede, er wolle einen umfassenden Frieden. Sadat kam aber allein nach Israel. Es war ihm nicht gelungen, irgendeinen anderen arabischen Partner für die Reise nach Jerusalem zu gewinnen. Die israelische Regierung war mit dieser Situation vorerst zufrieden. Sie war der Meinung, es sei schwierig genug, einem einzigen arabischen Staat Zugeständnisse zu machen. Mehrere Verhandlungspartner und gleichzeitige Zugeständnisse in alle Richtungen hätten die Friedensbemühungen zu sehr belasten können. In Israel predigten die „Nahostexperten", Ägypten sei kein echtes arabisches Land, sondern ein Volk für sich mit einer eigenen, uralten ägyptischen Tradition und Geschichte. Ein separater Frieden mit ihm wäre eigentlich nicht abwegig. Genau dies versuchte Sadat zu widerlegen. Ägypten, sagte er, sei Teil der arabischen Welt, voll und ganz mit ihr verbunden und solidarisch mit ihr. Der Frieden mit Ägypten werde nicht lange halten können, sollte Israel gleichzeitig nach wie vor im Kriegszustand mit anderen arabischen Ländern leben. Der 1979 mit Ägypten geschlossene Frieden ist dennoch seither ein separater Frieden geblieben – mit Ausnahme Jordaniens, das 1994 den Frieden mit Israel geschlossen hat. Und doch hat der Frieden gehalten, auch wenn er ein kalter Frieden geblieben ist. Der Frieden mit Syrien hingegen wird ohne einen umfassenden Frieden mit der gesamten arabischen Welt entweder nicht zustande kommen oder nicht lange Bestand haben. Was aber verhindert einen umfassenden Frieden, wie ihn Saudi-Arabien und hinter ihm die gesamte Arabische Liga Israel bereits angeboten haben? Vorerst stellt Saudi-Arabien den Israelis Bedingungen, die sie heute nicht akzeptieren können. Vor allem geht es um die Rückgabe aller besetzten Gebiete, einen Rückzug auf die alten Grenzen von vor dem Krieg im Jahr 1967 und die Lösung des palästinensischen Flüchtlingsproblems in einer Art und Weise, die für Israel nicht annehmbar ist. Die Saudis und der Rest der arabischen Welt werden aber nicht päpstlicher als der Papst sein: Sobald die Palästinenser mit den Israelis einen Kompromiss erzielt haben werden, der die Frage der Grenzen, der Stadt Jerusalem und der Flüchtlinge regeln wird, werden auch die Saudis akzeptieren, was die Palästinenser bereits akzeptiert haben. Zusammenfassend lässt sich sagen, dass der Frieden mit Syrien nicht nur wichtig, sondern tatsächlich unentbehrlich ist. Aber der Weg zum umfassenden, endgültigen Frieden, der auch den Ängsten und Sorgen der Israelis den Boden entziehen wird, führt über einen Frieden mit den Palästinensern.

Im Januar 2002 hat Saudi-Arabien Israel das bereits erwähnte revolutionäre Angebot gemacht. In anderen Zeiten hätte ein solches Angebot, das eine Kehrtwende in der traditionellen arabischen Haltung Israel gegenüber signalisierte, in Israel eine Welle emotionaler Reaktionen ausgelöst. Damals erregte es jedoch kaum Aufmerksamkeit, denn das Land befand sich in der schlimmsten Phase der Intifada. Niemand brachte Interesse und Geduld für eine Diskussion um Friedenspläne auf, zumal der damalige Regierungschef, Ariel Sharon, gewiss kein Mann war, mit dem man seinerzeit über die Rückgabe besetzter Gebiete hätte sprechen können. Auch die USA hatten keinerlei Interesse, die Saudis aktiv zu unterstützen. Es war die Zeit der explodierenden Busse und Cafés in Israel. Afghanistan wurde von den Taliban befreit und der zweite Irakkrieg vorbereitet. Auf diese Weise, so dachten die Strategen Amerikas, seien alle Probleme des Nahen Ostens zu lösen. Demnach sahen sie keinen Grund, die Israelis an ihrer neuen Offensive gegen die grausame und blutige Intifada im Frühjahr 2002 zu hindern. Das unerwartete Friedensangebot der Arabischen Liga geriet hingegen fast in Vergessenheit.

Erst die drohende Gefahr aus dem Iran sorgte dafür, dass die

Saudis ihren Plan wieder aus der Versenkung holen. Die gesamte arabische Welt segnete ihn Anfang 2007 ein weiteres Mal ab. Denn nun standen sie einem anderen israelischen Ministerpräsidenten gegenüber, auf den sie weitaus größere Hoffnungen setzten. Ehud Olmert, der jahrelang selbst im rechten Lager als Hardliner bekannt war, wurde in den letzten Jahren eher aufgrund seines Pragmatismus und seiner prinzipiellen Bereitschaft, auf besetzte Gebiete zu verzichten, bekannt. Die Saudis hatten auch nicht vergessen, dass es Olmert gewesen war, der am 27. November 2006 am Grab des ersten israelischen Ministerpräsidenten, David Ben Gurion, eine sehr mutige Rede hielt, in der er guten Willen und die Bereitschaft zu größten Zugeständnissen verkündete:

„… Ihr, das palästinensische Volk, im Süden und im Osten, im Gazastreifen, in Judäa und Samaria, befindet euch in diesen Tagen an der Schwelle zu einer historischen Entscheidung. … Der kompromisslose Extremismus eurer Terrororganisationen – der Hamas, der Jihad, der Al-Aqsa-Märtyrer-Brigaden und weiterer Organisationen – hat euch dem Ziel, von dem ich überzeugt bin, dass es viele von euch teilen, nicht näher gebracht: einen palästinensischen Staat zu errichten, der euch eine Zukunft und Wohlstand bietet und der in guter Nachbarschaft an der Seite des Staates Israel existieren wird. … Das Ende von Terrorismus und Gewalt wird uns in die Lage versetzen, euch eine Reihe von Schritten anzubieten, die in gemeinsamer Koordination eine Verbesserung der Lebensqualität der palästinensischen Bevölkerung ermöglichen sollen … Wir werden eine beträchtliche Anzahl an Straßensperren abbauen, … die Abläufe an den Grenzübergängen zum Gazasteifen verbessern und die Freigabe von palästinensischen Geldern zur Erleichterung der schweren Lebensbedingungen, unter denen viele von euch leiden, veranlassen. Wir können euch bei der Erstellung eines Plans zur wirtschaftlichen Rehabilitierung des Gazastreifens und von Gebieten in Judäa und Samaria unterstützen. Wir können euch in Zusammenarbeit mit der internationalen Gemeinschaft bei der Gründung von Industriegebieten helfen, um Arbeitsplätze ... zu schaffen ... Die Vergangenheit kann nicht geändert werden, und die Opfer des Konfliktes, auf beiden Seiten der Fronten, können nicht zurückgebracht werden. ... Historische Rechnungen können nicht beglichen und Narben können nicht weggewischt werden. Alles, was wir tun können, ist, weitere Tragödien zu verhindern, der jüngeren Generation einen hellen Horizont und Hoffnung auf ein neues Leben zu vererben. Lasst uns unsere Feindseligkeit und das ‚Säbelrasseln' in gegenseitige Anerkennung, Respekt und direkten Dialog verwandeln."

Die Saudis hofften, dass Olmert vielleicht den Mut aufbringen würde, seine Ideen auch in die Tat umzusetzen, und bemühten sich, mit Unterstützung der Jordanier dem israelischen Premier ihre Vorschläge von 2002 noch einmal persönlich zu unterbreiten. Olmert traf daraufhin Anfang 2007 den renommierten saudischen Staatsbeauftragten Prinz Bandar bin Sultan zu Geheimkonferenzen in Jordanien. Schon bald reagierte Olmert nicht mehr wie sein Vorgänger vollkommen ablehnend, sondern verkündete, der Plan enthalte durchaus positive und interessante Elemente.

Nach wie vor setzt jene Friedensinitiative jedoch die Aufgabe der Siedlungen und die Räumung sämtlicher palästinensischer Gebiete voraus. Aber genau das konnte Olmert nicht umsetzen, wie er auch alle seine anderen Versprechungen niemals umsetzen konnte.

Bei den Palästinensern sieht die Situation nicht besser aus. Mahmud Abbas blieb als Nachfolger Arafats kaum Spielraum. Er erbte die Hinterlassenschaften eines Regimes, das nach der schrecklichen zweiten Intifada moralisch, physisch und wirtschaftlich vollkommen am Boden lag.

Im Januar 2006, unter Druck vor allem seitens der Amerikaner, in den palästinensischen Gebieten endlich demokratische Strukturen einzuführen, wurde der Palästinenserpräsident und Chef der Fatah gezwungen, freie und geheime Parlamentswahlen zu ermöglichen. Abbas akzeptierte das sehr widerwillig, denn er wusste, dass die Islamisten in diesen Wahlen die besten Chancen hatten. Als dann die radikale Hamas-Bewegung tatsächlich die Wahlen gewann, waren die Israelis und die Amerikaner empört. Sie entschieden sich, die neue Regierung und damit das durchaus demokratisch legitimierte Wahlergebnis nicht hinzunehmen. Bei den Palästinensern kam dies jedoch so an: Demokratie und freie Wahlen ja – allerdings nur, wenn das Ergebnis uns passt.

Seitdem herrschte in der Koalitionsregierung der palästinensischen Gebiete ein permanenter Machtkampf zwischen der zur PLO gehörenden Fatah und der Hamas, die die Mehrheit im Parlament stellte. Schon in dieser Zeit ähnelte die angespannte Situation häufig einem regelrechten Bürgerkrieg.

Im Frühjahr 2007 kam es dann im Gazastreifen zu einer echten bewaffneten Auseinandersetzung zwischen den beiden palästinensischen Lagern. Die Hamas-Regierung riss alle Macht an sich und vertrieb alle PLO-Mitglieder aus dem Gazastreifen oder ermordete sie. Abbas reagierte mit der Auflösung des demokratisch gewählten und vom Parlament bestätigten Hamas-Regimes und ernannte eine Notstandsregierung. Da der Ministerpräsident der Hamas sich jedoch weigerte, seine Amtsenthebung anzuerkennen, sie sogar als illegal verurteilte, entstanden zwei palästinensische Einheiten: die eine unter der Führung der Hamas, und zwar im geräumten, aber von Israel umzingelten Gazastreifen, die andere unter der Leitung der PLO im nach wie vor von den Israelis besetzten Westjordanland.

Klar ist, dass die Hamas alles ihr Mögliche tun wird, um nach Gaza auch das Westjordanland zu erobern. Klar ist aber auch, dass der Palästinenserpräsident und seine PLO-Regierung auf den Gazastreifen als Bestandteil eines zukünftigen Palästinenserstaats nicht verzichten werden. Trotz allem stehen die palästinensischen Regierungen beider Gebiete – Gaza und Westjordanland – sehr schwach da. Der weltweite Boykott der Hamas-Regierung und vor allem die von den Amerikanern und den Israelis verhängten Handels- und Finanzsperren drängen die Hamas immer weiter in die Ohnmacht. Ihr bleibt wie der israelischen Regierung keine andere Wahl, als Initiativen hinsichtlich Verhandlungen zu ergreifen. Da sich alle Kontrahenten – Israel, Hamas und PLO – diesbezüglich nicht als wirksam erwiesen haben, muss Hilfe von außen kommen, um den gordischen Knoten zu zerschlagen.

Weder Krieg noch Frieden

Einen Anfang machte also bereits die Arabische Liga unter der Federführung Saudi-Arabiens mit kräftiger Unterstützung von Ägypten und Jordanien. Hinzu kam die überraschende Ankündigung des pakistanischen Präsidenten General Pervez Musharrafs im April 2007, dass er die Friedenspläne der Saudis unterstützen werde. Musharraf selbst wolle dafür sorgen, dass nicht nur die arabische, sondern die gesamte islamische Welt – und hier vor allem die Sunniten, also die Gegner des Iran – einen Friedensprozess zwischen Israel und den Palästinensern fördern würden. Mit einem solchen Schritt würde der Iran isoliert und seine Drohungen in Richtung Israel geschwächt werden. All dies reicht aber noch immer nicht aus.

Eine starke Regierung wird Israel in absehbarer Zukunft nicht haben. So wie Olmert es musste und nicht erreicht hat, so werden auch seine Nachfolger erst das Vertrauen der israelischen Bevölkerung gewinnen müssen, bevor sie ihr eine radikale Kehrtwende in der Politik schmackhaft machen können. Dieses Ziel hätte vielleicht durch einen neuen, für Israel erfolgreichen Krieg erreicht werden können. Ein erfahrener und in kriegerischen Auseinandersetzungen erfolgreicher Politiker genießt unter den Israelis immer noch höchsten Respekt. Der Libanonkrieg im Juli 2006 hat jedoch allen Beteiligten, abgesehen vielleicht von den Rechtsextremisten, den Appetit auf weitere Gefechte gänzlich verdorben. Selbst die Generäle, denen wegen der schlechten Kriegsvorbereitung Rügen erteilt wurden, sehen diese Option eher ungern. Es ist zwar nicht unwahrscheinlich, dass die Hisbollah, von ihrem Sieg überzeugt, vom Iran aufgehetzt und unterstützt, einen neuen Versuch wagen könnte. Doch von israelischer Seite wird eine solche Initiative zum Krieg wohl kaum zu erwarten sein. Die israelische Bevölkerung ist sich seit dem Libanonkrieg 2006 der Tatsache bewusst geworden, dass nun ein Krieg im Nahen Osten nicht mehr auf die Frontlinie begrenzt bleiben wird. Wie es schon im Libanonkrieg der Fall war, wird nun jeder künftige Krieg ein Raketenkrieg sein, allerdings in erheblich gravierenderen Ausmaßen. Israel umfasst eine Fläche von nur 20 000 Quadratkilometern und ist damit nicht größer als das Bundesland Hessen. Die vom Iran an Syrien, an die Hisbollah oder an die Hamas gelieferten Raketen können also jeden Punkt in Israel erreichen. Syrien hingegen würde mit seinem umfangreichen Raketenarsenal für die israelische Zivilbevölkerung im Kriegsfall die allergrößte Gefahr darstellen.

Selbst gegenüber den primitiven Raketen der Hamas im Gazastreifen war sich die israelische Regierung lange unschlüssig, was zu tun sei. Nach dem einseitigen israelischen Abzug aus dem Gazastreifen im Jahr 2005 begann die dort regierende Hamas bereits 2006, die israelischen Städte und Dörfer entlang der Grenze mit zunächst primitiven Raketen ständig zu beschießen. Viele in Israel forderten daraufhin eine Wiedereroberung des Gazastreifens. Im Jahr 2008 entschied sich die israelische Regierung dann zu einem prekären Waffenstillstand mit der Hamas.

Die Rolle des Westens

Eine mutige und zukunftsweisende Politik Israels liegt in einer wirksamen Friedensinitiative. Entweder man konzipiert neue Ideen oder propagiert schon existierende Bemühungen noch einmal nachhaltig. Aber selbst wenn die israelische Regierung eine solche Initiative als einzige Möglichkeit begreifen sollte, um aus dem Stillstand herauszukommen, wird sie nicht über die politische Macht verfügen, allein alle notwendigen Schritte in diese Richtung zu unternehmen. Auch die Unterstützung seitens des palästinensischen Präsidenten und der gesamten arabischen wie nichtarabischen muslimischen Welt bei der Bekämpfung islamistischer Übergriffe würde noch immer nicht ausreichen, um die verfahrene Situation zu bereinigen.

Nur der Westen hält ausreichende politische, finanzielle und militärische Kräfte gebündelt, um die Situation entscheidend beeinflussen zu können. Doch wer ist dieser Westen? Zentrale Bedeutung kommt den USA zu. Der Nahe Osten insgesamt und Israel im Besonderen stehen unter ihrem Einfluss. Bislang aber beherrschen die USA weder die Situation im Irak noch in Afghanistan. Im Irak herrschen nach wie vor Gewalt und Perspektivlosigkeit, obwohl Präsident Bush gehofft hatte, dass die Stammesführungen der schiitischen wie der sunnitischen Bevölkerung allmählich von den anhaltenden Unruhen, Anschlägen und Massakern derart zermürbt seien, dass sie zunehmend auf die Seite der offiziellen Regierung oder sogar der Amerikaner überwechseln würden. Schließlich sei doch hoffentlich allen daran gelegen, endlich dieses Blutbad zu beenden. Diese Hoffnung hat sich aber nur teilweise erfüllt und niemand weiß, wie die Lage ohne amerikanische Präsenz aussehen würde bzw. aussehen wird.

Auch gegenüber der Gefahr aus dem Iran wissen die Vereinigten Staaten nicht, wie sie sich verhalten sollen. Technik und Logistik der USA würden ausreichen, um das Atompotenzial des Iran aus der Luft zu vernichten. Die Konsequenzen eines solchen Angriffs sind jedoch, besonders vor dem Hintergrund des irakischen Dilemmas, in dem die Amerikaner stecken, unkalkulierbar: Wie würde die iranische Bevölkerung, die zwar durchaus patriotisch ist, mehrheitlich jedoch nicht unbedingt das radikale iranische Regime unterstützt, auf einen solchen Angriff reagieren? Wie würde der gesamte arabische Raum und wie die islamische Welt diesen Anschlag auf ein muslimisches „Bruderland" durch die sogenannten „modernen Kreuzfahrer" bewerten? Welche Konsequenzen hätte ein Abbruch der Erdölproduktion des Iran für die Weltwirtschaft? All dies sind Fragen, die die US-Regierung nicht zu beantworten vermag. Die arabischen Länder wiederum bemühen sich aus Angst vor dem Iran, freundschaftliche Beziehungen mit dem Westen, ja sogar mit den verhassten USA aufzubauen. Selbst antiamerikanisch ausgerichtete Länder wie Syrien, Libyen oder der Jemen streben eine amerikanische Schirmherrschaft an. Auch Länder wie Malaysia, Indonesien und Bangladesh begeben sich freiwillig in den amerikanischen Dunstkreis.

Israel ist heute von Amerika in einem Maße abhängig wie nie zuvor in seiner Geschichte. Politisch, militärisch, aber auch wirtschaftlich und finanziell ist das Land auf das Engste mit den USA verflochten. Die israelischen Streitkräfte erhalten ihre fortschrittlichsten Waffen aus den USA – und dies oft unentgeltlich. Israel ist sich seiner Abhängigkeit durchaus bewusst und folgt den Erwartungen der USA ohnehin stets ohne Wenn und Aber. In der jüngeren Vergangenheit gab es zwei Fälle, in denen sich die US-Regierung den Interessen der Israelis widersetzt hat: Zu Sharons Regierungszeit verkündete das israelische Kabinett offiziell seinen Entschluss, Palästinenserpräsident Jassir Arafat auszuweisen. Die Amerikaner, besorgt um ihren Einfluss in den proamerikanischen arabischen Staaten, forderten daraufhin, diese Entscheidung des Kabinetts erst einmal auf Eis zu legen. Und was tat der „Hardliner" Ariel Sharon? Er folgte dem Einspruch umgehend. Ministerpräsident Olmert hatte während des Libanonkrieges der dringlichen Forderung des Generalstabschefs General Dan Halutz nachgegeben, die Infrastruktur des Libanons zu zerstören. Dem widersetzten sich die Amerikaner jedoch nachdrücklich. Daraufhin untersagte Olmert, der Halutz sonst in fast allem bedingungslos zustimmte, der Luftwaffe doch, die entsprechenden Einrichtungen und Behörden des Libanon anzugreifen.

Dennoch haben amerikanische Präsidenten bei Friedensbemühungen oft genug Lippenbekenntnisse abgelegt und den europäischen, russischen und arabischen Verbündeten den trügerischen Eindruck vermitteln wollen, ernsthaft mit einer Lösung des Nahostkonflikts beschäftigt zu sein. Bislang aber wollte der amerikanische Präsident George W. Bush seine Macht und seinen Einfluss sowohl aus Überzeugung als auch aus innenpolitischem Kalkül heraus nicht allzu oft geltend machen. Diese Strategie der vornehmen Diskretion verfolgte nicht nur er allein. Selbst sein Vorgänger Bill Clinton, der ein leidenschaftliches Interesse daran hatte, Frieden im Nahen Osten zu erzielen, war ziemlich zurückhaltend. Shlomo Ben-Ami, israelischer Außenminister während der Verhandlungen zwischen Ministerpräsident Ehud Barak und Arafat unter der Schirmherrschaft von Präsident Clinton im Jahr 2000, äußerte im Nachhinein, dass das Problem mit Clinton dessen große Liebenswürdigkeit gewesen sei. Er habe einfach nicht fest genug auf den Tisch gehauen. Amerikanische Regierungen, sowohl Republikaner als auch Demokraten, achten sehr auf die öffentliche Meinung in den USA, die meistens den Nahen Osten anders sieht als die europäische Öffentlichkeit. Die große Mehrheit der Amerikaner interessiert sich kaum für die Außenwelt oder für die Außenpolitik. Sollte sie doch ihren Blick auf das Ausland richten, so geschieht dies meistens erst dann, wenn die USA aus dem Ausland angegriffen werden. So war es zum Beispiel, als die Japaner 1941 die Amerikaner in Pearl Harbor angriffen, oder nach dem 11. September

2001. Da die Amerikaner sich für die Außenwelt nicht interessieren, kommen solche Angriffe als eine derartige Überraschung an, dass sie einen Großteil der US-Bevölkerung in Panik versetzen. Da sie die Außenwelt nicht verstehen, neigen sie unter solchen Umständen dazu, die Welt in oberflächlichster Weise einzuschätzen und sie – wie in einem Western – in Gute und Böse einzuteilen. Nach dem 11. September wurden auf der einen Seite pauschal alle Araber, Moslems, Afghanen, Iraker usw. in einen Topf geworfen. Auf der anderen Seite sah man die „Freunde Amerikas", die die „freie Welt", d. h. Amerika, verteidigen. Unter diesen stach besonders ein Freund hervor: Israel, der Ritter auf dem weißen Pferd, der an der Frontlinie gegen die Bösen und Terroristen kämpft. Diese oberflächliche Weltbetrachtung führt dazu, dass die meisten Amerikaner Israel ohne Wenn und Aber unterstützen. Kritik an der israelischen Politik interessiert sie nicht. Die israelische Besatzung, das Leid der Palästinenser spielen keine Rolle. Man soll den Freund, der für Amerika kämpft, unterstützen und nicht hinterfragen. Hinzu kommt die wachsende Gemeinschaft der Christfundamentalisten, die aus angeblich theologischen Erwägungen heraus das rechte Lager in Israel aggressiv unterstützen. Ihrem Glauben nach wird Jesus, der Messias, wiederkommen, wenn die Juden ins Heilige Land zurückgekehrt sind und den Tempel wieder aufgebaut haben. Das extrem rechte Lager in Israel und besonders die Ultraorthodoxen unter ihnen freuen sich über diese Prophezeiung, hören aber unwillig deren letzten Teil, nämlich, dass nach der Rückkehr des Messias viele Juden sich zum Christentum bekehren und alle anderen, die sich dann nicht bekehren wollen, direkt in die Hölle fahren werden. Die christfundamentalistische Gemeinschaft in den USA, der auch George W. Bush angehört, wird heute auf 80 Millionen Mitglieder geschätzt. Kein republikanischer Präsident der Vereinigten Staaten wird sich Reibereien mit dieser großen Gemeinschaft leisten können, aber auch kein demokratischer Präsident, der ebenfalls im Einklang mit der gesamten öffentlichen Meinung bleiben muss und nicht nur mit der seiner eigenen Wähler. Daraus folgt, dass es nicht realistisch ist – weder jetzt noch in der Zukunft –, auf eine aktive amerikanische Einmischung zugunsten der Lösung des israelisch-palästinensischen Konflikts zu zählen.

Im Übrigen spielen in diesem Kontext die amerikanischen Juden eine relativ kleine Rolle und nicht, wie oft behauptet, die Hauptrolle, indem sie die amerikanische Politik in Bezug auf den Nahen Osten beeinflussen. Was die israelische Politik im Nahen Osten betrifft, sind die Juden Amerikas sowieso gespalten. Nicht alle unterstützen das rechte Lager in Israel. Im Vergleich zu den Christfundamentalisten oder der Mehrheit der allgemeinen Bevölkerung Amerikas sind die Juden auch nur ein kleine Minderheit. Ihr Anteil an der amerikanischen Bevölkerung beträgt lediglich 1,5 Prozent.

Übereinstimmung der Friedensentwürfe

Infolgedessen stellt sich die Frage, wer einen Friedensprozess aktiv unterstützen soll, weil die Kontrahenten allein, ohne Hilfe von außen, zu keinem Ergebnis kommen können. Bevor man aber diese Frage zu beantworten sucht, muss man zunächst klären, ob eine Lösung im Nahen Osten überhaupt – und wenn auch nur theoretisch – möglich ist. Nach so vielen Fehlschlägen und Enttäuschungen sind viele der Meinung, dass es keine Lösung gäbe.

Doch im Gegensatz zum allgemein vorherrschenden Pessimismus wissen die Kontrahenten und Beobachter sehr wohl, wie ein Friedensvertrag aussehen soll, und akzeptieren ihn durchaus. Die palästinensische und die israelische Regierung, die arabische Welt und das Nahost-Quartett (US, EU, UN und Russland) wiederholen alle dieselben Prinzipien eines erwünschten Friedensvertrags. Seit dem Jahr 2000 wurden auch mehrere Friedensentwürfe veröffentlicht. Die bekanntesten darunter sind:

- die „Clinton-Parameter" vom Dezember 2000
- der Saudi-Plan vom Januar 2002
- die „Bush-Vision" vom Sommer 2002 und vom 16. Juli 2007
- der Fahrplan des Nahostquartetts vom April 2003
- die Genfer Vereinbarung der Zivilgesellschaft der Israelis und der Palästinenser vom Dezember 2003
- das Gefangenendokument (Friedensentwurf der palästinensischen Insassen in israelischen Gefängnissen) vom Mai 2006
- die Rede von Ministerpräsident Olmert am 27. November 2006 am Grab Ben Gurions und vor allem
- der im Januar 2007 wiederholte Friedensvorschlag der saudi-arabischen Regierung vom Januar 2002, der von der gesamten Arabischen Liga übernommen wurde.

Sie alle ähneln sich und enthalten die gleichen Prinzipien. Es geht fast immer um eine Trennung zwischen Israelis und Palästinensern, d. h. ein Ende der Besatzung, Räumung der Siedlungen und Festlegung einer Grenze zwischen beiden Staaten, die auf der demografischen Realität beruht. Dort, wo also hauptsächlich Israelis leben, soll der Staat Israel bestehen bleiben. Dort, wo überwiegend Palästinenser leben, soll der palästinensische Staat entstehen. So müssten sich die Israelis nicht genau hinter die alten Grenzen von vor 1967, also vor dem Sechstagekrieg, zurückziehen. Denn in manchen Regionen entlang dem ursprünglichen Grenzverlauf befinden sich im Westjordanland heute große Siedlungen, in denen keine Palästinenser leben. Diese könnten israelisch bleiben und annektiert werden. Dafür müsste Israel den Palästinensern eine Fläche derselben Größe aus dem Kernland bieten.

Das Gleiche gilt auch für ein ganz empfindliches Problem: die Stadt Jerusalem. Auch Jerusalem muss wieder geteilt werden und auch diese Teilung muss auf der heutigen demografischen Realität beruhen. In der Stadt leben zwei Bevölkerungen, die mehrere Religionsgemeinschaften umfassen. Die beiden Bevölkerungen – die jüdisch-israelische und die arabische, Moslime wie auch Christen – leben in separaten Stadtvierteln. Die Juden leben im Westen, die Araber im Osten der Stadt. Nach der erneuten Teilung Jerusalems soll aus dem Ostteil die Hauptstadt des palästinensischen Staates hervorgehen, während der Westteil die Hauptstadt Israels bleiben wird. Im Gegensatz zu anderen Orten entlang der Grenze zwischen Israel und dem neuen Palästinenserstaat darf es zwischen den beiden Teilen Jerusalems weder Mauer noch Zaun noch Schranken geben. Die Stadt muss eine freie, offene Stadt bleiben, selbst wenn sie zwei verschiedenen Staaten angehört.

Weitere Voraussetzungen für einen dauerhaften Frieden sind:

- die Entstehung eines unabhängigen Palästinenserstaates, der mit Israel in Frieden leben kann
- die Anerkennung des Staates Israel seitens der gesamten arabischen Welt
- die Aufnahme diplomatischer Beziehungen und die Normalisierung der Alltagsbeziehungen in allen Bereichen des Lebens
- die Lösung des Flüchtlingsproblems durch
  – Ansiedlung der Flüchtlinge im neuen Palästinenserstaat
  – Entschädigung aller Flüchtlinge – sowohl jener, die in den arabischen Ländern, in denen sie heute leben, bleiben, jener, die ganz auswandern, und jener, die sich im palästinensischen Staat niederlassen wollen. Die Entschädigung soll den Flüchtlingen helfen, ihr Leben neu aufzubauen.

Der nicht umsetzbare Friedensplan

Wenn alles so klar zu sein scheint, wenn alle Betroffenen – die Mehrheit der Bevölkerung und die Regierungen auf beiden Seiten – und die Außenwelt dem zustimmt, stellt sich die Frage, warum ein Friedensvertrag zwischen Israel und den Palästinensern nicht in die Tat umgesetzt wird. Die Schwäche der israelischen Regierungen und die Schwäche und sogar Spaltung der palästinensischen Behörden, die in bürgerkriegsähnlichen Verhältnissen zu funktionieren versuchen, machen deutlich, dass weder die eine noch die andere Seite die Macht hat, irgendetwas in Bewegung zu setzen. Dennoch kann auch eine sehr schwache und sogar labile Regierung kühne Pläne realisieren, wenn sie von der Bevölkerung unterstützt wird. In Israel hat man diesbezüglich in der Vergangenheit interessante Erfahrungen gemacht. Als Ende der 1970er-Jahre die israelische Regierung mit Ägypten Frieden schloss und sich verpflichtete hat, alle besetzten ägyptischen Gebiete zurückzugeben sowie alle Siedlungen auf ägyptischem Boden zu räumen, kamen nicht nur heftige Proteste der Siedler und deren Unterstützer auf; sie wurde auch mit echten Drohungen, einen Bürgerkrieg auzulösen, konfrontiert. Das Gleiche geschah im Jahr 2005, als die israelische Regierung im Begriff war, den Gazastreifen zu verlassen und die Siedlungen auf diesem Gebiet zu räumen. Wiederum gab es nicht nur Proteste und Krawalle, sondern erneut Drohungen, einen Bürgerkrieg zu entfesseln. In beiden Fällen wagten die Extremisten letzten Endes nicht, allzu weit zu gehen. Sie wagten nicht, Blut zu vergießen, indem sie die Waffen gegen die israelische Armee erhoben, als sie die Siedlungen räumte. Nicht, dass es ihnen an Mut gefehlt hätte. Sie mussten aber zur Kenntnis nehmen, dass sie nicht die Unterstützung der Mehrheit der israelischen Bevölkerung für sich gewinnen konnten.

Wenn man sich heute bei der israelischen Bevölkerung in Meinungsumfragen nach den von den verschiedenen Friedensentwürfen geforderten Zugeständnissen erkundigt, stimmt regelmäßig eine stabile Zweidrittelmehrheit allen erforderlichen Maßnahmen zu. Und dennoch wird aus den Meinungsumfragen ersichtlich, dass die israelische Bevölkerung in Sachen Friedensvertrag nicht hinter der Regierung steht. Werden die Bürger befragt, wen sie im Fall vorgezogener Wahlen an die Macht bringen würden, so wünscht sich die Mehrheit eine rechtsgerichtete Regierung, die die verschiedenen Friedensentwürfe prinzipiell ablehnt. Der Grund dieses offensichtlichen Widerspruchs liegt darin, dass die Mehrheit der Bevölkerung zwar allen Komponenten der Friedensentwürfe zustimmt, diese aber insgesamt nicht für realisierbar hält. Sie erscheinen wünschenswert, aber utopisch. Und der Grund dafür wiederum ist, wie bereits mehrfach erwähnt, dass die einzige echte Sorge der israelischen Bürger in diesen Friedensentwürfen nicht berücksichtigt wird. Natürlich wollen die Israelis Frieden. In aller Welt, zu allen Zeiten wollten und wollen alle Menschen Frieden. Die Realität aller Zeiten und Weltgegenden in Betracht ziehend, kommen die israelischen Bürger jedoch zu dem Schluss, der Begriff „Frieden" könnte lediglich eine Heuchelei oder einen oberflächlichen, vorübergehenden Zustand beschreiben. Infolgedessen versteht der Durchschnittsbürger nicht, was genau mit „Frieden" gemeint ist. Was für ihn begreiflich ist, was ihm Sorgen bereitet, womit er sich seit der Unabhängigkeit des Staates Israel auseinandersetzen muss, ist seine Sicherheit. Seit Ausrufung der Unabhängigkeit im Jahr 1948 kennt der israelische Bürger nur den Kriegszustand. Oft lauert neben den Kriegen ununterbrochen auch die Gefahr des Terrorismus. Das Streben nach Sicherheit ist demzufolge eine permanente Beschäftigung der Israelis. Diese langjährige Dauerbelastung verursachte eine gewisse Überempfindlichkeit gegenüber möglichen oder vorgestellten Sicherheitsproblemen. Diese große Sensibilität beruht nicht nur auf zeitgeschichtlichen Erfahrungen, sondern auch auf der 2000-jährigen Geschichte der Verfolgung, mit der die Juden Israels aufwachsen.

Für die zwei Drittel der israelischen Bürger, die prinzipiell alle Zugeständnisse der verschiedenen Friedensentwürfe für annehmbar halten, sind weder die besetzten Gebiete noch die Siedlungen unentbehrlich. Zwar halten fast alle die besetzten Gebiete für das jüdische Erbe, das Land, das durch göttliche Verheißung den Juden gehört. Doch sind sie bereit, auf diese Gebiete wie auch auf die dortigen jüdischen Siedlungen zu verzichten, sollten sie davon ausgehen dürfen, dass diese Gebiete als strategische Positionen für die Verteidigung Israels nicht unerlässlich sind. Das heißt, sie sind zu allen erforderlichen Schritten bereit, wenn sie einen Frieden mit glaubwürdiger Sicherheit bekommen.

Als der ägyptische Präsident Sadat 1977 die Initiative ergriff und unerwartet mutig die Reise in die Hauptstadt seines Erzfeindes Israel unternahm, gab er sich die größte Mühe, die seelische Verfassung und die Mentalität seines Kontrahenten zu verstehen. Das Ergebnis war, dass er in allen seinen Reden in Israel seine Zuhörer zur Frage der Sicherheit ansprach. Er tat, als sei die Sicherheit der Israelis seine eigene Sorge. Er betonte, er sei nach Israel gekommen, um mit den Israelis die Frage ihrer permanenten Sicherheit zu erörtern. Ob er ehrlich war oder nicht, ist uninteressant. Wichtig ist, dass er seine Gesprächspartner nicht nur überzeugt, sondern begeistert hat. Der israelischen Regierung war damals klar, dass man die ägyptische Geste eines Friedensangebots mit Zugeständnissen erwidern müsse. Dennoch dachte die damalige Regierung an Kompromisse. Ihrer Ansicht nach würde man nach langen Verhandlungen den Ägyptern zwar Gebiete zurückerstatten, aber nicht alle. Man dachte an einen Anteil von etwa 50 Prozent und sprach von einer Demarkationslinie, die von der 50 km vom Gazastreifen entfernten Stadt El Arish im Nordosten der Sinai-Halbinsel bis nördlich von Sharm El-Sheikh, im Süden der Halbinsel, verlaufen sollte. Das

Land westlich dieser Linie, auf dem sich keine israelischen Siedlungen befanden, sollten die Ägypter zurückerhalten. So hätte Israel die Hälfte des 1967 eroberten ägyptischen Bodens behalten können. Auch hätte es keine Siedlungen räumen müssen, denn diese befanden sich ausnahmslos im östlichen Teil der eroberten Sinai-Halbinsel. Aber Sadat bestand darauf, alle seine Gebiete „bis zum letzten Zentimeter" zurückzuerhalten. Es war ihm zudem gelungen, die israelische Bevölkerung davon zu überzeugen, dass er sowohl die Absicht als auch die Mittel zur Verfügung hatte, um ihnen in glaubwürdiger Art und Weise Sicherheit zu gewährleisten. Daraufhin drängte die israelische Bevölkerung die eigene Regierung, dem ägyptischen Präsidenten nachzugeben. Er erhielt schließlich tatsächlich all seine Gebiete ohne Einschränkung zurück und dies, nachdem alle Siedlungen auf ägyptischem Boden geräumt worden waren. Ein ähnliches Szenario wiederholte sich, als Israel mit Jordanien Friedensverhandlungen führte. Auch König Hussein vertrauten die Israelis, als er ihnen Sicherheit versprach.

Nichts dergleichen geschah mit den Palästinensern. Im Rahmen der Oslo-Verhandlungen in den Jahren 1993–1999 bestand Unklarheit darüber, ob Jassir Arafat wirklich die Absicht hatte, den Israelis Sicherheit zu gewährleisten. Sein Nachfolger Mahmud Abbas konnte eher von seinen ernsthaften Absichten, den Terrorismus zu bekämpfen und Sicherheit herzustellen, überzeugen. Allerdings ist man genauso überzeugt, dass ihm keinerlei Mittel zur Verfügung stehen, diese Leistung auch zu erbringen. Die Hamas-Bewegung im Gazastreifen hingegen erklärt offen, ihr Ziel sei noch immer die Vernichtung Israels. Darüber hinaus haben die Israelis mit den Palästinensern schlechte Erfahrungen gemacht. Selbst nach Räumung des Gazastreifens einschließlich der Siedlungen haben sie dafür keine Sicherheit bekommen, sondern im Gegenteil zunehmenden Raketenbeschuss. Zwar trifft es zu, dass die Räumung des Gazastreifens – genau wie vorher der Abzug aus dem Südlibanon –

nicht in Einklang mit einer örtlichen Behörde umgesetzt wurde, sondern bewusst einseitig. Es trifft auch zu, dass der Gazastreifen von Israel eingekreist und belagert geblieben ist und dass die Bevölkerung im Elend lebt und unter den gegebenen Umständen ihre Lebensbedingungen nicht verbessern kann. Das interessiert den israelischen Durchschnittsbürger aber kaum. Er stellt sich nur die Frage, warum die Bewohner des Gazastreifens Israel nicht in Ruhe lassen, nachdem dort keine israelische Besatzungsarmee und auch keine Siedlungen mehr existieren. Er weiß auch, dass, sollte nach einem israelischen Abzug aus dem Westjordanland dort das Gleiche geschehen, dies für Israel erheblich gravierendere Konsequenzen haben würde als im Gazastreifen. Das Westjordanland erstreckt sich nahe fast aller Zentren des israelischen Staates. Selbst die primitivsten Raketen könnten die Großstädte Jerusalem, Tel Aviv und Haifa erreichen. Gefährdet wären dann auch die Häfen, der internationale Flughafen wie auch die wichtigsten Zentren der israelischen Industrie und der High-Tech-Industrie. Wenn eine israelische Regierung von der Rückgabe der Golanhöhen an Syrien spricht, kann sie, wie bereits erwähnt, die Bevölkerung kaum für diese Idee begeistern. Allerdings kann sie behaupten, den Syrern in Sachen Sicherheit vertrauen zu können. Die Syrer haben alle Mittel zur Verfügung, die Sicherheit Israels zu garantieren. In der Vergangenheit hat Israel diesbezüglich mit diesem unerbittlichen Feind immer die besten Erfahrungen gemacht. Ein mit den Syrern vereinbarter Waffenstillstand wurde von diesen immer sorgfältig respektiert. Das kann von den Palästinensern nicht behauptet werden. Keine getroffene Vereinbarung wurde jemals wirklich von ihnen respektiert und heute steht den Palästinensern auch nicht die notwendige Infrastruktur zur Überwachung der Einhaltung entsprechender Vereinbarungen zur Verfügung.

Hinsichtlich eines Friedensschlusses mit den Palästinensern ist es also überflüssig, darüber nachzudenken, wie ein entsprechender Vertrag aussehen sollte. Denn das liegt bereits klar auf der Hand. Die zentrale Frage ist, in welcher Weise und von wem die Sicherheit nach der Umsetzung eines Friedensvertrages garantiert werden kann. Wenn sich die Israelis aus dem Westjordanland zurückziehen, werden sie es wohl nicht sein, die Terrorangriffe aus dem Westjordanland verhindern können. Die Palästinenser werden Anschläge ebenfalls nicht unterbinden können und gewiss auch nicht Saudi-Arabien oder die Arabische Liga. Wer sollte also diese Aufgabe übernehmen? Ein Bruchteil der im Irak stationierten US-Armee würde in dem winzig kleinen Westjordanland Ruhe und Sicherheit garantieren können. Eine kleine, aber robuste Armee mit dem klaren Auftrag, Sicherheit zu erzwingen, könnte diese Aufgabe mit relativer Leichtigkeit erfüllen. Das zu überwachende Territorium ist sehr klein. Das gesamte Westjordanland umfasst nur 5500 Quadratkilometer, ist also zweimal so groß wie das Saarland. Im Westjordanland gibt es keine Wälder und kein Sumpfland, wie es z. B. in Vietnam der Fall war. Überdies würde die besagte Armee auch von der Zusammenarbeit mit den palästinensischen Behörden wie auch der Bevölkerung profitieren können. Die Palästinenser würden es leidenschaftlich begrüßen, eine die israelische Besatzungsmacht ablösende, internationale Armee an ihrer Seite zu wissen. Diese Armee würde als Befreiungsarmee betrachtet werden und die Bekämpfung der extremistischen palästinensischen Gruppierungen würde zum eigenen Bedarf der Palästinenser werden. Selbstverständlich sollte eine solche Armee einen weiteren Auftrag erfüllen. Sie sollte als Rückenstärkung der palästinensischen Regierung fungieren und deren Streitkräfte aufbauen, sodass die Anwesenheit der internationalen Armee als vorübergehender Zustand zu verstehen wäre. Sobald die Palästinenser in der Lage wären, für die Sicherheit – vor allem für ihre eigene Sicherheit – die Verantwortung zu übernehmen, würde die internationale Armee überflüssig sein.

Auf der Suche nach einem mutigen Europa

Nun ist es leider so, dass den Amerikanern zwar, wie bereits gesagt, alle erforderlichen Mittel zur Verfügung stehen, um eine solche Verantwortung zu übernehmen. Eine solche Mission werden sie jedoch trotzdem nicht auf sich nehmen. Welche Alternative gibt es? Das Hauptproblem einer internationalen Truppe ist nicht der militärische Aspekt der Mission, auch nicht die Logistik. Das Hauptproblem ist die Beschreibung der Aufgabe dieser Truppe und deren politischer Rückhalt. Eine internationale Armee in Afghanistan versucht, den Terror, die Al-Qaida und die Taliban zu bekämpfen, um den Präsidenten Karzai effizient zu unterstützen. Die Mission der internationalen Truppe im Südlibanon ist die Überwachung der Einhaltung der UNO-Beschlüsse. Sie verhindert nicht die Wiederaufrüstung der Hisbollah mit der Hilfe Syriens und vor allem des Iran, die der UN-Sicherheitsrat in seinem Beschluss 1701 angeordnet hat. Sie ist nicht beauftragt, den UNO-Beschluss zu erzwingen. Eine internationale Truppe im Westjordanland muss von einer beachtlichen politischen Macht die Aufgabe erhalten, Sicherheit herzustellen und dies notfalls mit Waffengewalt. Diese politische Macht kann nur die Europäische Union sein. Es ist klar, dass die Europäische Union dies nicht ohne Zustimmung der Vereinigten Staaten tun würde. Nur sind die Amerikaner heute schon so weit, dass sie nicht mehr auf ihrem Monopol im Nahen Osten bestehen. Auch die internationale Truppe im Südlibanon wurde mit ihrer Zustimmung ohne Beteiligung amerikanischer Truppen zusammengestellt. Klar ist auch, dass sich die Europäische Union im Falle einer Übernahme der Verantwortung für eine internationale Truppe nicht dazu verpflichten würde, auf jeden Fall die eigenen Truppen ins Westjordanland zu schicken. Vor allem würde Deutschland die Bundeswehr mit einer solchen Mission nicht verbinden wollen. Die Bundeswehr ist heute schon zu sehr in verschiedenen Teilen der Welt engagiert und muss noch viele Hemmungen überwinden, um dem Staat Israel gegenübertreten zu können. Fraglich ist auch, ob die Franzosen eine Einheit der Fremdenlegion schicken würden. Die Briten würden aus verständlichen Gründen von den Moslems und vor allem von den Palästinensern nicht willkommen geheißen. Vielleicht aber gibt es unter den neuen EU-Ländern im Osten des Kontinents Staaten, die den Ehrgeiz haben, einer solchen internationalen Truppe ihre Soldaten beizusteuern. Aber auch das muss nicht sein. Die Truppe könnte vollständig international sein. Vielleicht könnte sie sogar zum Teil aus muslimischen Soldaten bestehen, so z. B. aus türkischen und jordanischen Einheiten (und ägyptischen Einheiten im Gazastreifen). Die Türkei ist in der Region eine militärische Großmacht, die auch ein eigenes Interesse daran hat, in ihrer Nachbarschaft Ruhe zu schaffen. Der Kernpunkt ist, dass hinter der Truppe eine entschlossene politische Macht stehen müsste. Zwar könnte sie von der UNO und/oder von der NATO unterstützt werden, die Federführung müsste aber ihr allein obliegen. Eine solche Herausforderung sollte für die Europäische Union nicht als Überraschung empfunden werden. Letzten Endes wiederholen doch alle Spitzenpolitiker Europas seit Jahren, Ruhe im Nahen Osten gehöre zu den vornehmlichen Interessen Europas. Sollte die Europäische Union jemals genug Mut entwickeln, eine solche Initiative zu ergreifen, so würde sie nicht nur dem Frieden im Nahen Osten den Weg ebnen, sondern sich auch endlich im Nahen Osten als weltpolitischer und weltwirtschaftlicher Partner profilieren können.

Kein Frieden ohne die Hamas

Die in Europa wie auch in Amerika vorgebrachten Einwände gegen einen zu großen Einsatz für einen Frieden zwischen Israel und der palästinensischen Regierung in Ramallah stehen oft in Zusammenhang mit der Übernahme der Macht im Gazastreifen durch die Hamas-Bewegung. Diese ursprünglich von Israel erhobenen Einwände sind allmählich von den USA und der EU übernommen worden.

Die Hamas, die im Januar 2006 die palästinensischen Parlamentswahlen gewonnen hat, ist eine islamistisch-fundamentalistische Bewegung, die Terror ausübt und die Vernichtung des Staates Israel predigt. Mit einer solchen Bewegung kann man natürlich keine Verhandlungen führen, glauben die Israelis. Darüber hinaus gehen sie davon aus, dass die Hamas-Regierung ihrerseits keinesfalls mit ihnen verhandeln würde. In Wirklichkeit aber ist die Situation nicht so schwarz-weiß zu verstehen, wie offizielle Äußerungen glauben machen möchten. Dass Verhandlungen mit der Hamas grundsätzlich nicht möglich sind, entspricht nicht den Erfahrungen. Im Jahr 2005, als Ariel Sharon seinen einseitigen Abzug aus dem Gazastreifen vorbereitete, stand er vor einem Dilemma: Er wusste, dass eine im Rückzug befindliche Armee immer anfällig ist. Sollte die israelische Armee während des Abzugs angegriffen werden, sollte sie gar durch Schüsse von Scharfschützen Verluste erleiden, so würde das für ihn verheerend sein. Die Gefahr war umso ernster, als die Armee bei ihrem Abzug auch von Zivilisten begleitet werden sollte, nämlich von den Siedlern, die ebenfalls den Gazastreifen verlassen mussten. Die Räumung musste für Sharon allein aus innenpolitischen Gründen unbedingt erfolgreich, d. h. friedlich und vor allem ohne Verluste ablaufen. Und er wusste, dass es in Gaza nur eine Macht gab, die ihm den friedlichen Abzug garantieren konnte: die Hamas, die damals noch nicht regierte, aber de facto den Gazastreifen zumindest teilweise kontrollierte. Sharon zögerte nicht lange und nahm mittels ägyptischer Unterhändler Geheimverhandlungen mit ihr auf. Auch die Hamas zögerte nicht, mit Sharon zu verhandeln, weil für sie das Versprechen wichtig war, dass die israelische Armee tatsächlich den Gazastreifen räumen und nicht aufgrund von Schwierigkeiten, die bis zum Tag X entstehen könnten, ihre Meinung ändern werde. Ein gemeinsames Interesse hatte die beiden Parteien also trotz gegenseitiger Antipathie schließlich zu einer Vereinbarung kommen lassen, die auch uneingeschränkt eingehalten wurde – im Verlauf des israelischen Abzugs aus dem Gazastreifen im August 2005 fiel kein einziger Schuss.

Wenn es im Interesse beider Seiten liegt, lassen sich ideologische Abgründe von Hass und Verachtung sehr wohl überwinden. Die Frage ist also, worin heute ein solches gemeinsames Interesse der Hamas und Israels bestehen könnte.

Für die Hamas war der Wahlsieg im Januar 2006 eine Überraschung. Nüchtern und pragmatisch wie ihre Spitzenpolitiker sind, waren sie sich durchaus im Klaren darüber, dass die Mehrheit ihrer Wähler sie nicht aus Überzeugung oder aus religiösen Gründen und auch nicht aus dem Wunsch heraus, Israel zu vernichten, an die Macht katapultiert hatten. Der dringendste Wunsch der Palästinenser war und ist die Verbesserung ihrer elenden Lebensbedingungen. Im Laufe der Jahre hatte sich ihre Lage unter der Führung der PLO zunehmend verschlechtert. Dafür gibt es zahlreiche Gründe, und sie haben mit dem Versagen beider Seiten, der palästinensischen wie auch der israelischen, zu tun. Dennoch kamen die Palästinenser zu dem Schluss, dass sie hinsichtlich ihres Lebensstandards von der PLO nichts zu erwarten hatten. Ihrer Auffassung nach war diese Regierung ineffizient, wenn nicht gar durch und durch korrupt. Daher handelte es sich bei der Wahl 2006 viel eher um eine Abwahl der PLO als um eine bewusste Entscheidung für ihre radikal-islamistische Alternative. Darüber hinaus profitierte die Hamas aber auch von ihrem Ruf, den sie sich mittels monetärer und materieller Hilfe für die Ärmsten in der Bevölkerung erworben hatte. Solange die Palästinenser jedoch weiter in Armut leben und sich ihre Wirtschaft nicht entwickeln kann, bleibt ihre Unzufriedenheit bestehen. Und genau dies ist die Sorge der Hamas. Letzten Endes könnte die palästinensische Bevölkerung im Gazastreifen dasselbe über die Hamas sagen, was sie vormals über die PLO gesagt hat: Sie hat unsere Lebensbedingungen nicht verbessert, sie hat sie sogar verschlechtert. Und die Hamas weiß genau, dass die Verbesserung der Lebensbedingungen der Bevölkerung zum Großteil in den Händen der Israelis liegt. Die Israelis beherrschen in den besetzten Gebieten wie auch im Gazastreifen – den sie immer noch umzingeln und aufgrund des Raketenbeschusses belagern – so gut wie das ganze Leben der palästinensischen Bevölkerung. Israel kontrolliert die Ein- und Ausreise, den Im- und Export, den Luftraum, die Seewege, das Wasser und selbst die Dienstleistungen. Also liegt es ganz klar im Interesse der Hamas, mit Israel eine Vereinbarung zu finden. Und selbst wenn die Hamas nur an eine vorübergehende Waffenruhe denkt und auf den Traum von der Vernichtung Israels nicht verzichtet, gibt es für sie Gründe, mit Israel zu verhandeln. Israel hat ebenfalls ein Interesse daran, mit der Hamas zu verhandeln, um die Sicherheitslage entlang des Gazastreifens endgültig zu festigen. Abgesehen von der Wiedereroberung des Gazastreifens hat Israel alles versucht, um den Raketenhagel auf die Dörfer und Städte entlang der Grenze zu stoppen. Gezielte Angriffe, strengere Belagerungsmaßnahmen, ein internationaler Boykott gegen die Hamas, nichts konnte den Beschuss unterbinden. Eine Wiedereroberung des Gazastreifens schien jedoch keine gute Lösung zu sein. Man weiß, wie man das Territorium erobert, man weiß aber nicht, wieviel Blut es kosten wird und vor allem wie man aus diesem Morast, in dem man bereits viele schlechte Erfahrungen gemacht hat, wieder herauskommt. Und so hat Israel ein Interesse daran, mittels Verständigung mit der Hamas Ruhe einkehren zu lassen. Genau das haben beide Seiten im Frühjahr 2008 mit der Hilfe ägyptischer Vermittler erreicht.

Warum zögerte Israel so lange mit diesen Verhandlungen? Was die Hamas anstrebte, lag auf der Hand. Die Führung der

Hamas hat nicht wirklich geglaubt, mit ihren primitiven Kassam-Raketen den Staat Israel zerstören oder destabilisieren zu können. Auch waren die Vergeltungsschläge der israelischen Armee für den Gazastreifen sehr schmerzlich. Die Hamas wollte auf sich aufmerksam machen, den Israelis und der Außenwelt signalisieren, dass man sie in die Rechnung miteinbeziehen muss und dass man ohne sie keine Lösung des Palästinenserproblems finden kann. Für einen Waffenstillstand verlangte die Hamas nicht nur Waffenruhe seitens der Israelis, sondern auch und vor allem eine Lockerung der Belagerung, um der Bevölkerung die Chance für eine Verbesserung ihrer Lebensbedingungen zu geben. Aber genau das war der schwierige Punkt für Israel. Israel fürchtete, dass eine Entspannung der Belagerungssituation der Hamas eine zügige Aufrüstung ermöglichen könnte. Zwar konnte die Hamas auch unter der Belagerung aufrüsten, aber nur unter erschwerten Bedingungen; z. B. durch Tunnel, die man immer wieder unter der Grenze zwischen Gaza und Ägypten graben musste. Je lockerer die Belagerung, desto eher können die Waffen – hauptsächlich aus dem Iran – in den Gazastreifen gebracht werden. Die Hisbollah hat im Südlibanon nach dem einseitigen Abzug Israels im Jahr 2000 so lange aufgerüstet, bis sie sich im Juli 2006 einen Angriff auf Israel erlauben konnte. Israel fürchtete, dass auch die Hamas in Zukunft so handeln könnte. Dennoch hat das gegenseitige Interesse die Oberhand gewonnen und wie schon im Jahr 2005 wurde im Frühjahr 2008 eine Vereinbarung getroffen.

Es stellt sich die Frage, wie es mit der Hamas weitergehen wird. Bislang heißt es immer noch, die Hamas müsse ausgegrenzt bleiben bzw. beseitigt werden. Sehr realistisch ist diese Einstellung nicht, wenngleich sie immer noch die offizielle Haltung nicht nur Israels, sondern auch die der Amerikaner und Europäer ist. Die Hamas ist zweifellos eine fundamentalistische, terroristische Bewegung, die sich ganz offen Israels Vernichtung zum Ziel gesetzt hat. Dennoch unterscheidet sie sich von der Al-Qaida insofern, als sie im Gegensatz zu dieser nicht die Verbreitung einer universellen Weltanschauung zum Hauptziel hat. Die Hamas ist vor allem eine nationale palästinensische Bewegung und das Streben nach der Lösung des Palästinenserproblems hat auch bei diesen Fundamentalisten Vorrang. Auch wenn die Anführer der Hamas es vielleicht gern anders sehen möchten, so wissen sie doch, dass die Bevölkerung nur dann hinter ihnen steht, wenn sie sich vornehmlich auf das palästinensische Ziel beschränken. Irgendwann werden nur zwei Möglichkeiten übrig bleiben: Entweder einigen sich die Hamas und die Ramallah-Regierung in einer Art von Föderation, die mit Israel verhandeln wird. Oder es entstehen bzw. es bleiben zwei getrennte palästinensische Einheiten bestehen, die separat mit Israel ihre Unabhängigkeit aushandeln werden. So oder so wird es ohne Verhandlungen mit der Hamas keine Lösung geben können. Die Idee einer Vertreibung der Hamas aus dem Gazastreifen ist demnach vollkommen unrealistisch.

Mit dem Islam gegen den Terror

Al-Qaida ist es bereits gelungen, auf unsere gesamte Gesellschaft Einfluss zu nehmen und unseren Alltag zu verändern. Vor dem 11. September 2001 wusste die Welt zwar um Phänomene wie Terrorismus und Selbstmordattentate, doch waren diese für die Mehrheit der Menschen, sofern sie nicht in Israel lebten, nicht konkret. Der Westen war sich zwar bewusst, auch Feinde zu haben, aber man hatte ja schließlich Sicherheits- und Geheimdienste, die diese im Auge behalten und bereit wären, es mit ihnen aufzunehmen. Solche Gefahren beeinträchtigten bislang nur selten das Leben des einzelnen Bürgers oder auch nur am Rande oder für eine bestimmte Zeit, wie z. B. während der terroristischen Anschlagsserie in der Bundesrepublik im Herbst 1977.

Die Ereignisse des 11. September veränderten die Welt jedoch schlagartig. Fragen der Sicherheit und Terrorabwehr, gewannen allergrößte Bedeutung. So investieren heute einzelne Bürger, Unternehmen und auch ganze Staaten Milliarden Euro, um ihre Sicherheit zu erhöhen und sich vor den Terrorangriffen bestmöglich schützen zu können. Es sollte ernst genommen werden, dass bin Laden immer wieder betont, Al-Qaida werde alles daran setzen, in den Besitz von Massenvernichtungswaffen zu gelangen.

Die kontinuierliche Militarisierung der Islamisten wird von radikalen Imamen und Koranschulen flankiert, die eine rückwärtsgewandte, antiwestliche, antiaufklärerische und antiliberale Weltsicht propagieren. Der Westen muss sich dessen bewusst sein, dass diese Propaganda nicht allein in Afghanistan, wo die Taliban erneut an Boden gewinnen, oder im Iran zu hören ist, sondern häufig auch mitten unter uns: in deutschen wie französischen, in englischen wie in spanischen Moscheen und islamistisch dominierten Zentren. Deutlich wurde dies spätestens nach dem Mord an Theo van Gogh in den Niederlanden oder beim Streit um die Mohammed-Karikaturen. Europa befindet sich ebenso im Visier der radikalen Islamisten und seiner Anhänger wie die USA oder Israel.

Es gibt mehrere Faktoren, die es sehr schwer machen, die gewalttätigen islamistischen Elemente effektiv zu bekämpfen: Dazu gehören instabile und schwache säkulare arabische Parteien und Gruppierungen. Hinzu kommt ein massiver Bevölkerungszuwachs im Nahen Osten sowie in den nordafrikanischen Staaten. 1950 lebten in diesen Regionen rund 112 Millionen Menschen, 2006 waren es mehr als 415 Millionen und 2050 wird sich diese Zahl noch verdoppelt haben. Die Bevölkerung in den muslimischen Staaten und Gebieten ist extrem jung; knapp 40 Prozent sind unter 15 Jahre alt. Die Gruppe der 20- bis 24-Jährigen ist seit 1950 von 10 Millionen auf 36 Millionen im Jahr 2006 angewachsen. Viele dieser jun-

gen Menschen sind arm und leiden unter den schlechten wirtschaftlichen Bedingungen, die kaum eine Regierung langfristig
zu verbessern vermag. Die Arbeitslosenrate bewegt sich zwischen 12 und 20 Prozent, und das Bruttosozialprodukt liegt in
diesen Staaten bei etwa 1500 Euro pro Kopf und Jahr, während
es sich in den westlichen Staaten im Vergleich dazu auf 15 000–
30 000 Euro beläuft. Verstädterung und sonstige allgemeine
Verelendung, Wassermangel und die negativen Auswirkungen
der Globalisierung sind weitere Faktoren, durch die jene Länder besonders gefährdet sind.

Die Weltgemeinschaft sollte versuchen, die gemäßigten
Strömungen in der muslimischen Welt zu unterstützen, damit
sich ein großes und dauerhaftes Gegengewicht zum inhumanen
und antiliberalen Islamismus bilden kann. Die nationalen Parteien in der muslimischen Welt sind schwach und oft diskredi-
tiert, zumal der Nationalismus – besonders nach dem Zusammenbruch der Sowjetunion und des Kommunismus – von
den Islamisten vereinnahmt worden ist. Die Linke wurde an den
Rand gedrängt und hat seitdem keine klare Linie. Liberale Demokraten können in einer beliebigen muslimischen Hauptstadt
noch nicht einmal genug Anhänger für eine Demonstration zu-
sammenbringen. Die verschiedenen Strömungen des Islamismus werden voraussichtlich auch in Zukunft die dominan-
ten intellektuellen Kräfte in den betroffenen Regionen sein.

Weder das Problem des Nahen Ostens noch andere Konflikte in der islamischen Welt noch die Gefahr des islamistischen Terrorismus wird man lösen können, solange man nicht
versteht, dass die meisten Muslime in aller Welt grundsätzlich
keine Terroristen sind und kein Interesse am Terror haben.
Zwar stimmt es, dass islamistische Terroristen oft breite Zustimmung in der islamischen Welt finden. Nach dem 11. September konnte man von Marokko bis Indonesien und auch in
den muslimischen Gemeinden im Westen hinter verschlosse-
nen Türen Jubel über Al-Qaida und Osama bin Laden hören.

Dies bedeutete jedoch nicht, dass man dem Terrorismus zustimmt. Es bedeutete nur ein Gefühl der Genugtuung angesichts der von einer Mehrheit der Muslime empfundenen Leiden, Frustrationen und Erniedrigungen. Das Gefühl der Erniedrigung hat seine Wurzeln schon im 16. Jahrhundert, als die letzte Offensive der islamischen Welt, nämlich die des neuen Osmanischen Reiches, gegen die christliche Welt gestoppt wurde. Dem folgten der permanente Aufstieg der christlichen und der langsame Rückzug der islamischen Welt. Die Kolonialzeit bedeutete für die islamischen Völker die bisher tiefste Erniedrigung, und die wachsende Kluft zwischen dem Lebensstandard des Westens und dem der islamischen Welt führte zu einer tief greifenden Frustration in der muslimischen Gesellschaft. Oft wird das Problem im Westen nicht verstanden. Zwar weiß der Bürger dort, dass die Mehrheit der Menschen in den islamischen Ländern im Elend lebt. Aber oft wird gefragt, ob diese Leute in der Vergangenheit eigentlich besser gelebt haben. Und tatsächlich haben sie vor 50, 100 oder 200 Jahren unter denselben kümmerlichen Lebensbedingungen gelitten wie heute. Der Unterschied aber zwischen der Vergangenheit und der heutigen Zeit liegt darin, dass sie damals nicht wussten, dass es irgendwo in der Welt andere Lebensmöglichkeiten gab. Dank des allgegenwärtigen Fernsehapparates ist dieser Umstand heute jedem in den armen Ländern bekannt, auch den Einwohnern der abgelegensten Dörfer. Jeder arme Bauer in einem Dorf der Dritten Welt kann amerikanische Fernsehserien sehen und erfährt, wie man im Westen lebt. Und so wird er leicht zum Opfer falscher Propheten, die ihn aufhetzen und ihm suggerieren, der Grund dafür, dass er hier so primitiv lebe und die Amerikaner im Luxus, sei nicht, dass er den Amerikanern unterlegen wäre, sondern dass die Amerikaner ihn ausbeuten.

Was den Menschen in den unterprivilegierten Ländern – und vor allem in der islamischen Welt – fehlt, ist die Hoffnung.

Ein Mensch muss wissen, dass er eine Chance hat, irgendwann sein Leben zu verbessern. Und wenn ihm das nicht möglich ist, soll er zumindest hoffen dürfen, dass er später seinen Kindern oder Enkeln ein besseres Leben bieten kann.

Am 2. Juli 1947 wurde in Paris die erste sogenannte Marshallplan-Konferenz eröffnet. Worum handelte es sich dabei? Den Europäern ging es nach dem Zweiten Weltkrieg, nach dem Untergang des NS-Regimes und der Beendigung der Feindseligkeiten nicht besser. Im Gegenteil – es ging ihnen materiell oft sogar schlechter als während des Krieges. In England wurde zum ersten Mal in der Geschichte das Brot rationiert. Selbst während des Krieges hatten die Engländer nicht an einem solchen Mangel elementarer Nahrungsmittel gelitten. Die Bevölkerungen Westeuropas, die sich nach dem Krieg ein glückliches Leben erhofft hatten, waren bitter enttäuscht. Diese Enttäuschung wurde zum Nährboden für die kommunistische Propaganda, die die Bevölkerung sehr leicht davon überzeugen konnte, dass nur die Kapitalisten vom Krieg profitierten und sich daran bereichert hätten. Helmut Kohl sagte einmal, das Jahr 1947 sei für Deutschland ein schicksalhaftes Jahr gewesen. Unmittelbar nach dem Krieg seien die Deutschen wie betäubt gewesen. Jeder sei in seinem eigenen Unglück versunken. Die Leute waren sich dessen nicht voll bewusst, dass ihr Unglück von fast allen ihren Landsleuten geteilt wurde. Erst 1947, als sie begannen, sich trotz Hunger und Kälte ein wenig im Land umzusehen, konnten sie begreifen, wie allgemein das Elend des Landes war. Und diese Erkenntnis hat sie in die Verzweiflung getrieben. Hätten die Leute nicht ausgerechnet damals vom Marshallplan erfahren, so Kohl, wäre ganz Deutschland wohl dem Stalinismus anheimgefallen. Viele sind der Meinung, dass das, was Kohl über Deutschland berichtete, für ganz Westeuropa Gültigkeit hatte. Natürlich hat der Marshallplan die Situation nicht sofort wie durch ein Wunder verwandelt. Vier Jahre lang flossen Gelder und Kredite und erst am Ende konnten die Bürger Europas die Besserung spüren. Dennoch wandelte sich die Stimmung sofort. Schon im Sommer 1947 konnte man den beginnenden Rückzug des kommunistischen Einflusses in ganz Westeuropa spüren. Was den Leuten sofort gegeben wurde, war Hoffnung. Plötzlich konnten sie das Licht am Ende des Tunnels sehen und mussten nicht mehr in Verzweiflung versinken. Also ist Hoffnung die Lösung und die Erlösung. Und das sollte auch das Ziel für die islamische Welt sein. Aber würde es für den Westen nicht zu teuer werden, der islamischen Welt Hoffnung zu geben?

Den amerikanischen Steuerzahler kostete der Marshallplan für Europa und teilweise auch für Südostasien im Verlauf von vier Jahren insgesamt 13 Milliarden Dollar, also 3,25 Milliarden Dollar jährlich. Das Bruttosozialprodukt der Vereinigten Staaten betrug damals weniger als 300 Milliarden Dollar jährlich (293,8 Milliarden Dollar im Jahr 1950). Das bedeutet, dass die Amerikaner zugunsten des Marshallplans kaum mehr als 1 Prozent ihres Bruttosozialproduktes geopfert haben und dies mit einem überwältigenden historischen Erfolg. Heute beträgt das amerikanische Bruttosozialprodukt 14 Billionen Dollar (14 000 Milliarden Dollar). Noch höher ist das Bruttosozialprodukt der Europäischen Union. Für einen weltweiten Marshallplan, dessen Umsetzung einer unabhängigen internationalen Verwaltungsbehörde obliegen müsste, könnte man auch auf weitere reiche Länder zählen wie z. B. auf Japan, Kanada, Norwegen oder sogar auf erdölreiche arabische Länder. 1 Prozent dieses Reichtums könnte 2 Billionen Dollar jährlich betragen (2000 Milliarden Dollar). Mit einer solchen Summe kann man mehr als nur den islamischen Bevölkerungen Hoffnung geben. Mit einer solchen Summe kann man weltweit einen vergleichbaren Erfolg erzielen wie einst der Marshallplan im Europa der Nachkriegszeit.

Zweifellos wird man Fanatiker, die zum Selbstmord bereit sind und selbst auch nicht unbedingt in Armut leben, nicht davon überzeugen können, ihr Handwerk aufzugeben. Diese Unbelehrbaren muss man bekämpfen. Vor allem müssen ihre Reihen von Sicherheitspersonal unterwandert werden. Dies ist eine langwierige, schwierige und gefährliche Arbeit, die aber unerlässlich ist. Viel wichtiger noch ist es, diese fundamentalistischen terroristischen Minderheiten von der Bevölkerung zu trennen. Wenn die Bevölkerung Hoffnung schöpft, werden die Terroristen keinen Nachschub bekommen. Wenn die Bevölkerung die Schulen, Almosen und anderen sozialen und wirtschaftlichen Hilfen der Islamisten, die Hand in Hand mit der entsprechenden Ideologie geliefert werden, nicht mehr braucht, wird den Fundamentalisten ihr Nährboden entzogen. Dann wird man gemeinsam mit den Muslimen den Terrorismus und den Fundamentalismus besiegen können.

Süßes aus Furchtbarem

Die Bibel erzählt uns von einem Rätsel, das Simson seiner Hochzeitsgesellschaft gestellt hat:

Der Israelit Simson wollte ein Mädchen vom Volk der Philister heiraten und machte sich auf den Weg nach Timna, dem Ort, in dem seine zukünftige Gattin wohnte.

Auf dem Weg dorthin hatte Simson ein prägendes Erlebnis: Er wurde von einem Löwen angegriffen und tötete ihn, indem er ihn mit bloßen Händen zerriss. Als er ein paar Tage später zum zweiten Mal an der Stelle vorbeikam, sah er, dass sich ein Bienenschwarm in den Kadaver des Raubtiers eingenistet hatte. Er griff sich eine Handvoll Honig heraus und verzehrte ihn.

Dieses Erlebnis wurde Grundlage für ein Rätsel, das Simson der Hochzeitsgesellschaft aufgab. Er sagte den Gästen Folgendes: „Speise ging aus vom Fresser und Süßigkeit vom Starken."

Die Hochzeitsgesellschaft habe sieben Tage Zeit, um zu erraten, was damit gemeint sei. Dem Gewinner winkten 30 Gewänder und 30 Festkleider.

Simsons Rätsel wurde in der jüdischen Kultur zum Sprichwort: „Me As yazah matok" (Aus Furchtbarem entstand Süßes). Eine bittere Lage wendet sich zum Guten – dies könnte auch die Hoffnung angesichts der aktuellen Situation in der christlich-islamisch-jüdischen Weltgemeinschaft sein.

Anhang

Verlautbarungen und politische Protokolle

1. Resolution 1373 des UN-Sicherheitsrats vom 28. September 2001

(...) Der Sicherheitsrat, in Bekräftigung seiner Resolutionen 1269 (1999) vom 19. Oktober 1999 und 1368 (2001) vom 12. September 2001, sowie in Bekräftigung seiner unmissverständlichen Verurteilung der Terroranschläge, die am 11. September 2001 in New York, Washington und Pennsylvania stattgefunden haben, und mit dem Ausdruck seiner Entschlossenheit, alle derartigen Handlungen zu verhüten, ferner in Bekräftigung dessen, dass diese Handlungen, wie jede Handlung des internationalen Terrorismus, eine Bedrohung des Weltfriedens und der internationalen Sicherheit darstellen, in Bekräftigung des naturgegebenen Rechts zur individuellen oder kollektiven Selbstverteidigung, das in der Charta der Vereinten Nationen anerkannt und in der Resolution 1368 (2001) bekräftigt wird, in Bekräftigung der Notwendigkeit, durch terroristische Handlungen verursachte Bedrohungen des Weltfriedens und der internationalen Sicherheit mit allen Mitteln, im Einklang mit der Charta der Vereinten Nationen, zu bekämpfen, zutiefst besorgt über die in verschiedenen Weltregionen zu verzeichnende Zunahme terroristischer Handlungen, die durch Intoleranz oder Extremismus motiviert sind, mit der Aufforderung an die Staaten, dringend zusammenzuarbeiten, um terroristische Handlungen namentlich durch verstärkte Zusammenarbeit und durch die volle Durchführung der einschlägigen internationalen Übereinkünfte betreffend den Terrorismus zu verhüten und zu bekämpfen, in der Erkenntnis, dass die Staaten die internationale Zusammenarbeit durch zusätzliche Maßnahmen ergänzen müssen, um die Finanzierung und Vorbereitung terroristischer Handlungen in ihrem Hoheitsgebiet mit allen rechtlich zulässigen Mitteln zu verhüten und zu bekämpfen, in Bekräftigung des von der Generalversammlung in ihrer Erklärung vom Oktober 1970 (Resolution 2625 (XXV)) aufgestellten und vom Sicherheitsrat in seiner Resolution 1189 (1998) vom 13. August 1998 bekräftigten Grundsatzes, dass jeder Staat verpflichtet ist, die Organisierung, Anstiftung oder Unterstützung terroristischer Handlungen in einem anderen Staat oder die Teilnahme daran oder die Duldung organisierter Aktivitäten in seinem eigenen Hoheitsgebiet, die auf die Begehung solcher Handlungen gerichtet sind, zu unterlassen, tätig werdend nach Kapitel VII der Charta der Vereinten Nationen,

1. beschließt, dass alle Staaten

a) die Finanzierung terroristischer Handlungen verhüten und bekämpfen werden;

b) die vorsätzliche Bereitstellung oder Sammlung von Geldern, gleichviel durch welche Mittel und ob mittelbar oder unmittelbar, durch ihre Staatsangehörigen oder in ihrem Hoheitsgebiet mit der Absicht oder in Kenntnis dessen, dass diese Gelder zur Ausführung terroristischer Handlungen verwendet werden, unter Strafe stellen werden;

c) unverzüglich Gelder und sonstige finanzielle Vermögenswerte oder wirtschaftliche Ressourcen von Personen, die terroristische Handlungen begehen, zu begehen versuchen oder sich an deren Begehung beteiligen oder diese erleichtern, sowie von Institutionen, die unmittelbar oder mittelbar im Eigentum oder unter der Kontrolle dieser Personen stehen, und von Personen und Institutionen, die im Namen oder auf Anweisung dieser Personen und Institutionen handeln, einfrieren werden, einschließlich der Gelder, die aus Vermögen stammen oder hervorgehen, das unmittelbar oder mittelbar im Eigentum oder unter der Kontrolle dieser Personen und mit ihnen verbundener Personen und Institutionen steht;

d) ihren Staatsangehörigen oder allen Personen und Institutionen in ihrem Hoheitsgebiet untersagt werden, Gelder, finanzielle Vermögenswerte oder wirtschaftliche Ressourcen oder Finanz- oder damit zusammenhängende Dienstleistungen unmittelbar oder mittelbar zum Nutzen von Personen zur Verfügung zu stellen, die terroristische Handlungen begehen, zu begehen versuchen, erleichtern oder sich daran beteiligen, oder zum Nutzen von Institutionen, die unmittelbar oder mittelbar im Eigentum oder unter der Kontrolle dieser Personen stehen oder zum Nutzen von Personen und Institutionen, die im Namen oder auf Anweisung dieser Personen handeln;

2. beschließt außerdem, dass alle Staaten

a) es unterlassen werden, Institutionen oder Personen, die an terroristischen Handlungen beteiligt sind, in irgendeiner Form aktiv oder passiv zu unterstützen, indem sie namentlich die Anwerbung von Mitgliedern terroristischer Gruppen unterbinden und die Belieferung von Terroristen mit Waffen beendigen;

b) die erforderlichen Maßnahmen ergreifen werden, um die Begehung terroristischer Handlungen zu verhüten, namentlich durch die frühzeitige Warnung anderer Staaten im Wege des Informationsaustauschs;

c) denjenigen, die terroristische Handlungen finanzieren, planen, unterstützen oder begehen oder die den Tätern Unterschlupf gewähren, einen sicheren Zufluchtsort verweigern werden;

d) diejenigen, die terroristische Handlungen finanzieren, planen, erleichtern oder begehen, daran hindern werden, ihr Hoheitsgebiet für diese Zwecke gegen andere Staaten oder deren Angehörige zu nutzen;

e) sicherstellen werden, dass alle Personen, die an der Finanzierung, Planung, Vorbereitung oder Begehung terroristischer Handlungen oder an deren Unterstützung mitwirken, vor Gericht gestellt werden, dass diese terroristischen Handlungen zusätzlich zu allen sonstigen Gegenmaßnahmen als schwere Straftaten nach ihrem innerstaatlichen Recht umschrieben werden und dass die Strafe der Schwere dieser terroristischen Handlungen gebührend Rechnung trägt;

f) einander größtmögliche Hilfe bei strafrechtlichen Ermittlungen oder Strafverfahren im Zusammenhang mit der Finanzierung oder Unterstützung terroristischer Handlungen gewähren werden, einschließlich Hilfe bei der Beschaffung des für die Verfahren notwendigen Beweismaterials, das sich in ihrem Besitz befindet;

g) die Bewegungen von Terroristen oder terroristischen Gruppen verhindern werden, indem sie wirksame Grenzkontrollen durchführen und die Ausgabe von Identitätsdokumenten und Reiseausweisen kontrollieren und Maßnahmen zur Verhütung der Nachahmung, Fälschung oder des betrügerischen Gebrauchs von Identitätsdokumenten und Reiseausweisen ergreifen;

3. fordert alle Staaten auf,

a) Wege zur Intensivierung und Beschleunigung des Austauschs operationaler Informationen zu finden, insbesondere im Bezug auf Handlungen oder Bewegungen von Terroristen oder Terroristennetzen, auf gefälschte oder verfälschte Reiseausweise, den Handel mit Waffen, Sprengstoffen oder sicherheitsempfindlichem Material, die Nutzung von Kommunikationstechnologien durch terroristische Gruppen und die Gefahr, die von Massenvernichtungswaffen im Besitz terroristischer Gruppen ausgeht;

b) im Einklang mit dem Völkerrecht und dem jeweiligen innerstaatlichen Recht Informationen auszutauschen und in Verwaltungs- und Justizfragen zusammenzuarbeiten, um die Begehung terroristischer Handlungen zu verhüten;

c) insbesondere im Rahmen bilateraler und multilateraler Regelungen und Vereinbarungen zusammenzuarbeiten, um Terroranschläge zu verhüten und zu bekämpfen und Maßnahmen gegen die Täter zu ergreifen;

d) so bald wie möglich Vertragsparteien der einschlägigen internationalen Übereinkünfte und Protokolle betreffend den Terrorismus zu werden, namentlich des Internationalen Übereinkommens zur Bekämpfung der Finanzierung des Terrorismus vom 9. Dezember 1999;

e) ihre Zusammenarbeit zu verstärken und die einschlägigen internationalen Übereinkünfte und Protokolle betreffend den Terrorismus sowie die Resolutionen des Sicherheitsrats 1269 (1999) und 1368 (2001) vollinhaltlich durchzuführen;

f) bevor sie einer Person Flüchtlingsstatus gewähren, im Einklang mit den entsprechenden Bestimmungen des innerstaatlichen Rechts und des Völkerrechts, einschließlich der internationalen Menschenrechtsnormen, geeignete Maßnahmen zu ergreifen, um sich zu vergewissern, dass der Asylsuchende keine terroristischen Handlungen geplant oder erleichtert oder sich daran beteiligt hat;

g) in Übereinstimmung mit dem Völkerrecht sicherzustellen, dass diejenigen, die terroristische Handlungen begehen, organisieren oder erleichtern, den Flüchtlingsstatus nicht missbrauchen und dass angebliche politische Beweggründe nicht als Grund anerkannt werden, Anträge auf die Auslieferung mutmaßlicher Terroristen abzuweisen;

4. nimmt mit Besorgnis Kenntnis von der engen Verbindung zwischen dem internationalen Terrorismus und der grenzüberschreitenden organisierten Kriminalität, unerlaubten Drogen, der Geldwäsche, dem unerlaubten Waffenhandel und der unerlaubten Verbringung nuklearer, chemischer, biologischer und anderer potenziell tödlicher Materialien und betont in diesem Zusammenhang, dass die Anstrengungen auf einzelstaatlicher, subregionaler, regionaler und internationaler

Ebene besser koordiniert werden müssen, um die weltweite Reaktion auf diese ernste Herausforderung und Bedrohung der internationalen Sicherheit zu verstärken;

5. erklärt, dass die Handlungen, Methoden und Praktiken des Terrorismus im Widerspruch zu den Zielen und Grundsätzen der Vereinten Nationen stehen und dass die wissentliche Finanzierung und Planung terroristischer Handlungen sowie die Anstiftung dazu ebenfalls im Widerspruch zu den Zielen und Grundsätzen der Vereinten Nationen stehen …

2. Rahmenrichtlinie vom 13. Juni 2002

(1) Die Europäische Union gründet sich auf die universellen Werte der Würde des Menschen, der Freiheit, der Gleichheit und der Solidarität, der Achtung der Menschenrechte und der Grundfreiheiten. Sie beruht auf den Grundsätzen der Demokratie und der Rechtsstaatlichkeit, die allen Mitgliedstaaten gemein sind.

(2) Terrorismus stellt einen der schwersten Verstöße gegen diese Grundsätze dar (…).

(3) Alle Mitgliedstaaten oder einige von ihnen sind einer Reihe von Übereinkommen zum Thema Terrorismus beigetreten. Das Übereinkommen des Europarats vom 27. Januar 1977 zur Bekämpfung des Terrorismus bestimmt, dass terroristische Straftaten nicht als politische Straftat oder als eine mit einer politischen Straftat zusammenhängende Straftat oder als eine auf politischen Beweggründen beruhende Straftat angesehen werden können (…). Zurzeit wird im Rahmen der Vereinten Nationen über einen Entwurf für ein globales Übereinkommen zur Bekämpfung des Terrorismus verhandelt.

(4) Auf Ebene der Europäischen Union verabschiedete der Rat am 3. Dezember 1998 den Aktionsplan des Rates und der Kommission zur bestmöglichen Umsetzung der Bestimmungen des Amsterdamer Vertrags über den Aufbau eines Raums der Freiheit, der Sicherheit und des Rechts (…).

(6) In allen Mitgliedstaaten sollte eine Angleichung der Definition der terroristischen Straftaten, einschließlich der Straftaten, die im Zusammenhang mit terroristischen Vereinigungen begangen werden, erfolgen. Ferner sollten gegen natürliche und juristische Personen, die eine solche Straftat begangen haben oder für eine solche Straftat zur Verantwortung gezogen werden können, Strafen und Sanktionen verhängt werden können, welche die Schwere dieser Straftaten widerspiegeln (…).

(10) In diesem Rahmenbeschluss werden die Grundrechte, wie sie von der Europäischen Konvention zum Schutze der Menschenrechte und Grundfreiheiten garantiert werden, und wie sie sich aus den den Mitgliedstaaten gemeinsamen Verfassungstraditionen ergeben, als allgemeine Grundsätze des Gemeinschaftsrechts geachtet (…). Dieser Rahmenbeschluss kann nicht dahin gehend ausgelegt werden, dass er Grundrechte oder Grundfreiheiten wie das Streikrecht und die Versammlungs-, Vereinigungs- oder Meinungsfreiheit, einschließlich des Rechts, mit anderen Gewerkschaften zu gründen und sich zur Verteidigung seiner Interessen Gewerkschaften anzuschließen, und des damit zusammenhängenden Demonstrationsrechts, schmälert oder behindert (…).

Terroristische Straftaten sowie Grundrechte und Rechtsgrundsätze

(1) Jeder Mitgliedstaat trifft die erforderlichen Maßnahmen, um sicherzustellen, dass die (…) aufgeführten, nach den einzelstaatlichen Rechtsvorschriften als Straftaten definierten vorsätzlichen Handlungen, die durch die Art ihrer Begehung oder den jeweiligen Kontext ein Land oder eine internationale Organisation ernsthaft schädigen können, als terroristische Straftaten eingestuft werden, wenn sie mit dem Ziel begangen werden,

• die Bevölkerung auf schwerwiegende Weise einzuschüchtern oder

- öffentliche Stellen oder eine internationale Organisation rechtswidrig zu einem Tun oder Unterlassen zu zwingen oder
- die politischen, verfassungsrechtlichen, wirtschaftlichen oder sozialen Grundstrukturen eines Landes oder einer internationalen Organisation ernsthaft zu destabilisieren oder zu zerstören:

a) Angriffe auf das Leben einer Person, die zum Tode führen können;

b) Angriffe auf die körperliche Unversehrtheit einer Person;

c) Entführung oder Geiselnahme;

d) schwerwiegende Zerstörungen an einer Regierungseinrichtung oder einer öffentlichen Einrichtung, einem Verkehrsmittel, einer Infrastruktur einschließlich eines Informatiksystems, einer festen Plattform, die sich auf dem Festlandsockel befindet, einem allgemein zugänglichen Ort oder einem Privateigentum, die Menschenleben gefährden oder zu erheblichen wirtschaftlichen Verlusten führen können;

e) Kapern von Luft- und Wasserfahrzeugen oder von anderen öffentlichen Verkehrsmitteln oder Gütertransportmitteln;

f) Herstellung, Besitz, Erwerb, Beförderung oder Bereitstellung oder Verwendung von Schusswaffen, Sprengstoffen, atomaren, biologischen und chemischen Waffen sowie die Forschung und Entwicklung im Zusammenhang mit biologischen und chemischen Waffen;

g) Freisetzung gefährlicher Stoffe oder Herbeiführen von Bränden, Überschwemmungen oder Explosionen, wenn dadurch das Leben von Menschen gefährdet wird;

h) Störung oder Unterbrechung der Versorgung mit Wasser, Strom oder anderen lebenswichtigen natürlichen Ressourcen, wenn dadurch das Leben von Menschen gefährdet wird;

i) Drohung, eine der in a) bis h) genannten Straftaten zu begehen.

(2) Dieser Rahmenbeschluss berührt nicht die Pflicht, die Grundrechte und die allgemeinen Rechtsgrundsätze, wie sie in Artikel 6 des Vertrags über die Europäische Union niedergelegt sind, zu achten.

3. Europäische Sicherheitsstrategie vom 12. Dezember 2003

Terrorismus gefährdet Leben, verursacht enorme Kosten und versucht, die Offenheit und Toleranz unserer Gesellschaften zu untergraben. Der Terrorismus stellt eine zunehmend strategische Bedrohung für ganz Europa dar. Zudem sind terroristische Gruppen in steigendem Maße materiell gut ausgestattet, durch elektronische Netzwerke miteinander verbunden und bereit, unbegrenzte Gewalt anzuwenden, um so viele Menschen wie möglich damit zu treffen. Die jüngste Welle des Terrorismus ist in ihrem Ausmaß global und eingebettet in einen gewalttätigen religiösen Extremismus. Er entsteht aus komplexen Motivationen heraus, und dazu gehören die Unterdrückung der Modernisierung wie kulturelle, soziale und politische Krisen sowie die Entfremdung junger Menschen, die in fremden Gesellschaften leben. Dieses Phänomen ist auch Teil unserer eigenen Gesellschaft. Europa ist sowohl Ziel als auch Basis dieses Terrorismus: Europäische Staaten waren bereits Ziel und wurden angegriffen. Darüber hinaus wurden Zellen von Al-Qaida in Großbritannien, Italien, Deutschland, Spanien und Belgien entdeckt (…). Eine konzertierte Aktion Europas ist dringend erforderlich (…). Es gibt nur wenige oder gar keine Probleme in diesem Zusammenhang, mit denen wir alleine fertig werden können. Die beschriebenen Bedrohungen gelten uns allen und auch unseren engsten Partnern. Internationale Zusammenarbeit ist deshalb unabdingbar. Wir müssen unsere Ziele sowohl durch multilaterale Kooperationen in internationalen Organisationen als auch durch Partnerschaften mit zentralen Persönlichkeiten verfolgen, so meine ich. Die transatlantischen Beziehungen sind für uns unersetzlich. Nur wenn sie gemeinsam agieren, können die Europäische Union und die Vereinigten Staaten eine eindrucksvolle Kraft kreieren, um das Gute in der Welt durchzusetzen.

4. Resolution 1368 des UN-Sicherheitsrats

Der Sicherheitsrat, in Bekräftigung der Ziele und Grundsätze der Charta der Vereinten Nationen, entschlossen, die durch terroristische Handlungen verursachten Bedrohungen des Weltfriedens und der internationalen Sicherheit mit allen Mitteln zu bekämpfen,

in Anerkennung des naturgegebenen Rechtes zur individuellen oder kollektiven Selbstverteidigung in Übereinstimmung mit der Charta:

1. verurteilt unmissverständlich mit allem Nachdruck die grauenhaften Terroranschläge, die am 11. September 2001 in New York, Washington und Pennsylvania stattgefunden haben, und betrachtet diese Handlungen wie alle internationale terroristischen Handlungen als Bedrohung des Weltfriedens und der internationalen Sicherheit;

2. bekundet den Opfern und ihren Angehörigen sowie dem Volk und der Regierung der Vereinigten Staaten von Amerika sein tiefstes Mitgefühl und Beileid;

3. fordert alle Staaten dringend zur Zusammenarbeit auf, um die Täter, Organisatoren und Förderer dieser Terroranschläge vor Gericht zu stellen, und betont, dass diejenigen, die den Tätern, Organisatoren und Förderern dieser Handlungen geholfen, sie unterstützt oder ihnen Unterschlupf gewährt haben, zur Verantwortung gezogen werden;

4. fordert außerdem die internationale Gemeinschaft auf, ihre Anstrengungen zu verdoppeln, um terroristische Handlungen zu verhüten und zu bekämpfen, namentlich durch ver-

stärkte Zusammenarbeit und die volle Durchführung der einschlägigen internationalen Übereinkommen gegen den Terrorismus sowie der Resolutionen des Sicherheitsrats, insbesondere der Resolution 1269 vom 19. Oktober 1999;

5. bekundet seine Bereitschaft, alle notwendigen Schritte zu unternehmen, um auf die Terroranschläge vom 11. September 2001 zu antworten, und alle Formen des Terrorismus zu bekämpfen, im Einklang mit seiner Verantwortung nach der Charta der Vereinten Nationen (...)

5. Resolution 56 der UN-Generalversammlung

Die Generalversammlung, geleitet von den Zielen und Grundsätzen der Charta der Vereinten Nationen,

1. verurteilt nachdrücklich die abscheulichen Terrorakte, die zu ungeheuren Verlusten an Menschenleben, Zerstörungen und Sachschäden in New York, der Gaststadt der Vereinten Nationen, in Washington und anderswo geführt haben;

2. bekundet dem Volk und der Regierung der Vereinigten Staaten von Amerika in diesen schmerzlichen und tragischen Stunden ihr Beileid und ihre Solidarität;

3. fordert nachdrücklich zur internationalen Zusammenarbeit auf, damit die Täter, Organisatoren und Förderer der Gräueltaten vom 11. September 2001 vor Gericht gestellt werden können;

4. fordert nachdrücklich zur internationalen Zusammenarbeit auf, um terroristische Handlungen zu verhüten und auszumerzen, und betont, dass diejenigen, die den Tätern, Organisatoren und Förderern derartiger Handlungen geholfen, sie unterstützt oder ihnen Unterschlupf gewährt haben, dafür zur Rechenschaft gezogen werden.

6. Resolution 1624 des UN-Sicherheitsrats

1. (...) fordert alle Staaten auf, die notwendigen und geeigneten Maßnahmen im Einklang mit ihren Verpflichtungen nach dem Völkerrecht zu ergreifen, um

a) die Aufstachelung zur Begehung einer terroristischen Handlung oder terroristischer Handlungen gesetzlich zu verbieten;

b) ein solches Verhalten zu verhindern;

c) allen Personen, zu denen glaubwürdige und sachdienliche Informationen vorliegen, die ernsthaften Grund zu der Annahme geben, dass sie sich eines solchen Verhaltens schuldig gemacht haben, einen sicheren Zufluchtsort zu verweigern;

2. fordert alle Staaten auf, zusammenzuarbeiten, um unter anderem die Sicherheit ihrer internationalen Grenzen zu stärken, namentlich durch die Bekämpfung gefälschter Reisedokumente und, soweit möglich, durch die Verbesserung der Verfahren zur Erkennung von Terroristen und zur Erhöhung der Sicherheit der Passagiere, damit Personen, die sich des in Ziffer 1 a) genannten Verhaltens schuldig gemacht haben, an der Einreise in ihr Hoheitsgebiet gehindert werden;

3. fordert alle Staaten auf, die internationalen Bemühungen zur Förderung des Dialogs und zur Vertiefung des Verständnisses zwischen den Zivilisationen fortzusetzen, in dem Bemühen, unterschiedslose Angriffe auf andere Religionen und Kulturen zu verhindern, und alle notwendigen und geeigneten Maßnahmen im Einklang mit ihren Verpflichtungen nach dem Völkerrecht zu ergreifen, um der Aufstachelung zu durch Extremismus und Intoleranz motivierten terroristischen Handlungen entgegenzuwirken und die Subversion von Bildungs-, Kultur- und religiösen Einrichtungen durch Terroristen und ihre Anhänger zu verhindern;

4. betont, dass die Staaten sicherstellen müssen, dass alle Maßnahmen, die sie zur Durchführung der Ziffern 1, 2 und 3 dieser Resolution ergreifen, mit allen ihren Verpflichtungen

nach dem Völkerrecht im Einklang stehen, insbesondere den internationalen Menschenrechtsnormen, dem Flüchtlingsvölkerrecht und dem humanitären Völkerrecht;

5. fordert alle Staaten auf, dem Ausschuss zur Bekämpfung des Terrorismus im Rahmen ihres mit ihm geführten Dialogs über die Maßnahmen Bericht zu erstatten, die sie zur Durchführung dieser Resolution ergriffen haben (...).

Danksagung

Ich danke Dr. Isaac Kfir, Juniorprofessor der Politikwissenschaft am Interdisciplinary Center (IDC) Herzliya, für seine wertvollen Recherchen und seine große Unterstützung bei der Ausarbeitung des Buches und Steven Schmerz, der das Manuskript aufmerksam durchgesehen und lektoriert hat. Mein besonderer Dank gilt Christa Schäl, durch deren Bemühungen dieses Buch entstehen konnte.